U0016918

聯經經典

柏拉圖
—《克拉梯樓斯篇》—
〈Κράτυλος〉

柏拉圖◎原著
彭文林◎譯注

國科會經典譯注計畫

譯序

　　1989年冬季，我第一次讀到柏拉圖《克拉梯樓斯篇》，當時我正在撰寫我的博士論文大綱。那時候，我還沒有把這篇對話錄當作研究的主題而把它當作一個博士論文的輔助文獻。在我的博士論文大綱裏，它只具有一個導論的地位，也就是這個博士論文大綱的第七節。我的指導教授R. Bubner先生看完了這個論文大綱之後，他認為這個題目可以用我畢生之力來從事，一篇博士論文不需要這麼大的論題，因而他建議我直接以《克拉梯樓斯篇》作為論文的主題，並且旁及柏拉圖晚年對話錄和亞里斯多德工具書即可。我跟從他的建議，開始了我的柏拉圖《克拉梯樓斯篇》辯證術的研究。在撰寫論文的那四、五年之間，我陸續地研究近一百五十年來的柏拉圖《克拉梯樓斯篇》的文獻資料，這對我個人的哲學訓練有著非常重大的影響，因而我下了決心要翻譯這篇對話錄。

　　1998年春天，我受到沈清松教授的推薦，參加了行政院國家科學委員會人文處的經典譯注委託計畫，本書就是這個計畫的成果。在這裏，我除了感謝行政院國家科學委員會在研究經

費上的補助之外，我要特別對沈清松教授致謝，因為他的推薦
而使我有這個機會來完成我譯注柏拉圖《克拉梯樓斯篇》的心
願。

　　雖然我所申請的柏拉圖《克拉梯樓斯篇》經典譯注計畫的
補助期間只有一年，但是這個工作持續了將近三年。在這將近
三年的工作過程中，遭遇了不少翻譯上的困難，而且前些年的
研究資料多已不在手邊，增加了不少注解上的困難，這些問題
基本上並沒有完全克服，除了我自己的閱讀和寫作的習慣所造
成之外，哲學思想自身的困難自不待言。這篇對話錄的譯注前
前後後大約有五、六次的大更動，有些是格式上的更動、有些
是文辭上的更動、有些則是譯注段落上的更動。在這裏，我要
感謝幫助我更動譯注的學友，首先是蔡耀宗先生和張瓊文小
姐。蔡耀宗先生仔細閱讀了我的譯文初稿，並且給我一些翻譯
上的建議，特別是在寫作的格式上——這是我一向不太注意的
事情。張瓊文小姐幫我確立版面的格式，並且修改了若干打字
上的錯誤。然後，我要感謝王又仕和陳銘恩兩位先生，王又仕
先生除了幫我打字之外，他非常細心地校讀這篇譯注，並且替
這本書做了目錄、索引，陳銘恩先生閱讀了這篇譯注之後，站
在讀者的立場，給我一些建設性的建議，在此一併致謝。

　　最後，我要對我的母親和內人致上我最高的謝意與敬意。
作為研究者，無法像古人所說的那樣：「行有餘力，則以學文。」
我們所處的時代是個專業化的時代，職業的取向壓迫著我們的
日常生活。閒暇的時候，翻看古代人的語錄或文集，想想自己
日常生活中應負的責任，實在是愧對高堂。此外，我的內人游

素偵女士對我的研究工作給予長期的支持和鼓勵，最重要的是對我的這種繁瑣且吹毛求疵的工作態度給予包容。這本書應該獻給她們兩位，至於這本書的種種詞不達意、不知所云以及所有的錯誤應該留給作者自己。

彭文林 於政大研究大樓研究室

目次

論證內容

　　柏拉圖《克拉梯樓斯篇》（Κράτυλος/Kratylos)對話錄有一個副標題，這個副標題叫做：「關於名詞的正確性」。在這個對話錄裡，我們可以將關於這個論題的主張分成以下三類：一、赫摩給內斯('Ερμογένης/Hermogenes)的主張，二、克拉梯樓斯(Κράτυλος/Kratylos)的主張，三、蘇格拉底(Σώκρατης/Sokrates)的主張。赫摩給內斯認為名詞沒有所謂「合於本性」(φύσει/von Natur)的正確性，他主張命名乃是參與言說者之間的相互約定(συνθήκη/auf Übereinkunf)，而且參與言說者可以任意地更變其相互之間原有的約定，即可獲得另一種新的名詞正確性。因而吾人也可以隨意更改對事物的命名，這樣並不減少其名詞的正確性。此外，赫摩給內斯不認為有任何其他的名詞正確性，因為他不認為名詞與所描述的對象之間存在著一種本質的關連。

　　克拉梯樓斯的見解與赫摩給內斯相反，他認為：名詞有所謂「合於本性」的正確性，而且所有事物可以依據其所命名的內容決定其認知的可能；而所有的名詞皆具有其正確性，因為名詞為有意義的聲音(φωνή σημαντική/sinnhafte Stimmung)。

若有無意義的聲音，則它將不指涉任何對象，因而在名詞之中的音改變了之後，其所指涉的對象亦有所改變。因此，名詞一方面有其合於所描述對象的本性之正確性，此正確性不出自於人與人之間的共同約定；另一方面不可能產生假的名詞，因為名詞做為有意義的音，必然表述某個對象，而非無所表述。所以，只要人們講話，要不然他發出一些無意義的聲音，否則他必定講了真話，因為真話的意義是語言與其所描述對象之間的相互對應，或者如其所是地說所描述的對象。

蘇格拉底一方面贊同克拉梯樓斯的想法，因而企圖說服赫摩給內斯，並且證明名詞與其所描述的對象之間存在著一種本質上的連結；蘇格拉底將這個證明的出發點建立在赫拉克利圖的萬物流變說(die πάντα-ῥεῖ Lehre)之上，用以反對伊利亞學派的門徒赫摩給內斯的主張，然而在蘇格拉底和克拉梯樓斯的對話裡，蘇格拉底卻又支持赫摩給內斯的主張，認為名詞之設立也必須出自於人和人之間的共同使用及認定。蘇格拉底另一方面卻又反駁克拉梯樓斯的觀點，因為克拉梯樓斯認為：名詞有合於本性的正確性，因而他主張：一切名詞皆合於所描述對象之本性而設立，認識名詞即可認識名詞所描述的對象，蘇格拉底逐一地反駁克拉梯樓斯的主張而後迫使克拉梯樓斯不得不承認名詞之正確性亦有共同使用及認定的意義。因此，蘇格拉底一方面贊同克拉梯樓斯的主張：名詞有其合於所描述的對象之本性的正確性，並指出在什麼意思下，這個主張是正確的，另一方面又反對克拉梯樓斯的主張，因為只藉由這些主張產生不合理的推斷，而必須對「名詞合於事物之本性」的意義加以

限制；另一方面蘇格拉底反對只用共同使用或共認來說明名詞的正確性，而用只合乎本性的正確性來反對隨意地置換名詞，卻又指出在某個意義下，不得不接受約定俗成的名詞正確性。

從辯證論的觀點看來，研究這個問題（名詞是否擁有合乎本性的正確性，或者其正確性為約定俗成）的人，如赫摩給內斯及克拉梯樓斯皆就一偏之見來談論，蘇格拉底作為一個辯證論者，一方面肯定赫摩給內斯與克拉梯樓斯的主張在什麼樣的條件下是正確的，而另一方面又將這些條件解消，而消極地限制這兩個人的命題過度地擴張而產生辯證上的錯誤。

在本篇對話錄之中，所謂的「名詞的正確性」可以用兩個關鍵的術語加以說明。即所謂：合於本性的（φύσει）以及合於設定或合於律法（θέσει ἢ νόμῳ/durch Setzung oder Anordnung）；或者我們用現代的語言哲學術語來表達，即所謂的語言自然論（Sprachnaturalismus/language naturalism）及語言約定論（Sprachkonventionalismus/language conventionalism）。語言自然論者主張：語言的正確性源於語言能表達萬有的本質（οὐσία τῶν ὄντων/das Wesen von den Seienden），其遠祖應可追溯至赫拉克利圖（Heraklit）。語言約定論者主張：語言的正確性源於語言的創造及使用約定俗成，然後形成規律，其遠祖應可追溯至安提斯苔內斯（Antisthenes），甚至巴曼尼得斯（Parmenides）。

克拉梯樓斯的立論根據是：若語言代表萬有而傳達思想，語言描述萬有的相及本質，則認識語言即能因以認識萬有，因為語言的創造者將依萬有之相及本質來形容萬有而創造語言；或者，語言創造者將語言創造得類似於萬有的相及本質，進而

因爲語言中包含萬有的相及種種性質，吾人可以通過語言的學習及了解，獲得關於萬有的知識。赫摩給內斯的立論根據是：語言創造者藉著語言的設定與使用，而將語言與萬有連結起來，然後以語言來指涉萬有，兩者之間的連結隨著設定與使用的改變而改變，萬有的相及本質並非語言的模型（παράδειγμα/Paradeigma），而語言也非萬有的仿本（μίμημα/Mimema），因而吾人能隨時更換不同的語音來描述萬有，並且只時時承認現有的描述爲真，而過去所共認爲真者現在已揚棄，並且爲假，不能用以代表萬有。

在《克拉梯樓斯篇》中，柏拉圖究竟是主張語言自然論，或者是語言約定論，這個問題一直困擾著柏拉圖的譯註家們，他們之間的意見非常紛歧，不過大抵皆陷入兩難的詮釋困境中，例如：在Fr. Schleiermacher的柏拉圖《克拉梯樓斯篇》譯本的〈序言〉裡，他就說，柏拉圖的愛好者自古就殫盡智力地研究此對話錄，因爲柏拉圖所承認的對於語言的想法是如何——這顯然還是一個尚未決定的問題[1]。另一個對柏拉圖對話錄的傳譯及註解並非沒有貢獻的著名學者O. Apelt也承認：這個對話錄混合了嘲弄及嚴肅（mit Scherz und Ernst）的談論，讓我們難以分辨：對於語言的正確性問題，柏拉圖究竟採取什麼樣的看法？[2]更困難的是關於那些在《克拉梯樓斯篇》中的字源學，這個字

---

1 Fr. Schleiermacher, *Platons Werke*, zweiten Teiles zweiter Band, in: Platon im Kontext Sämtliche Werke auf CD-ROM, III, 113.
2 O. Apelt, *Kratylos in Platon Sämtliche Dialoge*, bei Felix Meiner Verlag, S. 137, Anm. 7.

源學往往令偉大又博學的柏拉圖學者們難以斷定其意義與價值，更難以判斷其真實性，因為柏拉圖所提供的這些字源學之解釋，似乎只證明我們是多麼地無知。我們一方面混雜著崇敬與鄙視地去看待這些字源學的解釋；另一方面，Fr. Schleiermacher認為這樣的文字或語言研究對柏拉圖而言，可能只是一種空洞而且無意義的遊戲(ein so leeres und unbedeutendes Spiel)而已[3]。然而這對一個不屬於印歐語族的人而言，無論是翻譯或是註解，都無法明白地顯示出其真確的意義及價值，因為在其自身的語言使用幾乎完全不存在這些類似的語言建構及語音意義。

根據Fr. Schleiermacher的見解，可以整理出以下幾點做為柏拉圖嚴肅的意見：

一、語言是辯證論者的工具，而且必須有合乎本性的命名[4]。

二、語言由名詞及動詞所構成，而這些名詞幾乎有一半由語言的基本粒子所構成。

三、名詞是設立法律者依據普遍的相及種所設立出來合乎事物本質的語言單位。

柏拉圖一方面區分原始的字母及其所引導出來的字，並說明這二者之間的關係，以不同的單音區分不同對象的性質，因為音的模仿本身具有其指涉的意義。柏拉圖又將其所建立之原

3　Fr. Schleiermacher, *a. a. O.*, III, 113-114.
4　Fr. Schleiermacher, *a. a. O.*, III, 114 ff.

始字母與對象描寫之間的關係解消掉，這是辯證論的基本形式，如他在*Phaidros*中已經說過的那樣[5]。

根據Fr. Schleiermacher的想法，我們只要正面地掌握這些嚴肅的論點，則我們就不難明瞭柏拉圖對於語言的看法，事實上卻不然，因為堅持著這三個嚴肅的意見，使我們無法理解蘇格拉底與克拉梯樓斯之間的討論有何重要的意義（雖然它所佔的篇幅不到整個對話錄的三分之一）。因而他只好認為蘇格拉底對克拉梯樓斯的批評是個比較弱而不完全合理的談論，因為他確定柏拉圖對於變化看法在知識上有所批評，因而對於植基於赫拉克利圖學說之上的語言自然論當然會有所批評[6]。但是從上面我們對於本篇對話意見的區分可以看出來，蘇格拉底的意圖在於指出：合於本性的名詞的正確性不可作為意見的保護傘而衍生出一些錯誤的意見。

關於Fr. Schleiermacher所認定的這一點顯然未必正確，因為主張語言自然論，並不一定就會接受克拉梯樓斯在對話錄後面那個部份所主張的那些命題，而語言自然論豈不是蘇格拉底用來反對赫摩給內斯語言約定論者的主張，難道蘇格拉底是一個自相矛盾的人嗎？當然不是，蘇格拉底的辯證術告訴我們：在哪些條件之下，哪些命題是有效的，而當某些命題越過了其應有的理論條件，則變成一無限制的主張，這是蘇格拉底所要批

5　這個說法已經和現在的Abbild-theorie或picture-theory相接近，只是柏拉圖在那裡討論的是名詞，而現在的學者討論的是句子，但是照柏拉圖的想法，一個名詞的根源相當於一個句子，參見本篇對話錄426 c1-427 d2. 比較Fr. Schleiermacher, *a. a. O.*, III, 119.

6　Fr. Schleiermacher, *a. a. O.*, III, 120 ff.

評的,因而爲了堅持嚴肅的研究意義,反而忽略了對話錄的另一個面向。

在下面的導論,我們將逐步地指出:無論是積極地指出在什麼樣的意義或條件之下所得的結果,和消極地指出在什麼樣的意義或條件之下得到的結果,皆擁有相同的嚴肅意義,前者告訴我們,在一定的條件下,我們可以如此主張,後者告訴我們,在一定的條件下,我們不可以如此主張。當然在《克拉梯樓斯》對話錄中,消極的論證表示一種反對,反對不合理的主張,然而這種反對當然也有一種積極的理論意義,而不只是嘲弄(Scherz)或反諷(Ironie)。嘲弄和反諷除了針對其相反的理論而發之外,若就其自身所否定的理論意義看來,它仍然是個嚴肅的哲學工作。

關於「字源學」是否是嚴肅的研究,學者亦多所討論。如果我們由赫拉克利圖的學說來完成字源學之合理說明,那麼,蘇格拉底確定變成了一個在希臘字源學中嚴肅的解釋,因爲柏拉圖將幾種在他以前的字源學和語言理論綜合起來,並且鑄造出由蘇格拉底所代表的辯證論者之語言觀;或者像Konrad Gaiser引用H. Diels和R. Pfeiffer的意見,因而他認爲用現在的語言學的角色無法解答這個關於字源學的疑難,因爲柏拉圖所使用的語言形構條件已經預先被去除了[7]。根據K. Gaiser的研究,在1962年Deveni所發現的紙草斷簡(Papyrus)中存在著一個在柏拉圖之前的語言哲學理論,這個理論主張名詞的正確性奠基於

7　K. Gaiser, *Name und Sache in Platons Kratylos*, Heidelberg 1997, Carl Winter Universitäts Verlag, S. 45.

存有之有次序的部分(kosmologische Mitgliederung des Seienden)。這個理論出乎西元前五世紀中葉而與安納克撒勾拉斯(Anaxagoras)的看法相近。這樣的見解可以解釋名詞如何正確地描述對象的本性。因此,字源學證明名詞有合乎本性正確性,其理據不僅有民族的根源,亦有其哲學見解的根源[8]。

---

8 K. Gaiser, *a. a. O.*, S. 12.

導論

　　近一百五十年來，《克拉梯樓斯篇》（Kratylos/Cratylus）解釋上的困難——其解釋的兩面性與矛盾性——自不待言[1]。在30年前，J. Derbolav致力於收集一百五十年來關於柏拉圖《克拉梯樓斯篇》的各種解釋，從他在1972年所發表的那本書*Platons Sprachphilosophie in Kratylos und in späteren Schriften*的附錄〈150年來的《克拉梯樓斯篇》研究〉（*Hundertfünfzig Jahre Kratylos-forschung*），我們就可以了解學者們在解釋意見上的分歧。筆者將《克拉梯樓斯篇》所涉及的各種討論內容整理成為以下九個問題：

一、《克拉梯樓斯篇》的寫作目的究竟為何？

二、誰是柏拉圖的反對者？

三、柏拉圖對名詞正確性的問題究竟如何主張？

1　W. Lutoslawski, *The Origin and Growth of Plato's Logic*, London 1897, p.p. 220-221; K. Gaiser, *Name und Sache in Platons Kratylos*, Heidelberg 1974, S. 9-10.

四、蘇格拉底的字源學是否真有意義？

五、《克拉梯樓斯篇》的成書年代屬於柏拉圖的哪個著作
　　時期？

六、克拉梯樓斯與赫摩給內斯各自主張什麼學說？

七、亞理斯多德對名詞問題的看法，與柏拉圖的看法之間
　　有何不同[2]？

八、克拉梯樓斯作為赫拉克利圖(Heraklit)的後學，在此篇
　　中，他的主張是否與亞理斯多德在《物理學以後諸篇》
　　(*Metaphysica*)中的記載相符合？

九、克拉梯樓斯對赫拉克利圖的學說是否理解正確？

　　吾人若要解答這些問題，則吾人必須思考和分別這些問題
的意義及這些問題之間有何關聯性，因而在這裡，筆者先做一
個方法學上的考慮，在這九個問題之中，最重要的是第三個問
題，第二個問題必須由第三個問題的分析結果才能決定，第四
個問題在論理上，只是對克拉梯樓斯主張的輔助，第五、第七、
第八及第九等四個問題，必須離開《克拉梯樓斯篇》才能解決；
第一個問題只有在了解這篇對話錄的通篇意義之後，才能解
答，而第三個問題的預備條件是第六個問題。因此，我們由第
六個問題出發，先分別對蘇格拉底、克拉梯樓斯與赫摩給內斯
的個人特徵，然後分析《克拉梯樓斯篇》所討論的內容。依據

2　這個問題的討論請參見：拙文〈亞理斯多德在命名問題上反對柏拉圖
　　嗎？〉，《藝術評論》第6期，11至25頁，國立藝術學院出版，或者本
　　書的〈附錄〉。

筆者的研究結果，蘇格拉底應該代表柏拉圖的意見，因為蘇格拉底在《克拉梯樓斯篇》中尚居領導地位。在跟蘇格拉底討論之後，克拉梯樓斯和赫摩給內斯都放棄了他們自己的理論而接受蘇格拉底的批評。

在《克拉梯樓斯篇》裡，透過蘇格拉底的辯證，關於名詞正確性的問題，我們可以分析出兩個積極的（positiv）討論結果，即：一、在名詞可以表達命名對象的變動方式或本質的意義下，名詞有合於命名對象之本性的正確性；二、名詞所組成的音無法維持原始的名詞或字詞的指涉，而產生名詞與原始名詞之間存在著意義的分歧——在這樣的意義下，名詞也有起自於習慣與約定俗成的正確性。此外，也可以分析出兩個消極的（negativ）討論結果，即：一、任何兩個合於命名對象之本性的名詞與其所命名的對象之間存在著一種因模仿不完全而產生的性質差異，因而吾人不能只就名詞而知道事物之本性，從而吾人必須尋找通往知識的另一種途徑，因為通過名詞所能理解的內容並不完全相同於所命名的對象之內容。二、吾人不應完全隨意地更換名詞，若這名詞有合於其所描述對象之本性。

如果吾人隨意地選擇這四個結果之中的任何一個或兩個，用來解釋柏拉圖的語言哲學觀，則吾人可能只獲得一種片面的理解，而無法全盤地解釋本篇對話錄，以致於產生解釋上的矛盾。此外，現代的學者往往只帶著分析的眼光來研究柏拉圖對話錄，即使也可能分析出上述的那四個論點，但是在理解上仍然有缺失，他們或許不在意是否掌握這些結果的辯證條件，以致於不能察覺柏拉圖這篇對話錄的寫作目的。在柏拉圖的哲學

裡，存在著一種方法論，這方法論就是辯證術（Dialektik），這種技術施行於對話之間，一方面藉著語言的界線的確立，對於所討論的問題加以限制；通過問題的限制而得到命題的確立，因而指明在什麼樣的辯證條件下，這個問題可以得到積極的解答。另一方面，又指明：在什麼樣的辯證條件下，得以消除前面所設立的命題，從而指明：在什麼樣的辯證條件下，與前面所設立之命題相反的命題得以有其合理的理論效力。

為了理解本篇對話錄的辯證條件及其意義，我們必須先從《克拉梯樓斯篇》對話錄的論證過程出發，將這三個參與對話者的意見及論證整理出來，然後再進行論題與論證關係上的分析。因此，本文將分成以下的四個步驟來討論上面所提出的九個問題：一、名詞正確性的種類；二、蘇格拉底與赫摩給內斯的討論；三、蘇格拉底與克拉梯樓斯的討論；四、從以上的分析檢討上述的那九個問題。在第一個步驟裡，筆者將分析赫摩給內斯與克拉梯樓斯的立場和他們對於名詞正確性的看法，然後在第二和第三個步驟中，依據對話錄的內容，分析他們所主張的命題，以及蘇格拉底如何確立他們的命題，如何批評他們的命題。最後根據前面的分析結果，討論上面所列出來的那些問題，並試圖提出筆者個人的淺見，嘗試提出解答。

一、名詞正確性的種類

在《克拉梯樓斯篇》裡，柏拉圖將名詞的正確性分成兩個來源，分別由赫摩給內斯與克拉梯樓斯所代表。前者主張：名

詞之所以有正確性，其原因在於人與人之間習慣於使用某名詞
來指涉某事物，而共同約定此名詞使用之正確與否；後者則認
爲：名詞擁有一種描述事物本質的能力，因而名詞有合於事物
本性的正確性。

　　赫摩給內斯主張：同一事物可以有無數的名字，而在使用
上卻時時可以認爲：在某個時候，只用其中的某一個名詞指涉
這個事物，則這個名詞即爲正確的，這個名詞若經更換而由另
一個名詞所取代，則可以變成假的名詞，反之亦然，因此，儘
管同一事物有無數的命名可能，而實際上使用的名詞是經由法
律(νόμῳ)或人與人之間的互相共同約定(ἔθει τῶν ἐθισάντων)
而產生，其它的名詞儘管也可以指稱這個名詞的對象，但是因
爲在習慣上，並不用它來指稱所指稱的對象，所以，它也就沒
有正確性可言。

　　克拉梯樓斯同樣也可以主張：事物可以有無數(合乎本性正
確性)的名詞；但是其真確性不隨著時間及使用者的改變而有所
改變，因而名詞自身永遠不變地指涉其所應當指涉的對象，除
非我們改變了名詞的若干音；然而如果這麼做，並非改變了其
所指涉的對象，反而形成了另外一個新的名詞，這個新的名詞
不但不同於原有的名詞，它所指涉的對象異於原有的名詞所指
涉對象，它可以用來指涉另一個新的對象[3]。

　　依據歷史文獻的沿傳，赫摩給內斯是巴曼尼得斯
(Parmenides)的門徒，後者是赫拉克利圖派的年輕學者

3　Plato, *Kratylos*, 429c3 ff.

（Heraklitjünger）；然而筆者個人認為：這種文獻沿傳容易讓人
有些先入為主的偏見，因而誤導吾人，使我們無法真確地理解
這篇對話錄。在這篇對話錄裡，赫摩給內斯似乎不只將其理論
基礎建立在巴曼尼得斯的學說上，他更進一步主張：可以隨意
地替事物更換名詞，這樣並不影響名詞的正確性——無怪乎有
些學者將這種說法溯源至德模克利圖（Demokrit）。克拉梯樓斯
的理論基礎似乎建立在赫拉克利圖的學說上，但是蘇格拉底卻
又把自然或本質的主張加諸於他的理論之上，這使得赫拉克利
圖的學說蒙上一種理論的陰影，這個陰影要求永恆不變的知識
對象。這些相互衝突的主張究竟有什麼不同的理論意義呢？以
下筆者分析《克拉梯樓斯篇》中的三個對話人物所採取的理論
立場。

甲、赫摩給內斯的立場

在對話錄中，赫摩給內斯對於他的主張提出兩個理由：

一、同一事物往往可以同時有許多名詞，而且有時效性，
　　名詞之所以能互換的原因是：習俗及約定[4]。
二、每一個城邦對同一事物有不同的命名，命名的基礎為
　　習俗及約定[5]。

在本篇對話錄裡，蘇格拉底先將赫摩給內斯的這兩個「語

4　Plato, *Kratylos*, 384c9-e2.
5　Plato, *Kratylos*, 385a1-a6.

言約定論」(Sprachkonventionalismus)的主張建立在普羅塔勾拉斯(Protagoras)的學說:「一切事物的權衡是人」(πάντων χρημάτων μέτρον εἶναι ἄνθρωπον)[6]之上,並且做了這樣的批評:若如此,則關於萬有的命名將時真時假。此外,他也指出:命名對象有其恆定不變的本質,因而名詞有指涉此本質的意義,因而由命名而有真假。由命名的活動,命名者將名詞與萬有連結起來。

乙、克拉梯樓斯的立場

依筆者分析,在本篇對話錄中,克拉梯樓斯共有四個主張:

一、不可能有假的名詞;若有任何名詞為假,則它只是無意義的聲音而已,因為這些聲音並不用來指涉任何事物[7]。

二、若名詞中的音改變,則這名詞不再指涉它所對應的萬有,而指涉另一新的事物[8]。

三、誰了解名詞,他就了解名詞所對的事物,因為名詞是依據此事物之本性或本質而設立的[9]。

四、誰確實知道名詞,即為智者;若不然,則正確的名詞根本不存在[10]。

---

6 Plato, *Kratylos*, 385e6-386a1.
7 Plato, *Kratylos*, 428d1-430a5.
8 Plato, *Kratylos*, 429c3 ff.
9 Plato, *Kratylos*, 435d3 ff.
10 Plato, *Kratylos*, 438b5 ff.

在本篇對話錄裡，克拉梯樓斯的這四個建築在「語言自然論」(Sprachnaturalismus)的主張分別遭到蘇格拉底的駁論。儘管那些駁論並不完全為克拉梯樓斯所接受，在這裡，卻可以顯示出：柏拉圖一方面讓蘇格拉底替克拉梯樓斯的語言自然論辯護，蘇格拉底證明了：名詞是指涉事物的本質的工具，以及字源學的解釋——在這兩個意義下，名詞有合乎事物本性的正確性；然而在另一方面，蘇格拉底卻不允許克拉梯樓斯不合理地擴大這個理論的使用範圍及理論效力。

丙、克拉梯樓斯的立場與赫摩給內斯的立場 之間的異同

克拉梯樓斯與赫摩給內斯主張之間存在著一個極大差異，即：克拉梯樓斯認為：名詞的正確性源於名詞與萬有之間有本質上的關連；而赫摩給內斯主張：名詞的正確性源於習俗及約定。蘇格拉底使用不同的辯證條件，一方面指出這兩個主張各有其理論的意義，另一方面，卻又將這兩個主張分別引入知識的歧途——若人是萬有的權衡，則無永恆不變的真理；對萬有的任何認知都將時真時假——這是赫摩給內斯的命題所遭遇到的困難；或者若所有的名詞都是合於事物本性地真確，則名詞只有因指涉對象上的改變而產生真假，卻無描述性質上的差別（或好壞）——這是克拉梯樓斯的命題所遭遇到的困難。儘管這兩人的看法互相對立，但是從他們互相對立的的命題出發，卻導出若干相類似的主張，即：一、所有的名詞之設立都有其正確性，而且不可能存在著錯誤的命名。二、名詞的正確性不存

在著性質上的差異；因為名詞並不像數理對象那樣，可以擁有
某種意義的精確性。

二、蘇格拉底與赫摩給內斯的討論

赫摩給內斯對於他自己的主張並沒有給與任何有力的證
明，而僅僅給我們兩個比喻：

一、我們給小孩（或奴隸）取名（詞）及換名（詞）時，總以現
行使用的名詞為正確[11]。
二、希臘人與外國人對同一事物有不同的名詞[12]。

這二個比喻的目的在於說明：名詞可以隨著使用名詞的人
們之間的認定而相互替代。第一個比喻以使用的時效當作名詞
正確性的由來；第二個比喻主張，不同的名詞也可以同時運用
於同一個指涉對象，而且各自獲得其使用上的正確性。

蘇格拉底處理這主張時，他使用了三個論證步驟，列之如
下：

一、語句有真假，則名詞為語句的一部分，亦有真假[13]。
二、赫摩給內斯的主張之理論基礎建立在普羅塔勾拉斯的

11　Plato, *Kratylos*, 384d2-6.
12　Plato, *Kratylos*, 385d7-e3.
13　Plato, *Kratylos*, 385b1-d6.

學說「人是萬有的權衡」之上[14]。

三、普羅塔勾拉斯的學說的駁斥——萬有有其恆有且不變
　　動的本質[15]。

　　蘇格拉底的這三個步驟：第一個步驟直接涉及赫摩給內斯
的主張，另二個步驟則看來似乎與赫摩給內斯的主張無關，甚
至與他是巴曼尼得斯的門徒的身分相違背。這三個步驟之中，
第一個最令柏拉圖的研究者所詬病，因為詬病者接受了亞理斯
多德《範疇論》和《解釋論》的主張，名詞若不與動詞相結合
（άνεῦ συνθήκην），則無真假可言——這是約定俗成的。第二個
步驟，則在柏拉圖的許多對話錄都可以看見，只要一個言說可
以動搖或改變其真假，幾乎都可以劃歸於普羅塔勾拉斯或赫拉
克利圖的學說之下，蘇格拉底試圖先確立一個命題，即：語句
是如其所是的指稱萬有，或者語句指稱如其所是的萬有（第一步
驟），因而使語言和萬有之恆定本質之間取得一本性上的關連，
藉著這樣的關連來說服赫摩給內斯，使他相信：名詞與命名對
象之間存在著一種本質上的關連。以下本文將對話錄裡的論證
過程分成以下的七個步驟，加以分析。

甲、恆有本質的存在

　　為了反對普羅塔勾拉斯的學說，辯證論者假設事物必須具
有恆有本質，而整個爭論的困難是：辯證論者在事物自身假設

14　Plato, *Kratylos*, 385e4 ff.
15　Plato, *Kratylos*, 385a8-e5.

本質，而哲人（Sophist，或譯爲：詭辯家）卻只將知識限制在「意見」裡，而不須顧及事物自身爲何？在這一段討論裡，蘇格拉底假定事物有恆定的本質，作爲反對普羅塔勾拉斯的學說的立論基礎點，但是赫摩給內斯一點也不反對地接受了蘇格拉底的觀點，可能是因爲赫摩給內斯是伊利亞學派的信徒。若萬有有其恆定不變的本質，則吾人不能隨意地改變其名詞，因爲合於萬有本性的名詞有描述萬有之恆定不變的本質之機能。

此外，通過本篇對話錄的分析，發現柏拉圖在術語——ὄντα（Onta/being，萬有）與πράγματα（Pragmata/things，事物）——的使用上並不一致。前者出於動詞εἶναι（to be）的現在分詞，後者則是另一個動詞πράσσειν或πράττειν（to practice）[16]。這樣的詞語轉變可能與本質和變動之間的區分有若干詞語意義上的關聯，這種關聯顯示出一種哲學詞語表達上的困難。

乙、技藝的類比

技藝的類比是柏拉圖哲學辯證方法的特色之一，每當非感覺的知識無法在對話者之間獲得共同約定時，技藝的類比就成爲蘇格拉底說服對手的利器，因爲技藝既非經驗，卻又由經驗而可能。O. Apelt認爲技藝的類比有其不足之處[17]，筆者分析技藝、技藝家及產品之間的關係之後，發現 O. Apelt的看法並不

---

16 詳見於H. G. Lidell and R. Scott, *A Greek-English Lexicon*, Oxford, 1968, pp. 478-80, 1460-61。前者指涉存有的意義面向，後者則指涉實踐目的及其所完成的意義面向。

17 O. Apelt, *Platon Werke, Kratylos,* Anm. 14.

正確，因爲他混淆了命名者、工匠、工具使用者、產品、作爲
工具的產品間的關係而認爲：柏拉圖使用一個錯誤的類比[18]。

　　此外，由於「技藝的類比」，產生一個新的問題——命名
者與辯證論者將成爲新哲人。對此問題，筆者認爲：命名者、
辯證論者與哲人之間仍然存在著一個足以分別其差異的判準，
即：哲人只知道依據「共行者」(συμβεβηκός，或譯爲：偶性)
構成相互矛盾的命題，並且只運用對立命題中的一個，在公共
或私人事務上，獲得最大的利益。命名者與辯證論者所依據的
是萬有的本質(οὐσία)，命名者依據萬有的本質來從事名詞的創
造活動；辯證論者作爲一監督者，他對命名者依據萬有本質所
設立的名詞加以品質管制，判定名詞是否造得好。

丙、萬有之相、名詞與辯證論者
——《克拉梯樓斯篇》的相論

　　所謂「名詞有合於萬有本性的正確性」的意義可以從技藝
的類比和萬有有恆定本質的假設，推導出一個適當的解釋，即：
命名者以聲音作爲表達萬有之恆定本質的工具，通過他的命名
技術，用名詞來模仿和表達萬有的本質與相。然而理解萬有之
本質與相的人不只是命名者而已，辯證論者作爲監督者，也認
識萬有的本質與相，他能夠藉著對話來討論名詞是否正確地設

18　關於這個問題請參見：Peng, Wen-lin, *Onoma und Logos——Interpretation
　　des platonischen Dialogs <Kratylos> mit einem Exkurs ins <Organon> des
　　Aristoteles und einem Anhang über die chinesische Philosophie*, S. 60 ff.,
　　Dissertation, Tübingen, 1993.

立，因而他必須先擁有本質與相的認知。

　　分析了《克拉梯樓斯篇》之後，筆者發現這篇對話錄的相論具有以下五個特點：

一、自然事物有相：有一類自然事物皆有相，命名者依自然事物的相而創造出合乎其本性的命名[19]。

二、人造物有相[20]：由於工匠依造心靈中所直觀到的人造物之相，而從事人造物的創造活動，因而相是人造物產生的原因。工匠的作品（人造物）是相的仿本（μίμημα τοῦ εἴδου/ copy of the form）。

三、認識相的人應該有二類：設立法律者（命名者）（νομοθέτης/Gesetzgeber）與辯證論者（διαλεκτικός/ Dialektikos）[21]──設立法律者因其能創造出合於事物本質之命名。因而可以推斷出：設立法律者應該認識所命名的事物之相。辯證論者並非創造名詞者，然而由於辯證論者作為監督名詞是否創造得合於命名對象的本性，因而他必然知道事物之相，否則他無法做好監督的工作。

四、相存在於蘇格拉底的夢境之中：這是蘇格拉底的譬喻。如果我們將感覺對象視為虛幻，因為這些對象變動不居而難以掌握，則相是真實的，因為這些知識對象有

19　Plato, *Kratylos*, 389e3.
20　Plato, *Kratylos*, 389b3.
21　Plato, *Kratylos*, 390c2-d7.

其恆定不變的本質。在這裡，蘇格拉底顯然認為：若吾人處於感覺世界中而且認定感覺對象為真——依據赫拉克利圖的學說，甚至依據普羅塔勾拉斯的學說——那麼，相的世界反而存在於夢境之中[22]。

五、在認識中，相不能變動[23]：這裡可以用亞理斯多德《物理學以後諸篇》第一卷第六章的記載來說明。根據這個記載，柏拉圖年輕時，最先結識克拉梯樓斯而熟知赫拉克利圖的學說——一切感覺對象永恆流動。他認為：在它們那裡，不可能存在任何知識[24]，因為知識不應當變動不居。這裡首先需要說明的是知識（ἐπιστήμη/episteme）的意義，「知識」不能是在變動中的事物。在語言與知識之間的關係中，語言的正確性乃因其描述知識對象應當擁有恆定不變的本質——這應該是語言自然論的最明顯的理由。若知識對象改變，則描述知識對象的語言也必須隨之改變，否則語言與所描述知識對象之間不存在著符應的關係。然而語言的表達是否需要穩固地確定其所指涉的範圍，這是解答這個問題的關鍵所在。如果我們放棄語言的確定界限，而依據指涉對象的內容來轉移其知識表述的可能性，那麼，我們根本就不需要假設沒有不變動的相存在於變動的感覺對象之旁，並且用來描述感覺對

---

22 Plato, *Kratylos*, 439b10-d6.
23 Plato, *Kratylos*, 439e1-440d7.
24 Aristoteles, *Metaphysica* A6, 987a32-34.

象[25]——這是主張有相的一個重要理由[26]，例如：我的
面前是一棵樹，當我轉頭的時候，這句話「我的面前
是一棵樹」馬上失去其真理的效力，因為我的面前現
在是一間房子，所以依照我的變動，「我的面前是一
棵樹」這句話可以時而為真，時而為假，但是「我的
面前」和「樹」都可以和那些變動中的對象產生主賓
詞間的連結關係；不過，這些對象變動的時候，這些
詞語卻不變動地且普遍地用於描述變動的對象。若這
些詞語所對的不是變動對象而是知識對象——柏拉圖
稱之為：「相」——則這些知識對象存在於感覺對象之
旁而不能變動。

如果將這裡的相論與《費都篇》（*Phaidon*）、《國家篇》
（*Politeia*）及《巴曼尼得斯篇》（*Parmenides*)的相論比較，可以
知道，本篇的相論已經離開了倫理的相論，而發展出一種關於
整個萬有的相論，然而卻仍然不承認流變存於相中，或者不承
認存在著流變之相。《費都篇》的相論只承認倫理對象和數理
對象有相，而人造物之相顯然在《國家篇》中已經存在。而在

---

25 Aristoteles, *Metaphysica*, A6, 987b8-10.
26 關於為何必須假設相的存在？這個問題自古就有許多解釋與爭執，在
Alexander von Aphrodisias的 *In Metaphysica Commentaria*, pp.79-85 那
裡，我們可以獲得若干理解。在這裡，筆者所提出的只是一個比較片面
的理由，關於其他理由的討論還可以參考：L. Robin, *La Théorie
Platonicienne des Idées et des Nombres d' apres Aristote*, Georg Olms
Verlag 1984, Hildeshiem; Gail Fine, *On Ideas, Aristotle's Criticism of
Plato's Theory of Forms*, Clarendon Press Oxford 1993.

《巴曼尼得斯篇》中,年輕的蘇格拉底顯然不承認人造物有相,年老的巴曼尼得斯以假設的命題——如若一是——作為辯證的練習。在這個練習中,巴曼尼得斯指明了:在什麼樣的辯證條件下,流變或相互相反者(即:互相矛盾的範疇)可以互相結合而不分離。因此,《克拉梯樓斯篇》應為中晚期之間過渡的作品,既不能早於《國家篇》,又不能晚於《巴曼尼得斯篇》。

丁、蘇格拉底字源學

　　蘇格拉底字源學在本篇對話錄的功能是附帶的,目的是用個別的例子替克拉梯樓斯的主張做一佐證,藉以說服赫摩給內斯,這種佐証方式早見於《費都篇》77e ff.及《國家篇》第二卷388b ff.;這字源學所引起的討論主要有兩方面:一是哲學上的,譬如:哲學術語的字源問題與哲學思想之間的關係,也就是說,吾人應該可以藉著這個字源學的研究來理解柏拉圖哲學及其哲學術語,以減少可能發生的誤解,這對於漢語世界的非印歐語族的使用者有其特殊的意義。另一是語言學上的,譬如:語言是否如蘇格拉底字源學所描述那樣而形成。關於這一點,我們可以從西元1962現代考古學所發現的文獻資料(Papyrus)得到若干程度上的證實,柏拉圖的蘇格拉底字源學與現代的民俗字源學有遙相輝映之處[27]。

　　此外,蘇格拉底字源學對筆者的啓發並不是以上的任何一點,而是:若吾人假定蘇格拉底字源學為希臘哲學研究的基礎,

27　K. Gaiser, *a. a. O.*, S. 12.

則筆者在博士論文*Onoma und Logos—Interpretion des platonischen Dialogs Kratylos mit einem Exkurs ins Organon des Aristoteles und einem Anhang über die chinesische Philosophie*的附錄將獲得一有力的證據，並且從而可能奠定一比較哲學的基礎[28]。在比較哲學的研究裡，要尋找到古代哲學家對重要的哲學術語做精確的字源解釋與定義，這是非常不容易的事情，即使像亞里斯多德所提供的哲學術語之意義解釋都無法提供這樣的研究基礎。

戊、蘇格拉底字源學的來源

蘇格拉底的字源學之來源如何？這個問題顯然困擾著許多研究者。關於這些談論，我們根本上無能力判定，因為在文獻沿傳之中，至今仍然缺乏足以充分佐證的材料。若干學者如V. Goldschmidt[29]認為本篇對話錄的字源學起自於克拉梯樓斯的學說，而這學說的基礎在於赫拉克利圖的萬物流變說。這是很容易推論出來的，但是在對話錄裡，蘇格拉底自己已經講明其字源學的來源，因而很難單純地從赫拉克利圖或克拉梯樓斯的立場來討論。此外，還有一個重要的想法出現在本篇對話錄中，即：名詞亦需要人與人之間的相互約定和共認，因而柏拉圖顯然也不完全接受這些字源學的談論，如果它們與知識不能一致的話。

依照筆者對於本篇對話錄的分析，蘇格拉底字源學的來源

---

28 Peng, Wen-lin, *a. a. O.,* S. 135-162.
29 V. Goldschmidt, *Essai sur le "Cratyle"*, Paris 1940, pp. 93, 140-142. 請比較, K. Gaiser, *a. a. O.,* S. 13-15.。

有三：

一、全得之於歐伊梯孚容(Euthyphron)[30]

二、一部分得之於歐伊梯孚容或先蘇的哲學家，另一部分
　　為蘇格拉底的智慧所見[31]。

三、全得之於蘇格拉底自身的智慧所見[32]。

　　分析了柏拉圖《歐伊梯孚容篇》對話錄之後，可以得到這
樣的猜想：《克拉梯樓斯篇》中，393a至400a可能全得之於歐
伊梯孚容的意見，400a至409d乃蘇格拉底得之於安納克撒勾拉
斯，歐爾菲神話及赫拉克利圖，其餘關於「原因」一類的字源
應出自蘇格拉底自己，因為在《費都篇》裡，蘇格拉底自述。
由於不滿於他以前的自然哲學家們的見解，他假設相作為研究
靈魂不朽的原因而從事原因的研究。

30　歐伊梯孚容(Euthyphron)為希臘的祭司，我們從柏拉圖的那篇以他為名
　　的對話錄裡(請參考拙著，《柏拉圖歐伊梯孚容篇譯註》)可以知道，蘇
　　格拉底希望藉由他的智慧來為自己辯護，因而請求他教導關於敬虔和正
　　義的意義，但是通過對話之後，蘇格拉底證明歐伊梯孚容無法教導他如
　　何知道敬虔和正義；然而我們卻無法從而知道蘇格拉底與其交往之中，
　　是否真的從他那裡獲得字源學的知識。在本篇對話錄裡，蘇格拉底繼承
　　而且混合了幾種不同的字源學解釋，其中主要的部分來自於歐伊梯孚
　　容。

31　Plato, *Kratylos*, 399e4.

32　Plato, *Kratylos*, 409d1.

字源解釋表：（根據K. Gaiser, *Name und Sache in Platos 〈 Kratylos 〉*）

一、《克拉梯樓斯篇》397c-400c：一般的概念

希臘文名詞	希臘文的解釋	中文之意義	德文
Θέος	δεῖν	行走	Laufen
Δαῖμων	δαήμων（=φρόνιμος）	有知識	Kundig
ἥρως	（ἐρωτᾶν）εἴρειν	（愛）能言說	（Liebe）, fähig zu reden
ἄνθρωπος	ἀναθρῶν ἃ ὄπωπε	再思考其所見	Reflektieren
ψυχή	ἣ φύσιν ὀχεῖ καὶ ἔχει φυσέχην 〈 ἀναψῦχον 〉	秉性、且行其性、冷卻	〈 abkühlen 〉 die Natur tragend und führend
σῶμα	〈 σῆμα 〉, 〈 σημαίνει 〉 σῴζηται δεσμωτηρίου τῆς ψυχῆς	〈 墳墓 〉、〈 意義 〉、保持心靈之束縛	〈 Grab 〉〈 Kennzeichen 〉 bewahren, festhalten

二、《克拉梯樓斯篇》397c-400c：神學與宇宙論之範圍

甲、400D-408D：神話中諸神的名詞

希臘文名詞	希臘文的解釋	中文之意義	德文
Ἐστίας	ἐσσία=οὐσία=ὠθοῦν	撞、擊	Stoßen
Κρόνος	κρούνος	來源	Quelle
Ῥέα	ῥευμάτων	河流	Fluß
Τηθὺς	τὸ γὰρ διαττώμενον καὶ τὸ ἠθούμενον	潺潺地流	Rinnend
Ζευς	δια-ζην	經由一生命	Hindurch-leben

Ποσειδῶν	ποσίδεσμον	縛足	die Füsse bindend
	πολλὰ εἰδότος	多智	viel wissend
	ὁ σείων	動搖	erschütternd
Πλούτων	ἀνίεται ὁ πλοῦτος	送財富	Reichtum heraufsenden
Ἄιδης	πάντα τὰ καλὰ εἰδέναι	不可見	Unsichtbar
		知見一切	(alles schöne) wissend
Δημήτηρ	διδοῦσα ὡς μήτηρ	賜者如母	Spendend-Mutter
Ἥρα	(ἐρατή)	所鍾愛	(geliebt)
	τὸν ἀέρα	(流動之)氣	Luft(fliebend)
Φερσεφόνη	(φόνας)	謀殺	Mord
(Φερρέφαττα)	ἐπαφὴν τοῦ φερομένου	附著於已動者	Anschluß an das Bewegte
Ἀπόλλω	(απόλλων)	毀壞	Verderbend
	Ἀπολούων	洗淨、清潔	reinigend, lösend
	Ἀειβάλλων	永遠照射	schießend und laufend
	Ὁμοπολῶν	單一(真的)	einfach
	τὸ ἁπλοῦν(=ἀληθές)		
Μούσαι	μῶσθαι (=ζητήσεώς)	研究	Forschen
Λητώ	κατὰ τὸ ἐθελήμονα	意願	willig, nachgehend
	λεῖον ἤθουςἔχουσα	平滑、跟隨	glatt, gleitend
Ἄρτεμις	(ἀρτεμὲς)	未受損害	Unversehrt
	(ἄροτον μισησάσης)	盡力於耕作	dem Beackertwerden
	ἀρετῆς ἴστορα	知德	abgeneigt
			der Tugend kundig
Διόνυσός	ὁ διδοὺς τὸν οἶνον,	贈酒者	Wein spendend
	οἶνος = ὅτι οἴεσθαι νοῦν ἔ	酒=以爲有知性	Wein=verstehen zu ha-
	χειν		ben glauben
Ἀφροδίτης	<ἐκ> τοῦ ἀφροῦ	從泡沫而出	aus dem Scham
Ἀθηνᾶς	ἁ θεονόα=τὰ θεῖα νοούσ	神之智思	Göttliches Denken
	ης Ηθονόην= τὴν ἐν τῷ	於恆流中(或本	in der Wesensart denkend
	ἤθει νόησιν	質之種)之智思	
Παλλάς	πάλλειν	舞、蹈	tanzen, schwingen
Ἥφαιστος	φάεος ἴστορα, φαῖστος	知光者、明亮	das Licht kundig, hell
Ἄρης	(τὸ ἄρρεν)	無畏懼	Männlich
	ἄρρατον(=σκληρόν)	不軟弱、不可抗	unverweichlich,
		拒	unwiderstehlich

Ἑρμῆς	ἑρμηνέα	傳譯	Dolmetscher
	τὸ εἴρειν ἐμήσατο	再造言說	Bewerkstelligt das Reden
Πάν	τὸ πᾶν（ὁ λόγος	一切(真語句/假	alles（wahre und falsche
	ἀληθής τε καὶ ψευδής）	語句)	Rede）
αἰπόλος	ἀεὶ πολῶν	永恆行走	immer umlaufend

乙、408D-410E：星辰、基本粒子、時間

希臘文名詞	希臘文的解釋	中文之意義	德文
ἥλίος	ἀλίζειν	聚集	Sammeln
	εἰλεῖν ἰών	搖晃地行走	schwankendes Gehen
	αἰολεῖν(ποικίλλειν)	變化(使多樣)	variiren, bunt machen
σελήνη	σέλας νέον καὶ ἕνον	一直新且舊	immer neu und alt
	ἀεί		
μεὶς	μειοῦσθαι	減少	Mindern
ἄστρα	ἀστραπή ὦπα ἀνα στ	臉轉向	das Gesicht umdrehen
	ρέφει		
πῦρ	--βαρβάρικον	外來語(不知道其字源學之意義)	
ὕδωρ	--βαρβάρικον	外來語(不知道其字源學之意義)	
ἀήρ	αἴρει	提起	heben
	ἀεὶ ῥεῖἀήτας(=πνεῦμα)	流動(=呼吸)	fließen
αἰθέρ	περὶ τὸν ἀέρα ῥέων	永遠繞著氣流動	laufen, fließen
γῆ, γαῖαν	γεννήτειρα	生者	Erzeugerin
ὅραι	ὁρίζειν	界限分別	begrenzen, ifferenzieren

丙、411A-420e：關於人的範圍：

A.知識與倫理、實踐的名詞：

希臘文名詞	希臘文的解釋	中文之意義	德文
φρόνησις	φορᾶς καὶ ῥοῦ νόησις	對變動與流動	Erkenntnis von Bewegung
	ὄνησις φορᾶς	之理知	und Fluß Nutzen der
		變動之用處	Bewegung
γνώμη	γονῆς νώμησις	研究誕生	Betrachten des Entstehens

νόησις	νέου ἕσις	求新	Streben nach Neuem
σωφροσύνη	(σωτηρίαφρονήσεως)	外來語(不知其字源學意義)	
ἐπιστήμη	ἕποσθαι ᾇ ὑϊό...	知所行	wissendes Begleiten
σύνεσις	συνιέναι	共行	mitgehen
σοφία	ἐσύθη(ῥταχὺ προϊέναι)τ αύτης τῆς φορᾶς ἐπαφὴν	行速且觸及	rasch gehen und herrühren
ἀγαθόν	ἀγαστόν - τοῦ θοοῦ	驚羨其速	Erstaunlich Schnelligkeit
δικαιοσύνη	(δικαίου συνέσις)	與正義共行	mitgehen mit der Gerechtigkeit
δίκαιον	διαϊόν	行經過	Hindurchgehen
ἀνδρεία	ἀνρεία, ἡ ἐναντία ῥοὴ	逆流而行	Gegenläufiges Fließen
ἀνὴρ	ἄνῳ ῥοῇ	向上流	Fließen nach oben
γυνή	γονή	生、產	Entstehung, Erzeugung
θῆλυ	θάλλειν, θεῖν, ἄλλεσθαι	擠出、行走、跳	sprießen laufen springen
τέχνη	ἑχο-νοη, ἕξιν νοῦ	有理性	Vernunft haben
μηχανή	μήκους (ῥἐπὶ πολύ) ἄνειν	到達許多	vieles erreichen
ἀρετή	ἀεὶ ῥέον (εὐπορία)	永恆流動	immer fließend
κακία	κακῶς ἰέναι	行甚惡	schlecht gehen
δειλία	δεσμὸς οὖν ὁ λίαν	縛住一切	allzuviel Bindung
αἰσχρόν	τῷ ἀεὶ ἴσχοντι τὸν ῥοῦν	流之阻塞	Hemmung des Flußes
καλὸν	καλοῦν(αἴτιον κληθῆναι)	稱呼(言及原因)	zurufend, benennend
συμφέρον	ἅμα φορὰ	同時而變動	Mitlafende Bewegung
κερδαλέον	κεράννυται (διεξιόν)	全然混合	durchmischen
λυσιτελοῦν	[ἀνάλωμα ἀπολύῃ] τῆς φορᾶς λύον τὸ τέλος	溶盡 變動之終溶盡	Erlös
ὠφέλιμον	ὀφέλλειν(αὔξειν)	增益	vermehren
βλαβερόν	βουλόμενον οὖν ἅπτειν ῥοῦν	意圖固著於流	den Fluß aufhalten wollend
ζημιῶδες	δοῦν τὸ ἰόν	止其行	bindend das gehende
δέον (ῥἀγαθὸν)	διιὸν	通行	hindurchgehend

B. 419B-420E：感受、感覺、意志之動搖

希臘文名詞	希臘文的解釋	中文之意義	德文
ἡδονὴ	ὄνησις	有益	nutzen
λύπη	διαλύσις τοῦ σώματος	阻止解消	Hemmen der Auflösung
ἀνία	ἐμποδίζον τοῦ ἰέναι	阻行	Behinderung
ἀλγηδὼν	---βαρβάρικον	外來語（不知道其字源學意義）	
ὀδύνη	ἐνδύσις τῆς λύπης	（痛苦）之牽累	Einhüllung（Anziehen des Schmerzes）
ἀχθηδὼν	ἴὄῡ̈ὄ	負擔	Last
χαρὰ	ὄέᾰ ᾱ ὀῦ̈ὺ（εὐπορία τῆς ῥ οῆς τῆς ψυχῆς）	澆、流 （心靈之流善行）	Gießen, Fluß
τέρψις, τερπνὸν	ἔρψις（διὰ τῆς ψυχῆς）πνοῇ	朝氣（經心靈）	kriechen, hindurchziehen-Hauch
εὐφροσύνη	εὐ-φερο-σύνη	共行於善之動	gute Bewegung
ἐπιθυμία	ἐπὶ τὸν θυμὸν ἰούσῃ	至於心而行	auf das Mut（das Auf bauende gehend）
ἵμερός	(ῐ̆ŏ-)ἱέμενος ῥεῖν	盡力流	streben fließend
πόθος	ἀλλὰ τοῦ ἄλλοθί που ὄντος καὶ ἀπόντος	轉向他方之有	（hinziehend）, auf etwas anderswo Seiendes
ἔρως	εἰς ῥεῖν（ἔξωθεν）	（由外）入於流	（von außen）hineinfließend
δόξα	διώξις τόξου βολῇ	跟隨 以弓射	Verfolgung, Bogenschuß
οἴησις	οἶσις（τῆς ψυχῆς）	（心靈之）變動	Bewegung
βουλή	βούλεσθαυ, βολή	射擊、中	Schuß, Wurf, Treffer
ἀβουλία	（ἀτυχία）	擲不中	Nicht-treffen
ἑκούσιον	εἴκον τῷ ἰόντι	從於行者	Dem Gehendem nach-gehen
ἀνάγκη	κατὰ τὰ ἄγκη πορεία	走向狹路	Gehen auf abgründigen engen hemmenden Weg

丁、基本範疇

希臘文名詞	希臘文的解釋	中文之意義	德文
ὄνομα	ὂν οὗ μάσμα ἐστίν	依以尋求之萬有	Seiendes, wonach ge-

			sucht wird
ἀληθεία	θεία οὖσα ἄλη	神之轉變	göttliches umherwandern
ψεῦδος	καθεύδειν	靜坐	ruhen
ὄν(οὐσία)	ἰόν	行	gehend
οὐκ ὄν	οὐκ ἰόν	不行	nicht gehend

戊、筆者自行找出來的

希臘文名詞	希臘文的解釋	中文之意義	德文
Οὐρανος	οὐρανία= ρῶσα τὰ ἄνω	看向上面	nach oben sehen
Κρόνος	τὸ καθαρὸν αὐτοῦ καὶ ἀκήρατον τοῦ νοῦ	其知性純潔且不受困擾	seine Reinheit und Ungestoßenheit des Verstnades
θυμὸς	θύσις καὶ ζέσις τῆς ψυχῆ	心靈之努力與升起	Treiben und Heben der Seele

己、「合乎本性」與「反乎本性」

蘇格拉底用「合乎本性」(κατὰ φύσιν/nach der Natur)與「反乎本性」(παρὰ φύσιν/gegen die Natur)這兩個術語來說明命名與事物本質之間的關係。每一類的萬有皆可以依據其所擁有的本性而獲得正確的命名,因而產生合於萬有本性的名詞正確性。然而在世代沿傳之間,祖先和子孫之間可以產生若干變化而喪失或增添若干用以命名的本性,因而原來所使用的名詞與其所描述的萬有之間可能產生一種不相應的情況。也就是說,在這種情況下,原使用的名詞無法再描述後來的萬有之本性。

在這裡,我們可以藉著亞理斯多德的萬有論區分,來解釋這兩個術語,前面這個術語所指的是關於萬有的本質(οὐσία/ Wesen),後面的那個術語所指的是關於萬有的共行者

（偶性）（συμβεβηκός／Akzidenz），由於在世代沿傳之間，本質不會改變，而共行者可以改變，因而若一個名詞所涉及的是本質的，那麼，這名詞可以沿傳於世代之間；如果它所涉及的只是共行者，由於共行者在世代沿傳中可能消失或者增生，因而名詞可能失去其描述萬有的正確性；例如：職業名稱並不一定沿傳於世代之間——如諺云：「王侯將相，豈有種乎？」；而人之所以為人，於世代沿傳間，並不可改變，但是並非屬於萬有之本質的事物，則可能在世代沿傳之間喪失或增添。

庚、句子、名詞、音節與字母

　　句子可以分解成名詞和動詞，名詞可分解為音節，音節可分解為字母或者原始的名詞（στοιχεῖα／Elementen）[33]。依據蘇格拉底的分析，字母本身不僅立基於赫拉克利圖的萬物流變說，同時也含有巴曼尼得斯的萬有論；吾人若反過來思索語言與哲學之間的關係，則可以發現：由於語言的先行條件同時具有變動與不變動的區分，因而這樣的想法替赫拉克利圖萬物流變說與巴曼尼得斯萬有論的對立奠定基礎。

---

[33] 在本篇對話錄裡顯然並沒有談論到這樣的語言分解——句子可以分解成為名詞和動詞，而僅僅說，名詞是句子的一個部分（請參見：Plato, *Kratylos,* 385b-c）。在另一篇對話錄裡，柏拉圖做出了這樣的區分，並且規範動詞的意義：動詞所指涉的是「行為」（πράξις／praxis，或譯為：實踐）（請參見：Plato, *Sophistes,* 262a）。這樣的區分，我們還可以從亞理斯多德的《解釋論》（*De Interpretatione*）IV, 16B26-34那裡看到，請比較《範疇論》（*Kategoriai*）II, 1a16-19。關於名詞、音節和原始名詞或字母的分解，請參見：Plato, *Kratylos,* 423e4 ff.

　　原始名詞或字母做為一種有意義的聲音，必定有其固定的意義指涉，它們所指涉的是萬有的變動方式，命名者用不同的原始名詞來描述不同的變動方式，因為他用聲音做為模仿萬有變動方式的工具和材料，藉以建立描述萬有的基礎，音節是原始名詞的最簡單的結合，藉著它們的結合，描述萬有變動的不同方式也結合起來，而形成比較具體的意義，用這樣的意義便能夠獲得比較多的表述可能，但是在這個時候，尚且無法較仔細地用它們來分別和指涉萬有。此外，不同的聲音所表達出來的不同變動方式結合於音節之中，這時候，其原來所指涉的變動方式可能因為這樣的結合而有所改變，因而未必能夠一成不變地維持其所表達的變動方式，在名詞之中的情況也是如此。名詞是由音節所組合而成，有些名詞只有單音節，另外一些名詞則由一些音節所組成，其差異當然表示出若干變動方式之多寡，這樣則能夠充分和仔細地運用聲音的組成來分辨萬有。句子的重要機能在表達真假，藉由名詞與動詞的綜合（κατὰσυμπλοκήν/der Synthesis nach），來描述萬及其行為之間的連結。

三、蘇格拉底與克拉梯樓斯的討論

　　在《克拉梯樓斯篇》386至427的這一段討論中，蘇格拉底採用克拉梯樓斯的主張，並且替克拉梯樓斯辯護而給予證明；但是這個證明並不與克拉梯樓斯的主張相符合，因為克拉梯樓斯的主張與赫摩給內斯的主張將得到相同的結果：「所有的名詞都為真」。克拉梯樓斯雖然無法向赫摩給內斯提出關於合乎

本性的名詞正確性的說明，但是他仍然有其從這個命題所衍生出來的主張，在本篇對話錄的第二部分，這些主張(見本文一、甲的分析)遭到蘇格拉底的反駁。蘇格拉底所反對的命題主要有下面二點：一、名詞不可能有錯誤，錯誤的名詞不是名詞而是一些無意義的音而已。二、誰了解名詞就了解事物。爲了反對以上的論點，蘇格拉底提出他的駁論。關於第一點，蘇格拉底反駁如下：一、名詞與所描述的對象之間的合乎本性的意義，相當於繪畫的對象和畫之間的關係，這關係可以稱爲模仿，模仿之間存在著性質上或好壞之間的差異。二、仿製品與原型之間無法存在著數理的精確性，因而必須有質的差異，用以分別模仿的好壞。關於第二點，蘇格拉底認爲：名詞模仿既然不完全，那麼也就難以從名詞確立對事物的了解。以下將依據本篇對話錄的次序逐次逐段地分析克拉梯樓斯與蘇格拉底的對話。

甲、語言錯誤的可能性

克拉梯樓斯不承認名詞錯誤的可能，其論據是：若名詞與事物之間已有本質上的連結，而語音的改變將使此連結消失，但是，克拉梯樓斯不承認語音改變之後，名詞將發生錯誤，而主張：語音的改變使語言的指涉對象改變。蘇格拉底則認爲：名詞可以通過其所指涉的意義而運用於不同的對象，在這樣的運用中，可以產生正確的運用與錯誤的運用，例如：用「蘇格拉底」這個名詞來稱呼蘇格拉底這個人，這是一種正確的名詞運用；相反地，如果用「克拉梯樓斯」這個名詞來稱呼蘇格拉底，那麼，就產生一種名詞的誤用——這是克拉梯樓斯所不承

認的事情，因爲克拉梯樓斯認爲：這兩名詞所指涉的是它們所指涉之萬有的本質，並不會發生誤用。如果有上述的後面那種情況發生，那麼，使用這個名詞的人祇是發出一些無意義的聲音而已，他無法正確地使用這個名詞而使這個名詞之中的聲音成爲無意義的聲音。

乙、對模仿關係做繪畫的類比

　　語言約定論者只需要承認：語言與萬有之間的指涉關係只是起自於偶然，因爲約定與習慣的緣故，這兩者之間產生一種完全可以隨意地確立和解消的表述關係；但是語言自然論者必須承認，語言與萬有之間有一本質且必然的關係，因而如果接受語言自然論的見解，那麼就必須另外尋求這種關係的解釋。在這裡，柏拉圖用「模仿」來解釋萬有與名詞之間的關係，這正如主張相論的人必須解決相與個別事物之間的關係問題；這裡柏拉圖不採取分有的相論來解釋語言與萬有之間的關係，他主張：萬有中的相是語言的基型，語言是相的仿本。這關係爲蘇格拉底與克拉梯樓斯共同認可，但是細微的分別不同，蘇格拉底認爲：兩個名詞指涉同一對象時，有性質上的差異，克拉梯樓斯卻認爲兩個名詞並無性質上的差異，而是指涉兩個不同的對象。

丙、模仿的缺失

如果名詞與其所描述的對象之間的關係就像仿製品及其原型之間的關係一樣,那麼,蘇格拉底不允許名詞具有「數學般的精確性」,對於同一事物的模仿,既然不可能與所模仿的原型完全相同,那麼不同的仿本之間應該存在有若干程度上的差異,因而不同的仿製品與其原型相較,具有好壞的分別,相較於其他的仿本,越像所模仿的原型的仿本就越好。因此,由於仿製品的品質上有好壞之別,那麼,越接近萬有之相或原型的仿製品就越能表達出事物的本性;然而應該沒有完全與原型一樣的仿製品。

丁、克拉梯樓斯的主張:誰了解名詞,誰就了解事物

克拉梯樓斯將名詞與其所描述的萬有視為同一,因為他認為:命名者能夠造出合於萬有本性的、正確的名詞,必須預設命名者對於萬有的本性已有先行的、正確的理解,否則他將無法造出具有合乎萬有本性的、正確的名詞。然而儘管蘇格拉底替克拉梯樓斯向赫摩給內斯指明:在何種條件下,名詞有其正確性;他卻認為,名詞表達事物本質的機能十分有限,名詞的兩面性是人類理性活動的根本難題。

戊、名詞與認知

在《克拉梯樓斯篇》篇末,蘇格拉底說出他對認知問題的

期望，目的在反對赫拉克利圖的萬物流變說，其理由有三：

一、若所認知的相自身變動，則所認知的相將變為別的。

二、若所認知的相一直變動，則不能有認知者與所認知者。

三、若有認知者與所認知者，善的相，美的相⋯⋯等，則它們既不流動，也不變化[34]。

這三個理由之所以成立，必須預設某一個理論的價值設定，即：存在於認知者和所認知者之間的知識不能是變動的。知識不能變動——這種知識要求可能起自於語言形式條件的預設，一方面要求語言表述可以推移到相同的萬有種類上，形成一種普遍的認知；另一方面要求在個別的萬有之中確立其本質與同一性。如果不假定這樣恆定的認知關係，那麼，知識將跟隨其認知者與所認知者的變動而變動，因而無法滿足前面所說的要求。「若知識具有必然性和嚴格的普遍性[35]，則知識對象自身不能變動」——從這個主張的後半句話的否定，可以否定前半句話，因而可以證明出：在這個知識要求的意義下，第一個理由是合理的，我們可以將之改為：「若知識對象自身是變動的，則知識不具有必然性和嚴格的普遍性」（這是根據modus tollendo tollens的推論方式導出），在某個意義下，這裡所謂的「不具有必然性和嚴格的普遍性」可以解釋為「將變為別的」。

---

34 Plato, *Kratylos*, 439b10-440d7.

35 此處借用I. Kant的認知判準作為說明這三個理由成立的條件，關於這個判準的提出，可以參考I. Kant, *Kritik der reinen Vernunft,* Einleitung, B4。

　　第二個理由之所以成立顯然預設了知識與認知者、所認知者之間是一種關係(τὸ πρός τὶ/Relation)範疇。用亞理斯多德《範疇論》的觀點，精確地說，所謂的「關係」必然是「互爲關係」(πρός ἀντιστρέφοντα/Korrelation)[36]，所以，只要關係範疇的一方取消之後，另一方也就因而取消了(這也是modus tollendo tollens，它的使用不僅僅在後面的條件，而且具有相互性)。第三個理由只是第二個理由的變形，同樣地使用modus tollendo tollens的推論規則，就可以導出第三個理由。

己、前面對《克拉梯樓斯篇》研究的總結

　　從以上的分析看來，柏拉圖在《克拉梯樓斯篇》的主要觀點是：辯證論者的任務不在於支持或反對語言自然論與語言約定論的主張，而是指出：兩者何以皆具有部分正確性或理論效力，而且說明由兩者皆可能導引出的假知識，因而必須在一定的意義下，接受一方的命題，同時在一定的意義下兩者皆可能產生假象，因爲這些主張踰越了它們的理論效力所能達到的範圍。因此，這裡的辯證論有兩面意義：一爲假知識的批判，另一爲真知識應有的要求。

　　經由以上的討論結果，我們如此來解釋柏拉圖《克拉梯樓斯篇》的合於本性的名詞正確性和基於約定俗成的名詞正確性之間的差異。克拉梯樓斯的主張可以稱爲：「語言自然論」，語言自然論的意義是：名詞與語言能夠表達事物的本質。相反

36　Aristoteles, *Kategoriai,* VII, 7a 10-14.

地，赫摩給內斯的主張可稱爲：「語言約定論」，語言約定論不要求名詞及語言與事物間存在任何本質上的連結，而僅僅主張：名詞及語言的意義只是語言使用者之間的共同約定而已。

四、從以上的分析檢討上述的那九個問題

依據本文一開始所做的方法分析，我們必須先回答第三個問題，即：柏拉圖對名詞正確性的問題究竟如何主張？根據上述的分析，我們可簡要地答覆這個問題：柏拉圖應該一方面主張名詞和其所描述的對象之間應該存在著若干本性上的模仿關係，亦即名詞擁有某種合乎本性的正確性；然而另一方面，這種正確性不是唯一的，而且在模仿的意義下，其仿製品——名詞——之創作的品質有好壞之別，因而名詞與所描述對象之間之聯繫在本性上並不是完全相應。因此，作爲一個辯證論者，柏拉圖的蘇格拉底向我們指明這些主張在什麼樣的知識先行條件下成立或有意義。我們可以從而令人驚異地主張：柏拉圖既贊成名詞有合乎本性的正確性，而且在名詞無法完全地表述萬有之本性的意義下，這種正確性需要約定俗成，否則將產生若干假的主張。

回答了第三個問題之後，我們轉而討論第二個問題。關於這個問題學者分別採取了不同的研究取向，因而產生許多不同的看法。Fr. Schleiermacher及其他許多後來的學者，如K. Joel、F. Dümmer、H. Raeder、P. Natorp等人認爲柏拉圖所要反對的人是Antisthenes；G. Stallbaum則認爲他所反對的人是普羅塔勾拉

斯及其門人；K. F. Hermann認為所反對的人是麥加拉學派的學者們（die Megariker）；U. V. Wilamowitz-Moellendorf則認為所反對的是柏拉圖的門徒。E. Haag認為他所反對的是Demokrit的質料學說；P. Boyancé主張柏拉圖反對畢達哥拉斯學派的學說。然而這些看法都有著困難，因為這樣的做法只是從這篇對話錄裡的若干論點整理出一部分或是不整全的詮釋角度，然後用這種詮釋角度來討論柏拉圖的語言哲學，他們似乎忘記了：身為一個辯證論的哲學家柏拉圖，其對名詞正確性的主張不是分析式的（analytisch），他總是對某些意見給予理論界限上的確定之後，又將這種意見的條件限制解消——在柏拉圖式的知識研究上，辯證術有其重要的方法論意義，我們應該先就對話錄自身的哲學意涵來討論。K. Gaiser認為[37]：他所引的那些意見不足以說明柏拉圖語言哲學的全貌，因為柏拉圖可能將他以前的那些的語言理論及哲學傳統帶入這個對話中而做出一全盤的討論。

如果柏拉圖關於名詞正確性的看法正如我們上述的那個樣子，那麼，柏拉圖反對的意見決不是單一或少數的幾個人，如我們在對第二個問題的討論中所提到的，因為柏拉圖不但在某一種辯證意義下，贊成語言自然論或名詞有合乎本性的正確性；同樣地，他也在另一種辯證意義下贊成語言約定論或名詞有出乎共認的的正確性。這些註釋家若先假定某個學派或某個哲學家的談論是柏拉圖所反對的，而且根據《克拉梯樓斯篇》對話錄而做出部分正確的談論，那麼，這種意見只在某種面向

---

37 詳見K. Gaiser, *a. a. O.*, S. 11-12.

上是真確的，而並不是全面地掌握《克拉梯樓斯篇》的真正意圖。柏拉圖《克拉梯樓斯篇》並非單方面反對某種關於名詞正確性的主張，相反地，我們可以將各種關於名詞正確性的理論分門別類地歸納，然後討論這些理論與柏拉圖《克拉梯樓斯篇》之間的關係，進而主張柏拉圖的反對者是某個意見爲代表者，但是這些看法都無法全面地解釋這篇對話錄。因此，柏拉圖的辯證論應該不只是純粹地反對或嘲弄當時的一個或多個語言哲學理論，同時他也討論這些理論之所以成立或解消的理由。

　　第一個問題可以從我們對於第三個問題的解答推斷出來。正如我們對第三個問題的解答，柏拉圖不是單分面地贊成克拉梯樓斯的主張，或者單方面地贊成赫摩給內斯的主張，而是同時接受這兩個人的主張，而這兩個人的主張表面上似乎是相互矛盾的，但是在辯證的交談裡，可以依其不同的思想條件之要求與認定，而這兩個主張可以各自獲得其成立的理由。然而不但只是肯定這兩種主張的成立理由而已，由於這兩個主張相互矛盾，成立一個主張時，自然地就否定了另一個主張，反之亦然，因而肯定這兩個主張之中的任何一個的正面理由，正好也是否定另一個主張的理由。因此，我們可以知道《克拉梯樓斯篇》的目的應該如下：柏拉圖企圖用他的相論來統合蘇格拉底以前的各種不同的語言哲學觀點，由於這個時期的相論是一種工匠及模仿的理論，這個相論嚴格地區分相與仿本之間的關係，仿本沒有等同於原型或相的能力，因而名詞與相和事物之間存在著一種有程度差別的對應或相似的關係。藉由這樣的相論觀點，柏拉圖試圖指出名詞正確性的兩種可能性。這兩種可

能性都必須依附於一定的命名條件才有意義，因而他同時否認
這兩個主張可以絕對化，他認為：將這些辯證條件解消之後，
這兩個主張將導出一些理論困境。

　　第四個問題無法單就對話錄的內容分析而獲得解答。從
二、丁的分析，我們可以知道，從《克拉梯樓斯篇》393a到409d
顯然不是蘇格拉底自身的見解，而是別有所本，當蘇格拉底有
所本地引用荷馬、赫西歐得及歐伊梯孚容等字源學的意見時，
他的目的是用來證明名詞有合於本性的正確性。如果我們不像
那些只帶著一偏之見來解讀《克拉梯樓斯篇》的人那樣認為：
蘇格拉底的言談中混合了嚴肅和嘲弄的話，那麼，作者個人相
信：除非柏拉圖將參與對話的人物視為哲人（Sophistes，柏拉圖
的真正敵人）沒有一個嚴肅意義的知識研究或對話需要故意摻
雜著一些不必要的嘲弄，至少在本篇對話錄裡，蘇格拉底顯然
不將赫摩給內斯[38]和克拉梯樓斯當作哲人之流來看待。因此，
若一個辯證論者證明他的命題在某個意義下是正確的時候，他
的證明至少必須為對話雙方所共同約定，儘管辯證論者可以在
另一個意義下否定原來的命題，也未必帶著嘲弄來進行字源學
的討論。因此，《克拉梯樓斯篇》393a到409d至少是一個相應
於蘇格拉底研究意義的嚴肅討論，因而其字源學的意義，就此
傳統的字源學而論，在理論上，不是嘲弄的。

38　在本篇對話錄裡，赫摩給內斯的確受到相反的嘲弄，因為他不像他的兄
　　弟咖里亞斯（Kallias）那樣，依靠其哲人術而累積許多財富，請參考Platon,
　　Kratylos, 384c3-8；391b9-c3。此外，他也是柏拉圖的同儕，蘇格拉底的
　　學生，請參考*Platon Werke III*, S. 391 Anm.1; S.423, Anm.13.

　　比較困難決定的是蘇格拉底自己的字源學，這樣的字源學基本上有二個重要的觀點作爲其討論的基礎，一個是這個字源學的理論建立在赫拉克利圖的萬物流變說上面；另一個建立在柏拉圖的相論和永恆不變的本質學說上面。在說服赫摩給內斯的過程中，蘇格拉底先不使用赫拉克利圖的學說而認定事物有其恆定不變的本質，因而確定名詞與萬有之間有一本性上的連繫。但是赫摩給內斯並未爲蘇格拉底所說服，因而蘇格拉底才運用字源學的解釋來說服赫摩給內斯，最後，赫摩給內斯終於接受蘇格拉底的談論而相信：在名詞中存在著合乎事物本性的正確性。假設相來討論名詞的正確性——這是柏拉圖對名詞正確性的言談所擁有的特色，因爲他以前的哲學家們並未假設在感覺對象之旁存在著知識對象。

　　蘇格拉底的智慧所見到的字源學——這個部分的解釋比較困難，因爲其他兩個部分有所本於先蘇哲學家們，但是這個部分並無所本。至少那些主張蘇格拉底的字源學是一種混合嚴肅和嘲弄的學者們有權力懷疑這個部分的字源學的意義。前兩個部分有所本於蘇格拉底之前的學者，儘管我們並沒有充分的佐證資料（未流傳下來的緣故），用來證明其來源的真實性，但是至少就對話錄自身的談論而言，我們不必對前兩個部分加以懷疑。因此，在這裡，筆者只討論第三個部分。

　　蘇格拉底自己所發現的字源學有若值得留意的地方，述之如下：

　　一、蘇格拉底自己所發現的的字源學幾乎都是關於倫理的

而不關乎自然或神——這顯然和亞理斯多德和後世哲
學家的記載相符合——蘇格拉底只關心倫理對象而認
為人的事務不在於研究自然對象[39]。

二、蘇格拉底在最後反而認定名詞的正確性不完全出乎本
性，亦為人與人之間共同約定，並且以字源學為例。
因此，蘇格拉底亦非全然以赫拉克利圖的學說來看待
字源學的證明。

三、在後世字源學的談論裡，我們無法找到蘇格拉底所說
的原始字母之意義，而這些字母的意義是否正確——更
為後世學者所懷疑，因為從這些原始的字母如何可能
結構出我們現在所使用的文字呢？——這是一直飽受
質疑的問題。此外，如何解釋那些字母在後來的名詞
尚且包含這些原始字母的意義呢？如果其原始的意義
不存在於後來的名詞中，那麼，這樣的字源學當然被
視為一種嘲弄成份居多的談論。

根據第一點和第二點，蘇格拉底自己所見的字源學顯然合
乎他後來與克拉梯樓斯的談論，因而他應該認定他所證明的那
些字的字源學解釋是合乎本性的正確性，但是仍然有些不是合
乎本性的而出於共同約定的字源學解釋。因此，在對赫摩給內
斯所做的字源學解釋裡，蘇格拉底只說明了若干名詞有合乎本

---

39 請參考拙文〈倫理對象與相的假定——從蘇格拉底的追問到柏拉圖倫理
的相論〉，將刊載於國立政治大學哲學學報第7期。

性的正確性，但是這正確性並不存在於所有的名詞之中。第三
點的困境是不可解的，因為我們必然遭受這樣的困難：原始的
名詞的結合與後來名詞之所指可以不相同，就像亞理斯多德講
Philippos和Philos與hippos之意義及所指涉並不相同一樣[40]。然而
若蘇格拉底不但接受合乎本性的名詞正確性，而且也認為必須
有某種程度上的共同約定，則蘇格拉底字源學的第三部分也可
以是全然嚴肅而非嘲弄的，只要我們分辨出何者是蘇格拉底所
認定為合乎本性的命名？何者只是因為共同約定而有其正確性
的命名，那麼，這樣的詰難也就消除了，因為提出這樣的困難
的人預先已經認定：蘇格拉底是個語言自然論者──然而實際
上並不是如此[41]。此外，蘇格拉底的想法顯然與他之前的自然
哲學家和祭司或神學家、文學家都不相同，蘇格拉底以給予合
理的論說（λὸγον διδόναι/Rechenschaft geben）作為其討論倫理
對象的方法。因而在蘇格拉底的字源學的第三部分可能加入了
蘇格拉底自己對於那些名詞的合乎理性之計算。因此，這些解
釋是否合乎一個歷史沿傳中的古希臘字源學，這可能不是蘇格
拉底字源學的重要意義，因為蘇格拉底根本不是要給我們一個
合乎當時字源討論的字源學，而是提供一個合理的或合於辯證
要求的字源學[42]。

---

40 Aristoteles, *De Interpretatione*, Ⅱ, 16 b1-5.
41 持著這樣的解釋的學者接受了亞理斯多德的見解，用以反對柏拉圖的學
    說──這是他們已經先行接受的理論立場──他們只帶著分析的眼光
    來閱讀對話錄，因而無法理解柏拉圖的辯證術。關於這些意見的反駁，
    請參見拙著Peng, Wen-lin, *a. a. O.*, S. 6-24.
42 關於蘇格拉底的這種研究態度，請參見：拙文〈從蘇格拉底式的對話方

　　《克拉梯樓斯篇》的年代問題通過不同的柏拉圖研究者將近一世紀的努力，大部分的學者，如：v. Arnim、W. Lutoslawski、H. Raeder以及近來的研究者O. Gigon，皆以為這篇對話錄與《美諾篇》(*Meno*)和*Euthydemos*等對話錄屬於同時期的作品，也就是第二個著作時期（在成熟期之前，而且尚在蘇格拉底影響下的作品）。然而如果我們就相的假設和工匠作為相與事物之間的因果關係來看，顯然《費都篇》對話錄尚未提到工匠因，而《國家篇》到《提邁歐斯篇》之間的相論顯然皆假設相作為解釋感覺對象之所以與相同名的原因。因此，《克拉梯樓斯篇》至少與《國家篇》的相論相接近。雖然，從對話的結果看來，這篇對話錄的目的似乎是諍辯的(eristisch)，然而若根據本書在論證內容中所論斷的，本篇對話錄事實上一方面肯定名詞的正確性既是合乎本性而且也起於人與人之間的共同約定；另一方面否定這二個看法擴張其意義而形成錯謬的談論——則其論證的意義似乎不只是否定論題的不正確，而且更進一步指出在什麼條件下，可以接受論理的正確性。

　　關於《克拉梯樓斯篇》成書年代的問題，如果我們根據二、丙的那個段落所分析出來的結果來判斷，則本篇對話錄的年代應當與《國家篇》同時期，因為我們將有工匠因的相論當作相論較成熟的談論，而且《國家篇》與本篇對話錄都認定人造物也分有相或被製造得與「相」相類似。此外，從以上的分析，

式論哲人術與辯證術的衝突〉，《國立政治大學哲學學報》第六期，頁185-192。

本篇對話錄並不像早期對話錄，因為早期對話錄有諍辯的特色，而本篇對話錄並不是諍辯的，它不但消極地指出這兩種主張的謬誤，同時也積極地確立這兩種主張之所以成立的理由。因此，從寫作的形式上看來，本篇對話錄也不像若干學者所分析的屬於柏拉圖早期的作品。再者，本篇對話錄與《哲人篇》(Sophistes)對名詞和動詞的區分有遙相呼應之處[43]。

　　從本文「一、甲」、「一、乙」、「二」和「三」的分析，我們就可以獲得第六個問題的解答。因此，在這裡筆者不再討論第六個問題。第七個問題必須先分析亞理斯多德《範疇論》(Kategoriai)、《解釋論》(De Interpretatione)的內容才能夠回答，這個工作已經在筆者的一篇短文裡討論過了(參見本文註二)，此處不再討論。

　　在歷史主義的影響下，十九世紀末到廿世紀初的詮釋裡，像V. Goldschmidt或者更早的像H. Steinthal及J. Stenzel等學者均以柏拉圖這篇對話錄中的字源學包含克拉梯樓斯，並且與赫拉克利圖的「萬物流變說」有關[44]，然而如果是這樣的話，為何蘇格拉底將其字源學分屬於三種不同來源，而其中並沒有任何一個屬於克拉梯樓斯或赫拉克利圖；相反地，克拉梯樓斯的意見反而必須通過蘇格拉底的字源學才得到證明。此外，除了伊利亞學派(die Eleaten)之外，先蘇以前的哲學家或自然哲學家們似乎都在某個程度上是赫拉克利圖派的學者。在亞理斯多德的

43　Peng, Wen-lin, *a. a. O.*, S. 126-129.
44　K. Gaiser, *a. a. O.*, S. 13.

《物理學以後諸篇》（*Metaphysica*）中[45]，亞理斯多德二度提及柏拉圖在尚未結識蘇格拉底之前，從遊於克拉梯樓斯，從而對赫拉克利圖的萬物流變說有所理解，並且在該書的第4卷第5章（Γ5, 1010a7-15），他說：克拉梯樓斯最後超越了赫拉克利圖的學派，並且相信人們無法以言談掌握變動的事物，取而代之的是他用手來指明他所要談論的對象；此外，他也不再贊同赫拉克利圖的「人不能投足於同一條河二次」的談論，他主張：「人連一次都無法投足於河」。相較於《克拉梯樓斯篇》，我們可以發現：上述亞理斯多德的談論和柏拉圖的描寫之間存在著若干相符之處。蘇格拉底將名詞的正確性藉由字源學的說明建立在赫拉克利圖的萬物流變說之上；這一方面顯示克拉梯樓斯的哲學立場以及其無法完成名詞有合於本性的正確性之證明。另一方面蘇格拉底又證明了克拉梯樓斯將名詞真假和知識等同為一的觀點是錯誤的，在這裡，我們很可以猜想，克拉梯樓斯因為上述的緣故，最後不得不放棄言說而用手來指明他們要言說的對象。

以下先分析亞理斯多德《物理學以後諸篇》中對克拉梯樓斯的談論。根據 H. Bonitz 的《亞理斯多德索引》（*Index Aristotelicus*），亞理斯多德的作品裡曾經三次提到克拉梯樓斯，一次在《修辭學》（*Die Rhetorik*）中，二次在《物理學以後諸篇》中[46]，其中真正談到克拉梯樓斯的思想只有一個地方引之如

45　Aristoteles, *Metaphysica,* A6, 987a32 f.; M4, 1078 b7-34.

46 Aristoteles, *Aristotelis Opera*, Vol. V, 408a58-60.

下：

> 由於出自這樣的假設（筆者謹按，此假設即：變動事物無
> 法用語言來描述），上述的最精確的意見已經為人所共同
> 約定，這（意見）將所談論到的（事物）赫拉克利圖化，而
> 克拉梯樓斯有這樣的見解，他最後認為沒有任何（事物）
> 可以被言說，而只（能）移動手指；而後他超越了赫拉克
> 利圖，因為他（赫拉克利圖）認為：同一條河不能踏進去
> 二次；而他（克拉梯樓斯）卻認為全然不[47]。

從這段引文，我們可以分析出克拉梯樓斯的意見有以下的
特徵：

一、克拉梯樓斯承認：最精確的意見為人所共認而且將之
　　化為赫拉克利圖的學說。
二、克拉梯樓斯已經不認為事物可以言說而只能以手來指
　　明。
三、克拉梯樓斯不認為有任何行為可以涉入變動中。

我們比較這裡所分析出來的觀點與「一、甲」所分析出來
的觀點之間的異同，可以發現：亞理斯多德所記載的克拉梯樓
斯已經接受某個意義下的共同約定，而且不認為言語可以說明

---

47 Aristoteles, *Metaphysica,* Γ5, 1010a10-15.

萬有,因而這樣的觀點正好與《克拉梯樓斯篇》中的觀點相對
立。因此,就前面所分析出來的第一和第二這兩個觀點看來,
柏拉圖《克拉梯樓斯篇》中的主張與亞理斯多德的記載相左,
然而這並不是不能解釋的,很可能是由於克拉梯樓斯的思想在
變動之中,而所變化的這兩個觀點顯然與蘇格拉底的批評有一
些相應的意義。因而可以推斷亞理斯多德的記載乃克拉梯樓斯
哲學的後來發展,而這發展雖然與蘇格拉底的意見相對應,但
是克拉梯樓斯仍然不是辯證論者,因而只採取一個單一面向的
見解而放棄他在《克拉梯樓斯篇》對話錄中的意見。從最後一
點看來,克拉梯樓斯對於赫拉克利圖學說的克服,非常地澈底
或極端化,以致於根本不承認名詞與所指涉的對象之間有任何
連結可能。而乾脆直接肯定,吾人不可能涉入變動,因而對於
變動的理解也成為不可能的事情。

　　關於最後一個問題,在方法學上,我們必須要先確定赫拉
克利圖的學說為何,才有可能繼續進行研究,否則我們無法正
確地回答這個問題。由於研究赫拉克利圖的學說牽涉到一些斷
簡研究上的困難與詮釋的困境[48],因而這個問題的討論並不是
這篇短短的導論所能夠負擔。因而在這裡筆者不討論這個問

---

48 斷簡研究者必須要反省斷簡的意義以及引文長度和這意義之間的關係
何在?這裡我們只引 M. Heidegger 對 Anaximandros 的第一個斷簡討論為
例,尼采的斷簡譯文與 Diels 的斷簡譯文之間的不同,正顯示出哲學家和
古文字學家在研究取向上的差異。從那裡我們也可以知道,Burnet 和
Diels 在引文段落上的意見分歧,這種分歧正顯示出歷史的詮釋與古典文
獻學的詮釋之間也同樣存在著某種相類似的差異。請參見:M.
Heidegger, *Early Greek Thinking,* translated by D. F. Krell and F. A.
Capuzzi, Harper & Row Publishers, 1975, pp. 13-58.

題，而希望另行研究赫拉克利圖的學說，等到確定赫拉克利圖
學說的意義之後才來反省這個問題。

柏拉圖《克拉梯樓斯篇》

（或關於名詞的正確性，【理則的】）[1]
（Πλάτωνος *Κρατύλος*/Platos *Kratylos*）

---

[1] 名詞普遍使用之合法性從何而來？其真理奠基於何處，或者如柏拉圖所說「名詞的正確性」何在？這問題是《克拉梯樓斯篇》對話錄所要處理的問題，此問題歸溯到語言的源起問題。柏拉圖並非第一個討論這個問題的人，在他以前的詩人與思想家皆致力於此。《克拉梯樓斯篇》這個對話錄的篇名由Athenaeus, II. 1. Plutarchus, Tom I. p.391以及其他人的記載皆稱為：《克拉梯樓斯篇》。直到Diogenes Laertius才開始加入「關於名詞的正確性」（ἡ περὶ ὀνομάτων ὀρθότητος）這個副標題（參見Diogenes Laertius, III, 58），或者這個副標題是後世的文法家所添入（O. Apelt, *Platon sämtliche Dialoge*, Bd. III. *Kratylos*, S. 133）。直到Suidas時，在他的集釋中（glossa ὕπερτὰ ἐσκάμμενα），如此說明這個對話錄：「柏拉圖此對話錄乃為了紀念克拉梯樓斯而寫；或者關於名詞的正確性」。詳細的沿傳請參見*Platonis Scripta Graeca Omnia*, Vol. IV, p.187。「理則的」（λογική/Logical）這個副標題出現在cod. Bodleianus vel Clarkianus 39刊本（以下簡稱：B刊本），另外兩個刊本：cod. Venetus, app. class. 4, n° 1刊本（以下簡稱：T刊本）、cod. Vindobonensis 54, supplem. Philos. Gr. 7（以下簡稱：W刊本）皆無。這個副標題是根據Thrasyllus的四部論集（*Tetralogia*）加入的，參見Diogenes Laertius, III-58。此外，B刊本又在「正確性」之後加上「理則的」。

對話人物：

赫摩給內斯（ Ἑρμογένης/Hermogenes）（以下簡稱：赫）[2]
克拉梯樓斯（Κράτυλος/Kratylos）（以下簡稱：克）[3]
蘇格拉底（Σώκρατης/Socrates）（以下簡稱：蘇）

題解[4]：命名乃出乎本性或由眾人所共認
〔前奏：陳述兩個命題〕[5]

2　赫摩給內斯(Hermogenes)乃雅典人希波尼苦斯(Hipponikos)之子。赫摩
給內斯之母再嫁於配里克累斯(Perikles，參見Xenophon, *Memorabilia*,
IV. 84ff.)。他在不明的原因下變窮，然而其兄弟卡利亞斯(Kallias)在此
時卻擁有大批財富，兩兄弟皆躋身於蘇格拉底學生之列。根據柏拉圖
在《費都篇》(*Phaidon*)59B的記載，蘇格拉底死時，柏拉圖因病而未能
在場，赫摩給內斯卻曾經在場。

3　克拉梯樓斯乃雅典人(出身於Athen，在*Der Kleine Pauly*, Bd. 3, S. 331中
講：他的故鄉在哪裡並不知道)，生於西元前五世紀末，為赫拉克利圖
派的年輕學者(der Heraklitjünger)，可能比蘇格拉底要年輕許多，據推
測他可能是柏拉圖的第一個老師。依據Aristoteles, *Metaphysica*, A6,
987a32與Diogenes Laertius, III -9 的記載，柏拉圖年青時即與他交往，而
悅於其學說。根據Aristoteles, *Metaphysica*, C5, 1010a10 ff.記載，他最後
超越了赫拉克利圖的思想，他認為不需用言語而只動手來指明。

4　這個題解取自Wissenschaftliche Buchgesellschaft Darmstadt所出版的
Platon Werke in acht Bänden Griechisch und Deutsch, herausgegeben von
Gunther Eigler的德文譯文部分，Gunther Eigler的題解則大抵取自於Les
Belles Lettres的希臘文—法文對照本的柏拉圖全集。本書譯文以下的所
有題解皆取自Gunther Eigler的譯文，目的有二：一、藉此分段提供柏
拉圖對話錄的讀法，二、藉以幫助讀者了解柏拉圖對話錄的論證意義。

5　這是Méridier的分段方式。以下以〔 〕方式所做的分段，皆出自於
L. Méridier的希臘文—法文譯本。

赫　那麼你是否也要讓這位蘇格拉底參與我們的討論？　　　383a

克　如果你這麼想。

赫　這位克拉梯樓斯主張，蘇格拉底啊！名詞[6]的正確性[7]合乎
　　每一萬有的本性而生，而且這並不是依某些人共同稱呼以　　b
　　某些音，而被稱呼為某個名詞，（他們）以其自身[8]的聲音發
　　出其部分（之聲音）；而是名詞生有某種本性的正確性[9]，對
　　希臘人及所有的外邦人全都相同，因而我問他：克拉梯樓

6　「ὄνομα」一詞，拉丁文譯作「nomen」，法文跟從拉丁文譯作：「le nom」，
　　Fr. Schleieremacher德文譯本的譯法並不統一，他依據行文而有幾個不
　　同的譯法，如：「Benennung」、「Name」、「Wort」；此外，複數
　　形尚有：「Wörter」或「Worte」。依據柏拉圖在本篇對話中對於「ὄνομα」
　　這個古希臘字的解釋，它的意義是：「是用以尋求之有」
　　（τοῦτο εἶναι ὂν οὗ μάσμα ἐστίν），《克拉梯樓斯篇》，421a10-b1。
　　在柏拉圖那個時代，它的詞類分別不是非常清楚，而且所涉及的範圍
　　要比西元三世紀以後文法上的詞類區分要寬泛的多。那時候，大抵將
　　語句（λόγος/sentence）分為名詞與動詞（ῥῆμα/verb）。此外，在使用習慣
　　上，漢語將名詞與名字當作不同的詞語來使用，名詞純就詞語（或文法）
　　上來說，名字則大抵是對人而說的，希臘人無此分別。因此，在譯文
　　中，為了維持譯文的統一，若有涉及人名的名詞，則加入「（字）」，
　　表示它是對人而說的。

7　〔383 a4-5〕：「名詞的正確性」——這是《克拉梯樓斯篇》對話錄的
　　副題。古代沿傳以此副題作為整個對話錄的談論主題。在這對話錄中，
　　對於這個主題的討論有兩個互相相反的意見，即：「名詞正確性」合
　　於本性（φύσει/von Natur），或者合於約定（συνθήκη/auf Übereinkunft）及
　　律法（νόμῳ/durch Anordnung）。前者認為名詞所指對象與名詞的意義之
　　間有一符應的存有關係，後者則相反地認為這兩者之間並無必然相符
　　應的存有關係，而其對應關係出自於一可以隨意更變的約定或律法關
　　係。前者是本對話錄中的克拉梯樓斯所持的意見，後者為赫摩給內
　　斯所持的意見，參見O. Apelt, a. a. O., S. 133-4.

8　B刊本讀作「以他們的聲音……部分」（τῆς αὐτῶν φωνῆς μόριον）。

9　直譯為：「而本性生有某種名詞正確性。」

斯是否[10]真的是他的名詞(字)或者不(是)[11]？他同意這是
合於他的名詞(字)[12]。我[13]又問：「那麼蘇格拉底呢？」
他回答：「蘇格拉底(也是)。」那麼，所有人正如我們如
此稱呼他們，這個[14]是每一個(人)所具有的名詞(字)嗎？ 384a
他說：「至少你的名詞(字)赫摩給內斯並不如此，儘管所
有的人都這樣叫你。」而我繼續追問，想知道他究竟在講
甚麼？而他全然解釋不清楚，卻強要我接受他的看法，退
回到他所知道的範圍，藉以使我同意他所講的，即使他願
意如他所說地說出來。如果你的確知道如何講明克拉梯樓
斯的諭示，我樂於聽聞。甚至，你對於名詞正確性的問題
有[15]什麼主張，若是你願意說，我也是[16]樂於學習。

蘇　希波尼苦斯(Ἱππονίκος/Hipponikos)之子，赫摩給內斯啊！
　　這正如古老的諺語(講)：美的事物如其所有地難以學習
　　[17]。何況關於名詞的事不是一小課程，假使我曾經聽過 b

10　「是否」乃根據BW刊本「εἰ αὐτῷ πότερον」(若對他是否)增譯。

11　T刊本省略了「ἐστὶν ἢ οὔ」(是或者不)。

12　【這是合於他的名詞(字)】──這半句話是根據*Platonis Scripta Graeca
　　Omnia*全集版增補(Vol. IV. P. 188)，在Bas.2抄本不存在這半句話，菲
　　齊諾(Ficino)的譯本亦不出現這半句話；WB刊本行文皆如此。

13　「我」(ἐγώ)在T刊本省略。

14　W刊本作第三格。

15　「有」在T刊本省略了。

16　「是」在T刊本省略。

17　〔384b₁〕：「**美的事物如其所有地難以學習**」──這句話相傳是古希
　　臘的七聖哲之一：「索倫」(Solon)所寫，這也是柏拉圖常使用的諺語，
　　目的在說明對話者之間交談上的困境。這個諺語的起源請參見*Platonis
　　Scripta Graeca Omnia*, Vol. VI, p. 189。請比較 *Hippias maior*, 304e；

普羅迪寇斯[18]（Προδίκος/Prodikos）那場須繳五十個德拉赫
蒙（δράχμον/Drachmon，為希臘的貨幣單位）的演講[19]，只
要聽了而且接受他的教導，正如他所主張的，你便能毫無
障礙地知道關於名詞正確性的真理。現在正因為我沒聽到
（他的演講），而只（聽到）一個德拉赫蒙的（演講）。因此，
我並不知道這些（事情）的真確性如何？我是非常願意和你
及克拉梯樓斯共同研究。至於他是否主張赫摩給內斯真的
是你的名詞，正如我已注意到[20]他在開玩笑，因為他大概
認為你一直[21]很想要發財，【卻又一點都不像赫勒梅斯的
後代[22]】，你總是很窮困。然而正如我現在所說，要知道

c

Politeia, 435c; 497d.

18　出生於Keos，大約在西元前431或421到雅典而成為著名的演說家，對
　　雅典的政治有很大的影響，代表政治上的保留勢力。他在哲學上似乎
　　是個幸福論者（Hedoniker），參見*Der Kleine Pauly*, Bd. 4, S. 1153.。

19　亞理斯多德在《演說術》（τεχνή τῆς ῥητορικῆς/The Rhetorics）Ⅲ, 14,
　　1415b 中曾經提到普羅迪寇斯的這場演講。這裡顯然是蘇格拉底式的諷
　　刺，類似的情形也常出現在柏拉圖的其它對話錄中，例如：*Hippias
　　maior*, 282a, *Meno*, 96d. L. Méridier談到：「**普羅迪寇斯是西元前五世紀
　　最著名的智者及演說家。**」柏拉圖不但在《普羅塔勾拉斯篇》對話錄
　　(*Protagoras*, 315d ff)曾經提到他，而且在語言哲學上也受到他的影響。
　　普羅迪寇斯的主張是一種共名論(Synonymik)，他認為語言乃因人所共
　　認而確立。請參見*Platon Oeuvres Complètes*; Tome V-II, p. 50; *Platon
　　Werke in acht Bänden Griechisch und Deutsch,Kratylos,* Anm. 4.

20　「注意到」：T刊本並未放在本文，而置於頁邊。

21　「一直」：T刊本省略。

22　赫勒梅斯(Hermes)乃希臘小神，是商人之神及司幸運及錢財之神。赫摩
　　給內斯之字義為：「赫勒梅斯之後代」，但是赫摩給內斯卻一反於「赫
　　勒梅斯」一詞所指涉的意義，他丟掉了他的財富。因而蘇格拉底說：
　　克拉梯樓斯在開赫摩給內斯的玩笑，因為赫摩給內斯雖然是Hermes的

這些（事情）很難，必須共同來研究考察，情況[23]究竟是如你所主張的呢？還是如克拉梯樓斯所主張的呢？

赫 我自己，蘇格拉底啊！曾經多次與這個（人）及其他許多（人）討論這個問題，但不能使我相信有其他任何名詞的正確性，而不外乎共同設立（συνθήκη／Vertrag）以及同意（ὁμολογία／Übereinkunft），因爲我認爲有人替某個東西取了某個名詞，這個名詞便是[24]正確的。而且如果相反地變更爲另一個（名詞），而那個（名詞）卻再也不拿來稱呼，則後來的（名詞）的正確性絲毫不遜於原來所設立的[25]，正像我們給僕人們更換名詞（字）一樣[26]，因而根本沒有任何合乎每一個本性所生的名詞，名詞只是因爲賦予（νόμῳ／Anordnung）以及依習慣（ἔθει／Gewohnheit）的使用而稱呼[27]。如

d

後代，但是他並不富有。在本對話錄裡，蘇格拉底解釋了「赫勒梅斯」的字源學意義之後，赫摩給內斯最後承認克拉梯樓斯講得有道理，參見本篇對話錄407e-408b。Fr. Schleiermacher在他的譯文裡加進了以下一小段話：「Hermogenes的意義是從Hermes而傳來之種，這（神）是商人及有幸運之結果的神。」

23 這是一個不合原文的翻譯，原文是「ἔχει」，德文譯為：「es sich……verhält」，可以直譯為「究竟如你所主張而有呢？」

24 「便是」：根據T刊本「εἶναι καὶ」譯出。

25 「則後來的那個（名詞）的正確性絲毫不遜於原來所設立的」：在T刊本省略。

26 這是古希臘人的習慣。主人在得到奴僕之後，通常會先給奴僕取一個新的名詞（字），請參見 *Platon Werke in acht Bänden Griechsch und Deutsch*, Bd. III, *Kratylos*, Anm. 5.。

27 384e：O. Apelt認為：柏拉圖對這問題的立場為何？——這是一個難以分辨的問題。在這個對話錄中，柏拉圖不僅一方面帶著嚴肅的討論態度，另一方面卻又混雜著嘲弄的味道，而且又因為對話錄的討論形式，

有其它可能，我不只十分願意向克拉梯樓斯學習且傾聽　　　e

帶著相反的意見來混淆他自己的見解，以致於無法清楚地分辨柏拉圖
對這個問題的意見。因而他引用柏拉圖《第七封書信》(Epistola VII)343a
的意見，認定柏拉圖持著唯名論或所謂語言約定論的立場，他認為：
一般說來，赫摩給內斯代表柏拉圖的意見。O. Apelt的解釋與若干學者，
如G. Grote, I. Düring認為柏拉圖對此問題的看法傾向於語言自然論，並
且主張亞理斯多德在這個意見上面反對柏拉圖。這樣相反的解釋傳統
各有其歷史沿傳上的繼承。O. Apelt所引的《第七封書信》343a及
Theaitetos 177e的談論有其意義；G. Grote和I. Düring則從柏拉圖哲學與
亞理斯多德哲學的對立(這樣的解釋形成了一個重要的解釋傳統)來看
待柏拉圖對此問題的主張。這些主張嚴格說來皆不奠基於《克拉梯樓
斯篇》的行文。因此，我們可以分成兩個不同的態度來看待這個問題。
柏拉圖在《第七封書信》及其他對話錄的意見，討論若干語言、思想
與對象之間的關係，認定語言(或名詞)不能有穩固可靠的性質，這顯
然可以是一個普遍的看法，在《克拉梯樓斯篇》也不例外地贊成這樣
的主張(參見《克拉梯樓斯篇》438a ff.)，但是這裡所談論的不只是一
個普遍的看法而已。一個如柏拉圖一樣的辯證論者應當注意相反的意
見的成立與消解之間的關係如何？因而必須研究以下的問題：限制了
什麼條件而能夠使兩個相反的意見得以一方面確立為真，另一方面卻
又依靠一定的條件而將其真確性消除。關於這些條件的觀察及解釋，
參見Peng, Wen-lin, *Onoma und Logos*, II-IV. 此外，參見O. Apelt, *a. a.
O.*, S. 134-135.
名詞之正確性合於事物的本性或者出於一種約定和同意而來呢？究
竟這兩種意見之間的關係如何？柏拉圖在本對話錄採取什麼樣的立
場？關於這兩個問題柏拉圖研究者往往無法正確地解釋，而又大都以
為柏拉圖僅僅贊成兩者中的某一種意見，而反對另一種意見。其理由
不僅是由於學者將這個對話錄視為全篇為一嘲弄與嚴肅的主張相混合
所主宰，更因為對話錄的形式促使肯定及矛盾之間的界限蒙蔽了柏拉
圖的真正見解，以致於學者之間有不少分歧的意見。以上參見O. Apelt,
a. a. O., Bd. II, S. 134, Anm. 7。此外，關於柏拉圖對於以上問題的可能
見解，請參考拙文：彭文林，〈亞理斯多德在命名問題上反對柏拉圖
嗎？〉，《藝術評論》第6期，頁11-25，國立藝術學院出版。

²⁸，而且也向其他任何人²⁹。

28　〔383a4-384e2〕：「這位克拉梯樓斯……學習且傾聽」——這段文字
顯示出這個對話錄的二種關於名詞正確性的主張：克拉梯樓斯主張名
詞生出某種合於本性而不依人所共認並且同意而有的正確性；赫摩給
內斯則只認為名詞正確性出自於人與人之間的共同約定。藉著赫摩給
內斯的說明，克拉梯樓斯的意見可以分析為以下的幾個要點：

一、名詞有其合於萬有之本性的正確性。
二、每一個名詞必以其所對的受命名者為指涉對象，如：克拉梯樓斯、
　　蘇格拉底。
三、若名詞所指涉的對象喪失了名詞的合於本性所指稱的意義，則其
　　名詞與指涉對象之間不存在正確的語言運用，因而名詞也就不適
　　用於其所指涉的對象。

關於第一點，我們可以發現赫拉克利圖學派(die Heraklitische Schule)
與伊利亞學派(die Eleatische Schule)之間的爭執所在，即：吾人必須假
定萬有有其穩固不變的本性，或者萬有只是流變。有趣的是：赫摩給
內斯做為伊利亞學派在語言理論上的代表者，卻主張名詞並沒有合乎
本性的正確性，亦不認為萬有有其穩固不變的本性(這一點顯然與巴門
尼底斯的意見相一致，巴門尼底斯對「萬有是多」或「意見之路」的
反駁，正是這種見解)，這種見解似乎非常接近唯名論的(noministisch)
見解。作為赫拉克利圖學派的青年，克拉梯樓斯藉由蘇格拉底的論證
而持著萬有有其穩固不變的本性，正確的命名即在於名詞能夠表達出
萬有穩固不變的本性，而蘇格拉底卻將合於萬有穩固不變本性的命名
建立在原始字母上，因為原始字母能夠表達萬有的流變。從而在哲學
史上，我們可以這麼推斷，即：赫拉克利圖學派主張語言自然論，而
伊利亞學派主張語言約定論。
關於第二點，我們可以由本篇對話錄428d ff.發現：克拉梯樓斯持著一
個十分怪異的主張——所有的命名及名詞有其正確性，而且不可能有
假的名詞；假的名詞因其無所指涉而只是無意義的聲音——這也就是
第三點的主張。第三點不是從這一段話整理出來的。若從文字的意義
看來，克拉梯樓斯只承認蘇格拉底與其他人的名詞(字)有其命名的正
確性，而不承認「赫摩給內斯」這個名詞對赫摩給內斯有命名的正確
性，其主要的理由可以由第三點推斷出來。

題解1：蘇格拉底與赫摩給內斯的對話
  1.1 赫摩給內斯的命題必須做限定
  1.11 必須有正確與錯誤的命名
  〔蘇格拉底與赫摩給內斯的對話──名詞是真或假〕

蘇 或許的確如你所說，赫摩給內斯啊！讓我們研究看看！是 385a
否某個人對每一個稱呼以某某名詞，而這個即是[30]每一個

---

29 384c9-384e2〔**蘇格拉底……任何人。**〕──：赫摩給內斯的這段話陳
述了幾個不同的意見，由這幾個意見組成約定論的見解，分析如下：

  一、名詞正確性只是出自於約定及同意。
  二、名詞用於事物，即有正確性。
  三、更換名詞，只要用於事物，其正確性不減。

  從這一點可以知道，這是一種語用論或語言約定論的觀點，語言的正
確性起自於一些語言使用者之間的相互同意與約定（這一點在本篇對
話錄中依據一定的條件，得到了正面的肯定。參見《克拉梯樓斯篇》，
434b9 ff.)第二點是認定名詞與事物間存在著一無性質差等的對應關係
（這一點可以從第三點主張中明顯的發現），這一點顯然是柏拉圖的蘇
格拉底所反對，因為名詞一方面在語言約定論上有指涉的真假問題（這
一點我們可以從385e1以下幾段看到了）；另一方面在語言自然論上，
則有仿本的模仿程度上的差異的問題（這一點可以從432a6 ff以下幾段
看到）。第三點是整個論點成立的理由，由於赫摩給內斯否認多名一指
的名詞之間存在著差異性，因而將名詞與所指涉對象之間的關係視為
使用者之間的相互約定及同意。因此，柏拉圖雖然反對語言約定論的
說法，但是並非全盤反對，其主要反對的是第二點與第三點。關於第
三點的反對成立的理由在於柏拉圖承認名詞與事物之間有若干不完全
的本質關連。由於柏拉圖反對多名一指的名詞之間並無差異性的主
張，因而在《克拉梯樓斯篇》的第一部分，只用語用論的觀點所解釋
出來的正確性受到蘇格拉底的批評。

30 T刊本省略「是」。

的名詞？

赫　我正如此想。

蘇　那麼，名詞有些由私人稱呼，有些則通用於城邦吧[31]？

赫　我贊成。

蘇　怎麼呢？如果我如此來稱呼萬有中的某個事物，譬如：我
　　們現在稱為人的，若我改稱他為馬，而現在稱為馬的，為
　　人，則對同樣一個事物，對公共的(δημοσία/öffentlich)名
　　詞將是人，而對私下(ἰδία/besonders)卻(是)馬；相反地，
　　另一個東西，對私下的(是)人，對公共的(是)馬，你這麼
　　樣講嗎？

赫　我正如此想，【然而還有任何其它的(那麼)顯得麼？[32]】 　　b

蘇　那麼，請告訴我這點，你是否稱呼某某言說為真以及(某某
　　言說)為假？[33]

31　385a5：O. Apelt以客觀的正確性與主觀的正確性來區分克拉梯樓斯的見
　　解與赫摩給內斯的看法；並用語言是由語族所共有來批評赫摩給內斯
　　的看法。這樣的看法顯然是起自於語言實際誕生的意義立論的，他並
　　不是一個理論立場上的反對，蘇格拉底在385b1到e2的談論顯然不是就
　　這樣的意義來論證這個主張的困難，因為蘇格拉底認定有一名詞正確
　　不依賴個別的語族而成立的，而是對希臘人與外邦人都一樣的，即：
　　名詞與事物之間存在著一真假相應的連結關係，參見385b7-e2。

32　【然而還有任何其它的(那麼)顯得麼？】：W刊本添補於「如此想」
　　之後。

33　這是哲人們(Sophistes)常常拿來論難別人的話語。若我們把真定義為
　　「是」，而假為「不是」，則假根本不可能，因為人們根本不可能談
　　論任何「不是」者，所以根據哲人們的一切談論皆為真！柏拉圖盡力
　　反駁這種觀點最後在Sophistes, 236e-246a.反駁了這種看法。不過，此處
　　似乎並不把Hermogenes當作哲人來看待，因為他承認語句與萬有之間
　　的對應關係有真假可言。

赫　我肯定！

蘇　所以，某個語句(λόγος)應該是真的[34]，而別的(語句是)假的？

赫　當然！

蘇　因此，倘若關於萬有的言說，如(它們)**是**，(則)真；而倘若它如(它們)**不是**，(則)假？

赫　對！

蘇　因此，是這個吧！藉由語句而說明萬有，及非(萬有)[35]？

赫　當然！

蘇　然而一個語句是真的(語句)，是否整個為真，而它的部分卻(是)不真呢？　　　　c

赫　不！卻連其部分(也是真)。

蘇　是否只有其大的部分真，而其小的部分卻不(真)，或者全部(真)呢？

赫　全部(真)，我的確(這麼)認為。

蘇　你所說的語句中有任何其他比名詞更小的部分嗎？

赫　不，而這個(是)最小的。

蘇　因此，名詞在真的語句中被言說。

赫　對！

34　W刊本作「這真的」(ὁ μὲν ἀληθής)。

35　「因此，……及非(萬有)」——Stephanus試圖將「是這個嗎？藉著……」(…τοῦτο, λόγῳ …)改為「是藉著這個言說……」(…τούτῳ λόγῳ …)，這種讀法顯然無法合於上下文的文義，參見 *Platonis Scripta Graeca Omnia*, Vol. IV, p.192,「τοῦτο, λόγῳ」條註釋。

蘇 （它）的確是真，如你所主張？

赫 對！

蘇 假（語句）的部分豈不（是）假？

赫 我贊成！

蘇 因此，名詞也和句子一樣，必須有真假可講？

赫 豈不如此[36]？　　　　　　　　　　　　　　　　　　　d

蘇 因此，若贊成每一個（人）所賦予的是對的名詞，這個就是名詞所對的每一個嗎[37]？

赫 對！

蘇 或許如果某人贊成每一個有許多個名詞，則它將有這麼多（名詞），而且將是這麼多，如果那時候這樣贊成的話？

---

36 讀過亞理斯多德《解釋論》（De Interpretatione）的人，很容易從那裡提出一個見解，即：亞理斯多德主張名詞無真假且為人與人所共認，而不具有合乎事物本性的正確性。做這樣的解釋的人認為：亞理斯多德的主張之目的在反對柏拉圖，因為柏拉圖主張：名詞有真假且有其合乎事物本性的正確性。

在一篇短文裡，筆者曾經嘗試分析柏拉圖與亞理斯多德的觀點之不同，筆者將此文附錄於此書之後，現在，只簡單地分析這裡的主要論點。根據語句邏輯家（或亞理斯多德以後的論理學者——die nacharistotelischen Logiker）的想法只有句子才有真假、名詞並無真假。但是在本篇對話錄裡，蘇格拉底先持著語言自然論的主張，認為語句與名詞與其指涉對象存在著本性上的相符應關係；因而名詞亦有真假，此真假的意義與句子的真假稍有不同。句子的真假所指的是：名詞與動詞所形成的語句內容是否存於其所描述的對象中。而名詞的正確性並包含名詞與動詞之間的連結關係，而涉及所描述對象之本性與名詞之間的對應關係。關於反對的意見請參見，O. Apelt, a. a. O.,S. 135-136, Anm. 9.

37 這是個直譯，這個問句的意義在於肯定：名詞與所對的每一個對象之間存在著相互的關係（ἀντιστρόφη/correlation）。

赫 因爲至少我自己沒有異於這個的名詞正確性，而我是只用
　 單一個名詞去稱呼每一個[38]，這個我已設立；而你（卻稱呼）
　 另一個（名詞），你再（設立）它[39]。因此，我看到：在每一
　 個城邦裡，他們一度用自己私下所賦予的名詞去稱呼那些
　 同一的，希臘人與其他希臘人之間互異，希臘人與外邦人
　 之間（亦然）[40]。

e

38　「每一個」：T刊本省略。Méridier註云：「通常的構句是：
　　"καλεῖν ὄνομα τινα"，但是人們在柏拉圖那裡還是看見用第三格(與格)
　　當作受詞。」參見Méridier, *op. cit.*, S. 52, note 2.

39　「再（設立）它」，在Hirschig刊本的讀法為「若（設立）它（ἄν）」，原來
　　讀成「再」（ἄυ）。

40　〔385a1-385e5〕：「或許的確，……外邦人亦然。」——本節討論可
　　以分成三個部分來解釋：
　　甲、〔385a1-b1〕：「或許這情況……正如此想。」——這一段的意義
　　在於確定384c9那段話中所謂「共同設立」及「同意」的意義以及其所
　　帶來的是何種正確性。蘇格拉底用「私下的」(ἰδίᾳ/private)及「公共的」
　　(δημοσίᾳ/public)的分別來說明共同設立及同意的意義。(1)前者只有
　　少數人共同設立及同意，後者卻為大多數市民所共同設立及同意。(2)
　　因而其正確性之意義不盡相同，如果認定這二者之間有矛盾性質的存
　　在，將造成命名意義上的衝突。(3)因此，這樣的名詞正確性一方面保
　　有名詞的雜多性，另一方面也就帶來了詞語表達的矛盾可能。
　　對赫摩給內斯而言，所謂「共同設立」及「同意」的意義是：名詞更
　　換並不帶來指涉意義上的差異，亦即未更換之前的名詞與更換之後的
　　名詞之間並不存在意義上的差別，因為他將這二個名詞指涉同一個對
　　象，只考慮其指涉對象的同一，並不追問其對使用者之多寡的意義，
　　而且也不涉及名詞自身所帶來的意義與其對象之間的關係。這個部分
　　的論證顯然是針對名詞使用者的多寡來確立赫摩給內斯的主張所蘊含
　　的意義。在第二及第三部分，蘇格拉底則就名詞意義與其所指涉的對
　　象之間一致性，來討論赫摩給內斯在這種主張的意義下，將遭受到若
　　干理論困境。一般人的想法是：公共的名詞使用是正確的而私下的是
　　錯誤，蘇格拉底並不用公共的或私下的名詞使用來決定名詞正確性為

題解1.12：有自然地合乎事物之名詞

題解1.121：事物有獨立於吾人之外的恆定的本質

〔事物有獨立於吾人之外的恆定的本質〕

蘇 那麼讓我們來看看，赫摩給內斯啊！是否萬有如其所呈現於你[41]而如此有，私下地，它們每一個有其自身的本質，正如普羅塔勾拉斯（Πρωταγόρας/Protagoras）所主張，他

何，反而用常人的見解來突顯赫摩給內斯的主張的不合理性。

乙、〔385b2-385d1〕：「那麼，請告訴我……豈不如此？」——這段文字的目的在於由「共同設立」及「同意」的意義下，推斷出這種正確性是多名同指，且多名同指的意見有同真同假上的困難。因為吾人只要承認句子有真假可說，則名詞也必定有真假可說。這一段文字在推證上常常遭受學者的詬病，同時學者也拿它做為證據，主張柏拉圖與亞理斯多德對於「名詞是否有真假」的論題上意見相左，認為亞理斯多德主張名詞沒有真假可言，只是出自共同設定，而柏拉圖主張名詞有真假，合於其本性，我們先討論推證上的困難，然後討論柏拉圖與亞理斯多德在「名詞自身是否有真假」的問題是否存在著解釋上的矛盾。

丙、〔385d2-e3〕：「因此……(亦然)。」——這裡顯示出赫摩給內斯將命名的問題一方面私有化，使同一個事物可以擁有許多不同的名詞，然後利用名詞是否為使用者所共同約定和共同使用，來決定名詞是否設立的正確。因此，他一方面希望保有私有化時的名詞正確性；另一方面卻又不認為，這些已經私有化的名詞之正確性之間有任何矛盾的關係存在。在甲、乙這二個部分蘇格拉底用了句子與名詞之設立有真假關係為例來說明名詞具有真確性；在這個部分，蘇格拉底進一步追問：是否對同一事物的許多名詞與此事物皆有符應關係，或者這些名詞對此事物皆為真？赫摩給內斯在這裡先堅持他自己的想法。我們在下段討論裡可以看到他一步一步放棄他自己的意見，而接受蘇格拉底的論證。

41 「於你」在W刊本省略。

講：

　　「一切事物的權衡」是人[42]。　　　　　　　　　386a

因此，正如事物對吾人呈現這麼樣地是[43]，就對我如此地
是，那些若對你（呈現）這麼樣（地是），亦對你如此（地是）。
或者，你認為它們其自身有某種本質上的恆定性呢？

赫　此時我自己的確，蘇格拉底啊！也已經遭遇困境，在這裡
[44]，我陷入普羅塔勾拉斯的主張之中，雖然我全然不[45]認為
其如此有。

42　「一切事物的權衡」是人：這是普羅塔勾拉斯（大約活在西元前480-410）
　　在《論真理》的作品中，一開始就講的，參見H. Diels, *Die Fragmente der
　　Vorsokratiker, Protagoras Frg.* B1; *Platon Werke in acht Bänden
　　Griechisch und Deutsch*, Bd. III, *Kratylos*, Anm. 6.。這個談論後來在《苔
　　艾苔投斯篇》152a又重覆地提出來，並且在158b以下反駁了普羅塔勾
　　拉斯的話，不過現代的詮釋者往往標新立異地主張柏拉圖的批評只是
　　一種誤解，普羅塔勾拉斯的主張不見得有柏拉圖所批評的意義。
　　在《苔艾苔投斯篇》（Theaitetos）裡，蘇格拉底問「什麼是知識
　　（ἐπιστήμη）？」苔艾苔投斯回答：「知識是感覺（αἰσθήσις）。」蘇格
　　拉底認為苔艾苔投斯的回答與普羅塔勾拉斯的主張相類似，並且用赫
　　拉克利圖的萬物流變說來解釋普羅塔勾拉斯的學說。萬物皆在流變之
　　中，則每個人心中所呈現出的萬物沒有永恆不變的本質，因而同一事
　　物呈現在不同的心靈中而如其所是地得到認定，個個呈現皆不相同，
　　因而根本不可能有錯誤的知識誕生。

43　「是」：T刊本省略。

44　〔在這裡〕的意義是指「陷入……中」，參見Méridier, *op. cit.,* P. 53,
　　note4.。

45　〔全然不〕所表示的是一可能性的否定。參見Méridier, *op. cit.,* p. 53, note
　　4.

蘇　然而如何呢？你是否也陷入這樣的困境，正如你全然不認　　b
　　爲某人是壞人呢？

赫　不，以宙斯爲誓，儘管我已經有許多次這樣的遭遇，如我
　　所認爲某些人非常壞，但是還是有許多非常有理的人。

蘇　然而如何呢？你還是不認爲人們[46]是非常有益的？

赫　卻只是一少部分。

蘇　然而的確有。

赫　對我誠然。

蘇　然而這點你怎麼想呢？是否像這樣：那些非常有益者〔善
　　者〕是非常理智的，而非常壞者〔惡者〕是非常不理智的
　　呢？

赫　我想正是如此。　　　　　　　　　　　　　　　　　　　c

蘇　那麼，像這樣；若普羅塔勾拉斯[47]主張是真的而且這是[48]真
　　理，這些(事物)對每個人都顯得相同且是，而且(其中)某
　　些對我們是理智的，而某些卻是不理智的呢？[49]

赫　絕不！

蘇　如我所想：你也必定認爲這樣，若同時有有理智者及非

46　「人們」：T刊本省略。

47　普羅塔勾拉斯出生於Abdera，他是第一個自稱哲人（Sophistes）的人。生
　　存的年代大約是西元前485到415年之間。他以演講爲業，傳授演說術，
　　有一長段的時間住在雅典。以二篇作品而著稱於世，一爲
　　Καταβάλλοντες(可以譯爲：《證誤》)，研究過去言談上的錯誤；另
　　一爲'Αλήθεία(可以譯爲：《眞理》)，談論他所確立的眞理。參見Der
　　Kleine Pauly, Bd. 4, S. 1194-5.

48　「是」：T刊本省略。

49　這個區分理智與不理智的談論重覆出現在Theaitetos, 171c.

理智者，那麼，普羅塔勾拉斯的主張絕不能爲眞，因爲若
那樣，的確在眞理上，不能有一人比他人更有理智，如果
每個人同樣地把他所認爲的當做是眞的。

d

赫　正是這樣[50]。

蘇　此外，我想你也不會同意歐伊提得摩斯（Εὐθύδημος/ Euthydemos）

50　〔385 b10-d2〕：〔因此……正是這樣。〕——這一段話一方面反對普
　　羅塔勾拉斯的主張，另一方面則藉著這樣的反對來批評赫摩給內斯的
　　主張。我們先分析普羅塔勾拉斯的這句話：「一切事物的權衡是人」
　　的意義為何？這句話中的「人」可以先與其它非人的物種作比較，則
　　其意義顯然是指：真正能權衡一切事物的是人而不是其它的物種。然
　　而這樣的解釋顯然不是蘇格拉底所要的，因為在這行行文裡，蘇格拉
　　底將人分成兩個相反的類，並且不允許赫格給內斯混淆這兩個相反的
　　類——這並不是普羅塔勾拉斯的意思。
　　就差異性來說，普羅塔勾拉斯認為：「人是一切事物權衡」；也就是
　　說，依據人與人之間的差異性，例如：賢、愚、智、不肖……等等，
　　每個人可以對於一切事物而且也可以對同一事物產生不同的判斷，而
　　且允許每一個人依據其與他人之間的差異性來自行產生判斷真偽的判
　　準，因而同一對象可以因人的差異性而產生相反的判斷，並且可以同
　　時肯定其為真且為假，例如：38℃的水對一般健康的人可能是溫暖的，
　　但是對於發高燒至40℃的人可能是冷的。因此，我們必須認定這樣的
　　共行者（偶性）所影響到感官上的冷熱是隨著每一個下判斷的人所擁
　　有的感覺和其感覺條件來決定的。
　　在這裡，蘇格拉底接受了判斷的差異性，但是他不將這差異性普遍化
　　到每一個人之中，因為那樣的話，會產生一種言說上的困境，即：沒
　　有任何人可以比其他人更聰明或愚笨；相反地，普羅塔勾拉斯的信徒
　　們剛好可以說：每一個人可以依據每一個人的判準來判斷每一個人是
　　聰明的或是愚昧的。這顯然是蘇格拉底主義者和知識相對主義者之間
　　的重大衝突。在這樣的衝突裡，蘇格拉底藉著肯定萬有有其恆定不變
　　而且不依據其它萬有而變動的本質，來反對普羅塔勾拉斯的主張。在
　　晚期的對話錄，例如：《哲人篇》、《苔艾苔投斯篇》之中，柏拉圖
　　更加細緻地討論這個問題。

[51]所說：

一切事物同時且永遠對一切都相同。[52]

因為那樣不可能有些（是）有益的而其它壞，假如一切同樣地是品德而且也是惡行[53]。

赫　你講得真。

蘇　因此，若一切既不是同時且永遠對一切都相同，而且也並非萬有的每一個對任何一個是特有的，那麼，顯然事物自身有它們自己恆定的本質[54]，不會對我們（是），或者由我

e

51　歐伊提得摩斯出生於Chios，年長於蘇格拉底，是早期哲人派的代表者之一，柏拉圖在一篇與他的名字同名的對話錄裡嘲弄他。他的論辯技術似乎在當時對希臘邏輯學有相當的影響力。參見*Der Kleine Pauly*, Bd. 2, S. 466.

52　關於這個命題請參考Plato, *Euthydemos, 294a-296c; Platon Werke in acht Bänden Griechisch und Deutsch*, Bd. III, *Kratylos*, Anm.7.

53　〔386c2-d2〕：「那麼，像……也是惡行。」——這是柏拉圖反對哲人（Sophists）的重要觀點，其立論的基礎即後世所謂的「矛盾律」（der Satz des Widerspruchs）。在《國家篇》（*Politeia, 436a8 ff.*）裡，柏拉圖一方面這麼主張：「同一者決不同時作出或感受到相反者」；另一方面又用這個原則當作分類原則，藉以區分心靈的各個部分。

54　在這裡，蘇格拉底為了反對普羅塔勾拉斯式的哲人主張，做了二個基本的假定：一、萬有自身雖有不變的恆定本質，因而它們不依照我們的想法，而依照它們自身的方式來行為。二、在每一類事物中，必須存在著一個相，設立法律者依據這個相來從事萬有的正確命名。
　　根據第一個假定，蘇格拉底得以反對普羅塔勾拉斯式的哲人談論，因為「恆定不變的本質」作為一個擺在意見旁邊的對照意見（Paradeigma），足以排除那些和恆定不變的本質不相符合的意見。意見愈和這恆定不變的本質相符合，它就愈接近知識的萬有層級。第二個

們，或者因為我們的想像而為我們所上下移動，而其自身
擁有如其本性所賦予的本質。

赫　蘇格拉底啊！我認為如此有[55]。

假定雖然是柏拉圖自己對知識的看法（參見Aristoteles, *Metaphysica*, A6,
987 b7-10），這個假定是柏拉圖解釋名詞如何合於事物本質的模仿之關
鍵點，也是為何這種模仿不具有數理精確性，而在某個程度上名詞只
是仿本的理由。所謂「恆定不變」的字源學意義，請參見本篇對話錄
437 a9：「如若恆定不變，這是對某穩固及站立的模仿而並不是變動。」

55　「如此有」根據BW刊本譯出，T刊本只有「如此」（οὕτω）。
〔386 d3-e5〕：「此外，…認為如此有。」——在這裡，蘇格拉底借用
歐伊提得摩斯的講法，反過來推斷事物自身擁有其恆定的本質，然後
希望在下一段對話裡，將命名正確性的問題放入名詞與萬有的本質之
間的符應關係中，加以說明；然而這段話的推論必須加以分析。蘇格
拉底否定歐伊提得摩斯的主張：「一切事物同時且永遠對一切都相同。」
其所依據的論據是上一段的對話——允許一切萬有之間存在著差異
性，並且差異性可以通過相互的比較而依其相比較的性質，加以確定
其差異之間存在著性質程度上的不同。從這個論證的出發點只能推斷
一切萬有其固有之差異性，這樣的差異性使歐伊提得摩斯的講法無
法成立，但是無法推斷出萬有自身有其恆定不變的本質。蘇格拉底的
推斷顯然不能完全否定歐伊提得摩斯的講法，因而他另外又附加了一
個前提，即：「而且也並非萬有的每一個對任何一個是特有的」——
這句話的意義值得推敲。所謂「特有的」（ἰδία）其所指的是一種萬有的
從屬關係，例如：若某類萬有對另一種萬有是「特有的」，則後者可
以隨意地被前者所改變或者改變前者。因此，蘇格拉底講：「不會對
我們(是)，或者由我們，或者因為我們的想像而為我們所上下移動。」
這是指所謂「特有的」有三種變動的形式：一、對我們，二、由我們，
三、因為我們的想像而為我們所上下移動。第一個形式所指的是從動
作所涉及的對象來觀察變化。第二個形式則與第一個形式相反，其所
意指是做動作的主體(古代並無主客體或主體和對象的清楚區分。不過
在詞語表達上，吾人可作出上述的詮釋，這是從行動者自身來觀察變
化。第三個形式區分似乎是多餘的，但是其意義似乎在於談論非因動
作的關係而產生的變動，對這個變動的談論顯然直接地批評普羅塔哥
拉斯「人是萬有權衡」的學說。）

題解1.122：何以一切的行為(Handlung)也必須合乎本質的
命名
〔其行為如其物〕

蘇　能否它們自己是如此地有依本性而生，其行為
（αἱ πράξεις/praxeis)卻不按照相同的方式呢？或者，它們
自己豈不是萬有的某一個相──這些行為？[56]

赫　它們當然也如此。

蘇　行為乃按照它們自己的本性來行為而不按照我們所想像，
正像如果我們從事分割萬有中的某物時，則我們是[57]如同
自己所願意以及我們意願所及的來分割每一個；或者，若
我們願意依照每一個分割者及被分割者自己所生的本性來
分割，將是益於吾人且我們這麼正確地實踐。假使違反其
本性，則我們所做為錯誤而且根本沒做出甚麼[58]？

387a

56　「πράξεις」的意義為「關於真實的已決定之形式」(une forme determinée
de réalité)參見*Theaitetos*, 155e; *Sophistes*, 262b sq.。本條引自 L. Méridier
之註解，參見*Platon Oeuvres Complètes*, Tome V—2ᵉ partie, P. 54-55.

57　「是」：T刊本省略。

58　〔386e5-387a8〕〔能否……做出甚麼？〕──根據上下文，「它們」
所指的是「一切萬有」。這裡蘇格拉底一方面採取了赫拉克利圖的學
說，用變動或行為來解釋萬有的生成方式；另一方面卻又肯定萬有的
生成方式依據某萬有的相，因此之故，變動為合於本性的行為。這裡
的萬有顯然可以分成以下的兩類：一類是具有生滅變化的萬有，這種
萬有必須合於本性而生滅變化，另一類萬有是相，相是前一類萬有之
所以能合於本性地生滅變化的理由或原因。387a這段話說明行為者不
得用自身對待萬有的方式來行為，因為這樣的行為不依照萬有的本性
而行為。

赫　我想正是如此。　　　　　　　　　　　　　　　　　b

蘇　因而若我們從事燒炙，必須不按照所有的意見而按照正確
　　的（意見）？它是如每一個之生性而燒炙及被燒炙且如此地
　　生。

赫　正是這樣。

蘇　那麼，其它的也是如此麼？

赫　當然。

〔命名乃談話行為之一部分〕

蘇　那麼說話（τὸ λέγειν/the "to say"）豈不是行為中的一種？

赫　是。

蘇　若某人應該這麼說，正如他所認為的，他這麼說，他說　　c
　　得正確麼？或者，若他必須合乎事物所生之性而說及被
　　說，並且說到這個及那個，則他圓滿地做且談了某某；若
　　不然，將只是錯誤，而且沒有做甚麼？

赫　我所想的正如你所講。

蘇　因此，命名（τὸ ὀνομάζειν/the "to name"）是說話的一部分；
　　由於命名而他們如此說語句（τοὺς λόγους /state-ments）。

這整段對話有一點意義上的困境。若萬有一詞的意義包含上述的二
類，則雖因萬有自身有此差異性而將萬有分成兩類，但是萬有必須為
這兩類相反者所共有，因而萬有有這樣的兩異性。蘇格拉底肯認用行
為的方式來說明萬有的本性，這只能合於第一類的萬有，第二類萬有
存在於第一類萬有之旁，而且是第一類萬有的原因，但第二類萬有的
本性卻不是行為的方式，而是一種自在的有，即：相。

赫　當然。

蘇　因此，命名也是某種行爲，若說話已是[59]關於事物
　　(πράγματα)的某種[60]行爲？[61]

赫　是。

蘇　而行爲呈現在我們面前，不針對我們所以爲是者，而依照　　　　d
　　其自身[62]所有的生性？

赫　正是這樣。

蘇　因此，命名應當是[63]如所生的本性來命名事物以及[64]被命
　　名，而不是由我們的意願，如若必須同意先前所說的？這
　　樣我們才充分製造它和名詞，或者並非如此。

赫　對我顯然(是)。[65]

59　BT刊本做「已是」(動詞過去式「ἦν」)，W刊本則做「是」(現在式
　　「ἔστι」)。

60　「某種」B刊本省略了。

61　這是關於這個字詞的值得注意的特性，蘇格拉底將名詞視爲相與事物
　　之間的中介者，人們藉這樣的行爲才能理解語言與對象之間爲何能夠
　　連結起來。

62　「其自身」乃依據B刊本所譯出，TW刊本皆做「相反地」(αὐ)。

63　「是」：T刊本省略了。

64　「命名……以及」(ὀνομάζειν τε καὶ)：在B刊本省略了。

65　〔387b1-387d〕：「我想正是……對我顯然是。」——在這裡，整個論
　　證運用了一種技術工具的類比。蘇格拉底先將名詞當作一種萬有，然
　　後解釋這種萬有的誕生起自於一合乎名詞的本性之命名行爲。然而這
　　個類比不從名詞與命名之間的關係出發，而從語句(λόγος)與說話這個
　　行爲(λέγειν)之間的關係來推斷。這些行爲的正確性的意義在於行爲不
　　依據主觀的意願來行爲，而依據萬有穩固不變的本性。因而名詞正確
　　性的意義明顯地可以如此地加以解釋：名詞依據其所對之萬有本性來
　　命名，因而名詞與萬有之間有一本質上的連結，而且名詞可以表達出
　　其所對之萬有的永恆不變的本質——這就是名詞有合於本性之正確性

題解1.123 ：名詞的功能
〔名詞作為一工具，用於教導及分辨事物〕

蘇　我們看；某人須要分割（某物），我們說，他須要用某個（工具）來分割？

赫　是。

蘇　某人須要紡織，他須要用某個（工具）來紡織，某人須要鑽，他須要用某個（工具）來鑽？　　　　　　　　　　　　　　e

赫　當然。

蘇　某人須要命名，他須要用某個（工具）來命名？

赫　正是這樣。　　　　　　　　　　　　　　　　　　388a

蘇　哪個東西是鑽的時候須要的？

赫　鑽子。

蘇　哪個東西是用來紡織？

赫　機杼。

蘇　哪個東西是用來命名？

赫　名詞。

蘇　你講得好，因爲名詞是某種工具麼？

赫　當然。

蘇　如果我這麼問：機杼是甚麼工具？豈不用來紡織的麼？

的意義。如果這個論證成立，那麼，我們必須肯認：「所謂的萬有或事物的本性」可以用名詞來表達，然而「可以用名詞來表達」的意義並不充分，也就是說，表達出的意義與所指涉的萬有或事物並不同一，而僅有某種類似性，參見本篇對話錄430a7 ff.

赫　是。

蘇　我們紡織是在做甚麼？我們豈不是紡紗並且分開糾結的線　　　b
　　嗎？

赫　是。

蘇　那麼，關於鑽以及其它的，你也會如此回答？

赫　當然。

蘇　關於名詞，你也應該如此回答？命名時，名詞是工具，我
　　們用來做甚麼？

赫　我不會說。

蘇　我們用來互相教導對方以及如其所有地分別事物麼？

赫　當然。

蘇　所以，名詞是某個教導以及分別事物本質的工具，正如機　　　c
　　杼之於紡織？

赫　是[66]。

66　〔387d10-388c2〕：「**讓我們看……是**」——在這一段討論中，蘇格拉
　　底將名詞類比成工具，用以教導及分別事物的本質。這個類比遭到若
　　干詮釋者的反對，這些詮釋者反對名詞可以類比為工具，相反地，他
　　們認為：字母或單音是名詞的工具，因為前者雖然形成名詞，但是他
　　們不承認名詞與事物之間存在著本質上的連結。在本篇對話錄中，蘇
　　格拉底與克拉梯樓斯的對話內容，可以顯示出柏拉圖辯證論的見解。
　　柏拉圖一方面讓蘇格拉底說服赫摩給內斯，名詞做為一工具，可以表
　　達、教導及分辨事物的本質；但是另一方面又讓蘇格拉底批評克拉梯
　　樓斯，名詞儘管有本質模仿的意義，但是這樣的模仿並不擁有數理的
　　精確性，名詞作為仿本，與所命名的對象之間存在著相似程度上的差
　　異。
　　O. Apelt認為：「這個類比連結的弱點是能夠感受到的」(O. Apelt, *a. a.
　　O.*, Bd. Ⅱ, *Kratylos*, Anmerkung 14.)因為「在實際上這情況卻是如此：

題解1.124：語言創造者按照事物之相而命名
〔創立名詞乃設立法律者之工作〕

對命名者而言，名詞(文字)不是工具，而是行為的詰果，其工具是知性，知性卻也在其他的工匠處可發現，而在他們那處卻一直當作一物質性的工具之規範者藉此合於記數的擁有而製造出所要求的器物。」（同上註）。

我們分析蘇格拉底的論證如下表，然後再討論O. Apelt的談論是否正確。

	工作	技術擁有者	工具	結果
一、	裁縫	裁縫匠	刀、針	衣物
二、	織衣	織衣工	織布機	布
三、	鑽	鑽工	鑽子	鑽出的洞
四、	命名	造名詞者	音、音節	名詞
五、	命名	造名詞者	名詞	教導及分別事物的本質

從這個表的第四項我們可以輕而易舉地發現：O. Apelt的見解是屬於第四項的類比，因而他認定蘇格拉底的類比有弱點；然而我們卻認為：蘇格拉底的談論不是第四項的類比，而是第五項。因而這個類比的合理性可以清楚地察覺出來。更仔細的分析請參見Wen-lin Peng, *Onoma und Logos — Interpretation des platonischen Dialogs 〈Kratylos〉mit einem Exkurs ins Organon des Aristoteles und einem Anhang über die chinesische Philosophie*, S. 60-61.

技術作為一類比，這樣的談論在柏拉圖的對話錄裡有其特殊的意義。技術擁有者是一種專門的人，他能夠實踐出一種一般人所做不到的某種善($\alpha\gamma\alpha\theta\acute{o}v$)，而且具有必然的能力去從事這種善的實踐，一般人儘管可能偶爾實踐出這種善，但是並非必然能實踐出來。

此外，蘇格拉底運用類比的情形大抵可以分為三類：一、蘇格拉底無法直接通過論證說服對話的人的時候。二、蘇格拉底用類比來指明個別知識越過了它應有的範圍的時候。三、對話者雖然同意蘇格拉底的主張，但是蘇格拉底加了類比來說明。這段話似乎是屬於第三類。

蘇　機杼用於紡織？

赫　怎能不？

蘇　織工即以知道美妙地運用機杼，因而被稱爲善織，教師美妙地運用名詞而被稱爲善敎。

赫　是。

蘇　織工須要使用甚麼樣的工具？若他要用機杼。

赫　用桌匠的工具。

蘇　每一個人都是桌匠，或者只有某人有此技術呢？

赫　有此技術者。

蘇　鑽工須要使用甚麼樣的工具？若他要用鑽子。[67]

赫　用銅匠的工具。

蘇　每一個人都是銅匠，或者只某人有此技術呢？[68]

赫　有此技術者。[69]

蘇　很好！那麼，教師須要使用甚麼樣的工具？若他要用名詞。

赫　我又不曉得了。

蘇　你又不會回答這個，誰傳下我們所使用的名詞嗎？

赫　的確不會。

蘇　你難道不認爲傳下它們的是[70]法律[71]？

d

67　「若他要用鑽子」這半句在T刊本省略了。

68　「此技術」在B刊本省略了。

69　「此技術者」在W刊本省略了。「有」乃依上下文的文義而增補。

70　「是」T刊本省略。

71　「法律」（νόμος）在WB刊本爲頁旁註。

赫　看來如此。

蘇　教師使用名詞時，其所使用的工具乃設立法律者[72]所有。　　e

赫　我想是。

蘇　你認爲每一個人都是設立法律者(ὁ νομοθέτης)，或者只某人有此技術？

赫　有此技術者。

蘇　因此，並非每一個人都能命名，赫摩給內斯啊！而是某個專門命名者(ὀνοματουργοῦ)，正如所示，他是設立法律　389a
者，他是在人之中最少有的工匠(δημιουργῶν)？

赫　看來如此。

〔設立法律者之任務〕

蘇　那麼，現在來考察設立法律者在命名時，其所見爲何？根據前面所說的看來，桌匠在製造機杼時，其所見爲何？豈不是對著某個合乎紡織的本性者麼？

赫　誠然。

72　「設立法律者」(ὁ νομοθέτης)：這是一個很困難翻譯的詞語，因爲「νόμος」一詞的指涉甚廣，不但包含現代所認爲的法律領域，同時也包含風俗、習慣或爲眾人所使用，或所共同約定的規範及律則。蘇格拉底使用這個非常廣泛的用語來指涉名詞的創造者。從字源學的考察來看，「νόμος」(Nomos)源於動詞「νέμω」(nemo)，祭獻；擁有證據……等意義，參見H. G. Liddell and R. Scott, *A Greek-English Lexicon*, with a supplement, Oxford 1968, p. 1169, 1180，以及Fr. Ast, *Lexicon Platonicum*, vol. Ⅱ., S. 391-392.

蘇　怎麼呢？假使他工作時把機杼弄壞了，他將須要做另一個 b
，他是看著弄壞的機杼做呢？還是對著那一個他前面做時
所根據的相呢？

赫　對著後者，依我看來如此。

蘇　因此，我們完全正確地稱呼那個為它自己是機杼（αὐτὸ
ὅ ἔστιν κερκὶς）？

赫　依我看來如此[73]。

蘇　所以，無論是做用來織麻的或是棉的，輕的或是重的機杼，
所有的均有機杼的相，而且每一個[74]如其在本性上所最適
合的，在每一個工作中也須含有這本性？ c

赫　是。

蘇　而且關於其他的工具也是同樣的方式。吾人必須先找到每
一個合乎本性而產生的工具，然後把它放入那個之中從之
而製造工作[75]，不是如人所願，而是如其所生之性。因而
正如所示，必須知道合乎每一個本性才能用鐵來製造鑽
子。

赫　當然。

蘇　合乎每一個的本性才能用木頭來製造機杼。[76]

赫　正是這樣。

73　「因此，我們……看來如此」在B刊本省略了。

74　所指的是工具（也就是機杼），參見Méridier, *op. cit.*, p. 59, note 1.。

75　「工作」在T刊本省略了。

76　這不是一個直譯，原文直譯為：「合乎每一個的本性才能將機杼設立
於木頭中」。「才能用木頭製造」（εἰς ξύλον δεῖ τιθέναι）這是根據W刊
本添補的。

蘇　因爲合乎每一個本性，正如所示，機杼才能用來紡織，其　　d
　　它的也如此。

赫　是。

蘇　因此，好友呀！設立法律者必須知道合乎本性的每一個，
　　才能用聲音以及音節來創立名詞，而且他看著那個自己是
　　名詞(的相)[77]，藉以製造及建立名詞[78]，若他想要當一個傑
　　出的創立名詞的人？如果每一個設立法律者不用相同的
　　音，則沒有一個〔人〕(不)必須知道這些[79]，因爲不是每　　e
　　一個鐵匠用同樣的[80]鐵來鑄造同樣的形狀，雖然爲了同樣
　　的目的而且造同樣的工具。即使用別的鐵，只要依據同一　　390a
　　個相[81]複製，所造的工具同樣正確，無論由本地人或者外
　　邦人來造，豈不是嗎？

赫　誠然。

蘇　那麼，你也這麼認爲：設立法律者無論是本地人或者外邦

77　原文爲：「πρὸς αὐτὸ ἐκεῖνο ὃ ἔστιν ὄνομα」，譯文在意義上加進了
　　「的相」，目的在說明這裡所指的是名詞的εἶδος。

78　「名詞」在TW刊本作單數，而B刊本作複數。這裡從上下文的文義看
　　來，顯然是複數的比較恰當，這是一、多之間的對應關係，設立法律
　　者因一名詞之相而造出許多名詞。

79　依據Méridier的意見，必須根據Peipers的讀法，用「ἀμφιγνοεῖν」(懷
　　疑)來代「ἀγνοεῖν」(不知道)，否則上下文不通，參見Méridier, op. cit.,
　　p. 59, note 6. 因此，筆者的譯文不跟從Peipers的讀法，而讀作
　　「ἀγνοεῖν」。

80　「同樣的」在T刊本省略。

81　這裡所使用的字是「τὴν αὐτὴν ἰδέαν」，因而O. Apelt反對Benfey的譯
　　文，有其道理在，參見O. Apelt, a. a. O., Anm. 180. 在這裡，柏拉圖相論
　　扮演著重要的理論角色。

人，只要他依名詞的相複製，其所給出來的在其所連結之
中，對每一個都適合，此地設立法律者決不比其它地方的
人差？

赫　誠然。[82]

82　〔388c3-390a9〕：「**機杼用於……誠然。**」——這段對話的內容主要
可以分成以下三點：一、工具、工具的製造者及工具的使用者之間的
關係：工具的使用者所擁有的技術是善巧地使用工具，而能判斷工具
的好壞（這一點我們從下一段對話清楚地讀到了），但不能自身製造其
所使用的工具（這一點牽涉到了技術分科的問題，柏拉圖在《國家篇》
（*Politeia/The Republic*）中明白地指出合乎正義的市民，其正義即：每一
個市民作他自己在城邦中所應該作的事情，而不得兼任其他職務
（433d），因而若每一種技術的範疇清楚地分辨時，製造工具者的技術
必須嚴格地和使用者的技術分別開來，因而工具對於製造者只是產品
而已。
二、設立法律者，並不是名詞的使用者，蘇格拉底將名詞的製造者稱
為：「設立法律者」（ὁ νομοθέτης，參見前註104），從這個詞語的意
義看來，根本已經承認名詞必定是約定俗成的（νόμῳ），但唯一的不同
點是：設立法律者在創造名詞的時候，必須認定名詞的相存在，並且
依據相來從事創造名詞的作為。
三、所謂「**根據相而做**」的效果，就是造出來的工具合乎本性；至於
相是什麼及如何獲得相及如何根據相而做工具，在這裡，這些問題均
未討論，但是無論誰是製造者（不管是本地人還是外邦人），也無論其
材料如何，只要造出來的東西依據相且合乎事物的本性，即可以當作
工具來使用。
Méridier在其註中，舉Horn（*Platonstudien, Neue Folge*, 1904, p. 29-30.）
的說法加以說明。如果以材料來看，ἄθρωπος與homo都指涉人，但是
在材料上明顯有所不同（Méridier, *op. cit.,* p. 60, note 7.）
然而，在蘇格拉底與克拉梯樓斯的對話裡，這裡的主張明顯地遭到否
證（本篇對話錄430a6 ff.）。這樣相反的談論往往引起詮釋上的困難，讓
詮釋者陷入兩難的詮釋困境中，這裡的意義和那些顯然不同，一個辯
證論者必須分辨清楚兩者之間的差異。前者所指涉的意義是「**一切依
據相而製造出來的工具**」，無論其材料如何皆合乎作為指涉工具的判

題解1.125：辯證論者做為監督
〔辯證論者之角色〕

蘇　然而誰將認得，在機杼的這樣的木頭中有機杼的相呢？造　　b
　　它的人，桌匠呢？或是使用者，紡織工呢？

赫　極其明顯，蘇格拉底啊！(是)那個使用者。

蘇　那麼，誰是七弦琴工作品的使用者？因而[83]豈不是那個最
　　善於監督他工作而且判斷他工作的好壞的人嗎？

赫　誠然。

蘇　誰呢？

赫　琴師。

蘇　而誰對船匠(監督)？

赫　舵工。　　　　　　　　　　　　　　　　　　　　　　　　c

蘇　然而誰是最善於監督設立法律者工作而且判斷他工作的好
　　壞的人呢？無論他是本地人或者外國人；豈不也是那個使
　　用者？

赫　是。

蘇　那麼，豈不是那個知道怎麼發問的人？

赫　當然。

蘇　他自己也回答。

準，後者的意圖在於指出合乎作為指涉工具的判準而造出來之名詞之
間有程度上的差異或好壞，因而在其中並無數理的精確性，亦無必然
地產生合乎事物本質的名詞。

83　「因而」(ἄρα)：在W刊本省略了。

赫　是。

蘇　你豈不只稱呼那個知道怎麼發問及回答的人叫做辯證論者
　　（διαλεκτικόν/Dialektiker）？

赫　不，只是這個。

蘇　木匠造船舵須在舵工的監督下，若船舵要造得好的話。　　　　d

赫　顯然如此。

蘇　設立法律者，正如所示，造名詞須在辯證論者的監督下，
　　若名詞要造得好的話。

赫　是這樣。[84]

〔餘論及結論〕

題解1.13：總結

84　〔390b1-d8〕：「然而……是這樣。」——這段對話接續了上一段對話，
　　其主要的意義是將使用者當作監督製造者，但是這中間涉及對相的認
　　知問題，柏拉圖顯然認為：對相有所認知的人只有兩種，一種是製造
　　工具的工匠，另一種是使用工具的人。然而每一個工匠只可能認識一
　　個相，如果每一個工匠只能從事一種工具的製造。在這裡，設立名詞
　　的人及其監督者——辯證論者必須認識許多相——這顯然是個例外，
　　因為這兩者都必須了解每一類萬有的相，才有辦法製造合乎其本性的
　　名詞，或正確地使用及判斷名詞是否設立得正確，而在其他的工匠與
　　技術間則不存在著這種關係。此外，在這裡，辯證論者的能力即：「知
　　道如何正確地發問及回答」。若比較一下《國家篇》第七卷531c9 ff.
　　之中對於辯證術的談論，這裡的談論顯然是十分薄弱，但是在思想上
　　有其一貫性，在線段比喻所區分的知識等級下，《國家篇》的辯證論
　　作為一最高研究的科學，其所研究的內容是純知性的對象，完全脫離
　　感性的羈絆，最終到達善自身的觀照，而且在理論的意義上，成為尋
　　找到無預設的純知性對象的方法。相反地，在這裡所談論的辯證論者
　　已先行理解了相是什麼，而用這樣的理解來分辨名詞設立的正確性。

蘇　那樣，赫摩給內斯啊！恐怕正如你所想的[85]，造名詞不是
　　一件小事，也不是小人物或隨便找個人所能勝任。克拉梯
　　樓斯講得真確，他說[86]：名詞合乎事物的本性，並非所有　　　　e
　　的人都是造名詞的工匠，而只有看透每一個事物的名詞的
　　本性，並且能將它的相放入字母及音節中的人。
赫　蘇格拉底啊！我不曉得如何反駁你所說的；但是人不應該　　391a
　　如此輕易且這麼快就被說服，然而我相信：如若你向我指
　　明你所主張的合乎本性的名詞[87]，其正確性何在，則我較
　　容易被說服。

題解1.2：所得到的命名正確性是屬於什麼種類？

85　參見赫摩給內斯在〔384c-d〕那裡所講的。
86　在上述的討論中，蘇格拉底希望說服赫摩給內斯，使赫摩給內斯放棄
　　在〔383a-b〕所談論的語言約定論。
87　〔390d9-391a3〕：「那樣……說服。」──這一小段對話顯示以上討
　　論的結果：一、蘇格拉底並未完全說服了赫摩給內斯，因為赫摩給內
　　斯要求一些實際的說明──這導引出蘇格拉底在下面一連串的字源學討
　　論。二、在這裡，蘇格拉底提出一個字源學的解釋可能，這個解釋可
　　能有三個條件：(1)造名詞的工匠識得每一個事物的本性及相；(2)他
　　根據每一類事物的相來造名詞；(3)字母及音節足以表達出對於事物本
　　性及相的模仿。
　　我們從391b以下的談論可以發現：蘇格拉底的字源學考察將「識得每
　　一個事物的本性」的這個條件放在赫拉克利圖「萬物流變」的學說上，
　　他認定合乎萬物流轉之說明，即是「相」在命名上的意義，也就是設
　　立法律者用以創造名詞的理由(第二個條件)。關於第三個條件，我們
　　可以從425d到427d那裡得到解釋，也就是說，有造字母的神賦予了字
　　母及音節的原始意義，透過這些意義的相互結合而表達出事物的本性
　　及產生對相的模仿。

——字源學
〔名詞自然正確性立於何者之中〕

蘇 善良的赫摩給內斯啊！我一點也不知道呀！而你已經忘記
　 了我剛才曾說過[88]：我不知道，然而我要和你一起研究。
　 藉著我們的研究，你和我很顯然地已經弄清楚前面的：名
　 詞有某種正確性；並非所有人都知道美妙地[89]替任何事物　　　b
　 命名[90]，或者不是？

赫 誠然。

蘇 接下來我們必須研究，如你所想要知道的：它的正確性究
　 竟是甚麼？

赫 那麼，我的確想知道。

蘇 現在，我們這麼研究。[91]

題解1.21： 普羅塔勾拉斯及荷馬對此問題的教導

赫 需要怎麼研究呢？

88　這裡所指的段落是本對話錄的384c。

89　「美妙地」：T刊本省略了。

90　「替任何事物」：有兩種讀法，TW刊本作「πράγματι」，B刊本作
　 「πράγμα τι」。本譯文根據F. Schleiermacher的譯文而增添「任何」，
　 否則以「替事物」為適當的讀法之譯文。

91　〔391a4—b7〕：「善良的……這麼研究。」——這裡蘇格拉底將「某
　 種正確性」顯然設定在赫拉克利圖的「萬物流變說」上面，另一部分
　 卻放在其他的神學家和詩人的談論上面。

蘇　朋友啊！最正確的研究與已有知識者同在，人們不僅付錢
　　而且表示感謝，這些人是哲人（σοφισταί/sophists），你的　　　c
　　兄弟咖里亞斯[92]（Καλλίας/Kallias)付給他們很多錢，他現在
　　也被認爲是哲人[93]，此時，你不擁有父親的財產，你應當
　　討好你兄弟，請他教你他從普羅塔勾拉斯那兒所學到的，
　　關於這些事情的正確性。

赫　蘇格拉底啊！那對我是不合宜的要求，有如我全然不相信
　　普羅塔勾拉斯的真理[94]，但是卻樂於談論如同這般的真
　　理，彷彿（它）有價值般。

蘇　那麼，若你一點也不喜歡這個，則必須由荷馬及其他的詩　　d
　　人那裡學習。

赫　蘇格拉底啊！荷馬[95]怎麼談論名詞呢？在哪裏？

蘇　在許多地方。最適當且最好的地方是在於他分別了人和神
　　對某些（事物）的命名。或者，你不認爲，在這些地方他講

92　參見註2，關於赫摩給內斯的註釋。

93　咖里亞斯的財產成為雅典喜劇的題材，在柏拉圖《普羅塔勾拉斯篇》
　　中，他是招待偉大的哲人們的主人（Gastgeber der großen Sophisten）參見
　　Platon Werke, Kratylos, 391c2, note 13, S. 423.請比較*Sokratous Apologia*,
　　20a4 ff.

94　這裡所涉及的談論與普羅塔勾拉斯的著作《論眞理》有一定的關係，
　　這一段話顯然帶著某一種嘲弄的意義，從這樣的嘲弄裡，反映出一個
　　戲劇的效果，即：赫摩給內斯並不是哲人們的擁護者而是巴門尼底斯
　　的信徒。請比較*Platon Werke, Kratylos*, 385e-386a 及*Theatetos*, 162a,
　　170e, 171c, S. 405, Anm. 6, S. 423, Anm. 14.

95　荷馬是古希臘著名的史詩詩人，這個字本來的意思是「說話者」。這
　　個詩人的原名為：「Melesigenes」，其故鄉是小亞細亞的「Ionia」或
　　「Chios」（與Prodikos同鄉）。請參閱*Der Kleine Pauly*, Bd. 2, S. 1201-08.

了一些關於名詞正確性的話，既偉大且令人吃驚？很顯然
的，因爲對諸神們依照正確性來稱呼祂們，那些名詞是合
乎本性的，或者你不認爲麼？ e

赫　我的確知道得很，只要他們呼稱，他們的稱呼就正確。但
是，你究竟怎麼主張呢？

蘇　你知道不知道，他（荷馬）說：在特洛伊城[96]（Τροία/Troia）
中那條河，它兩次和赫發伊斯投斯[97]（Ηφαίστος/Heph-
aistos）爭鬥，諸神們稱呼它爲「克桑統」[98]（Ξάνθον/Xan-
thon），而人們則稱它爲：「斯卡曼德龍」（Σκάμανδρον/
Scamandron）？[99]

赫　我的確（知道）。

蘇　那麼如何呢？你認不認爲這有某個意義，值得知道，正如 392a
稱呼那條河爲「克桑統」比稱它爲「斯卡曼德龍」來得正
確？或者，如果你願意，關於那隻鳥，「諸神們稱呼它爲：

---

96 荷馬的《伊利亞得》（*Ilias*）史詩所描述的戰役發生之城市，15世紀已經
知道這個城市的所在地，19世紀的考古挖掘獲得豐富的成果。

97 赫發伊斯投斯是宙斯和赫拉的兒子，是地火之神及工匠之神。

98 這個名字在希臘人的神話中，扮演許多不同的角色，這裡指的是特洛
依城的河；請參見*Der Kleine Pauly*, Bd. 2, S. 1402.

99 斯卡曼德龍是赫克投勒的兒子，這個稱呼是對父親的尊敬，參見*Der
Kleine Pauly*, Bd. 5, S. 220.。此事參見荷馬《伊利亞得》ΧΧ 74，其與
赫發伊斯投斯之戰見於《伊利亞得》XXI 342-382；此外，參見*Platon
Werke, Kratylos*, S. 425, anm 16.在這裡，蘇格拉底的談論並沒有明確說
明一物多名時，為何神所設立的名詞有其甚於人所命名的正確性？我
們還可以從柏拉圖的《法篇》（*Nomoi*）第一卷的一開始讀到類似的說
法。

『夏勒其斯』(χαλκίδα/chalcida)[100]，而人們稱呼它為：『夜梟』(κυμίνδιδος/kymindidos)」。你認為這個教導無甚價值，稱呼它為「夏勒其斯」不比稱呼它為「夜梟」來得正確嗎？或者，如巴提耶以亞(Βατίεια/Batieia)[101]及米里內   b

(Μυρίνη/Myrine)[102]，和其他許多(人)和這些詩人以及其他的(人)所有的？然而把這些都弄出來，對你我而言，或許太多了。「斯卡曼德里歐斯」和「阿梯亞那克斯」('Αστυάναξ/Astyanax)[103]較容易且適合人來研究，如我所認為，他(荷馬)說這兩個名詞是赫克投勒[104]("Εκτορος/Hector)的兒子所有的，他主張：它們確然有某種正確性。你應該知道我所講的這些章節在那裡[105]。

赫　誠然。

蘇　那麼，在你看來荷馬是否相信他替那小孩取的名詞中有比較正確的呢？「斯卡曼德里歐斯」呢？還是「阿梯亞那克斯」呢？

赫　我無法說。   c

---

100 其意義可能是：「宛如銅般的」。

101 巴提耶以亞是一座在特洛依城的小山丘，位於Skamander和Simoeis之間，這個地方是特洛伊人遭殲滅之處。參見*Der Kleine Pauly*, Bd. 1, S. 841.

102 特洛依城外的山丘，見於Homer, *Ilias*, II, 814.

103 特洛依城人為了尊崇赫克投勒而替他的兒子斯卡曼德里歐斯取的名字，意為：「城邦的主宰」。

104 赫克投勒是特洛伊城的軍隊的元帥，數次領軍擊退阿嘎梅農的聯軍，後兵敗身亡。

105 Homer, *Ilias*, VI 402-403; *Platon Werke, Kratylos*, S. 425, Anm. 18.

蘇 但且如此想。若某人問你：你相信誰會較正確地命名；有
理智者或無理智者呢？

赫 顯然地，我會說，有理智者。

蘇 在你看來，在城邦中的女人較有理智，還是男人，若全部
總地說？

赫 男人們。

蘇 因而你知道，荷馬講：赫克投勒的兒子被特洛伊城的男人
們稱爲：「阿斯梯亞那克斯」。而女人們則稱他爲：「斯   d
卡曼德里歐斯」，即使男人們已經稱他爲：阿斯梯亞那克
斯？[106]

赫 我想的確。

蘇 因此，荷馬認爲特洛伊城的（男）人們比他們的女人們要有
理智些？

赫 我想的確如此。

蘇 因此，應該認爲：這小孩叫（他）：「阿斯梯亞那克斯」比
叫：「斯卡曼德里歐斯」更正確？

赫 顯然。

蘇 讓我們看看，爲甚麼如此。或許他已經給我們很好的因由
（διότι/dioti）。因爲他這麼說：

---

106 Homer, *Ilias*, VI 402-403, *Platon Werke*, *Kratylos*, S. 425, Anm. 19;
Méridier, *op. cit.*, la notice, p. 16.

因為他獨自守護城邦及高牆[107]。　　　　　　　　　　　　　　　e

因此之故，正如所示，他正確地被稱爲守護城邦者的兒子，
他的父親守護城邦，如荷馬所主張。

赫　對我而言，顯然（是）。

蘇　究竟如何呢？甚至我自己一點也不理解爲甚麼，赫摩給內
斯啊！你理解嗎？

赫　向宙斯發誓，我也不（理解）。

蘇　然而所以，善人啊！荷馬自己替赫克投勒設立名詞吧？　　393a

赫　如何呢？

蘇　因爲我認爲這與阿斯梯亞那克斯相類似而且希臘人都認爲
這兩者爲相同的名詞[108]，因爲亞那克斯（ἄναξ/anax）與赫克
投勒（ἕκτωρ/hector）幾乎具有相同的意義，兩者都是意指統
治者（βασιλικὰ/königlich）的名詞[109]。因爲某物的主宰者
（ἄναξ/anax）將是某物的佔據者（ἕκτωρ/hector）。因爲他主　　b
宰，佔據而且擁有它，或者，我似乎甚麼也沒說，只欺騙
自己，認爲自己找到一點荷馬對名詞正確性的看法的痕
跡？

107　Homer, *Ilias*, ⅩⅩⅡ 507, *Platon Werke, Kratylos*, S. 427, Anm. 20.

108　根據L. Méridier的看法，這顯然出自外邦人而傳來，Méridier, *op. cit.,* p. 65, note 1.。從行文上看來，「Ἀστυάναξ」的意義是「城邦的主宰者」或「守護者」，「ἄναξ」則為「主宰者」或「守護者」，而「ἕκτωρ」則是「佔據者」。因此，這兩個名詞的意義相似。

109　這在字源學上的意義是正確的，參見Méridier, *op. cit.,* p. 65, note 2.

赫　不！我向宙斯發誓並非我所想，反而你或許找到某些。[110]

題解1.22：後來者的命名
　　1.221：同樣的後來者依照其前者來命名
　　　　　〔名詞與自然之生成世代〕

蘇　如我所見，至少這是正確的：獅子的後代叫做獅子，而馬
　　的後代叫做馬。我不認為馬會生出其他異於馬的而主張其
　　後代的本性是馬種，我主張這樣。假使馬違反本性生出牛
　　來，這牛的本性合於牛，則它應叫做牛，而不應叫做馬。
　　同樣地，我認為人所生出來的無非是人，只[111]應叫做人。
　　以及其它的種種也是如此，或者，你不同意麼？

赫　我同意。[112]

110　〔391b8-393b5〕：「需要……某些。」——這段話可以分析成以下的
　　幾個觀點：一、同一事物的不同命名可以有合宜或不合宜之分別，其
　　判準可以區別如下：(1)神所做的命名比人所做的要正確(391d ff.)。(2)
　　有理智者所做的命名比無理智者的命名要正確(392c2 ff.)。(3)若男人
　　比女人有理智，那樣男人所做的命名要比女人要正確(392d2)。二、不
　　同的名詞可以具有相同的指涉意義或指涉對象。

111　在BWt三個抄本中，加進了一個片語：「ἀλλ᾽ ὃ ἄν」（但是那個則），
　　而T抄本為：「ἀλλ᾽ ἐάν」（但是則）。O. Apelt認為校刊的人不可以將
　　之隨意地去除，因為這片語加入後，可以將柏拉圖的嘲弄意圖給突顯
　　出來。參見O. Apelt, a. a. O.,S. 178-9, Anm. 33.

112　〔393b7-c7〕：「如我所見……同意。」——這段談論能夠成立的關鍵
　　在於世代沿傳間是否存在著本性上的關連。若某個本性上的關連存在
　　於其中，則這樣的論證有其推斷的效力；否則這樣的論證無法保證其
　　推斷之真確性。

題解1.222： 順便考察語音的變化

蘇　你講得好。那麼請你護著我且不要受我影響；因為用同樣
　　的話（κατὰ γὰρ τὸν αὐτὸν λόγον/according to the same
　　ratio）[113]，國王所生的後代（也）應該叫做國王
　　（βασιλεύς/König）。究竟是否用這個音節或其它的音節來　　　d
　　表示同一個意義，並非要事，或者增加或減少一個字母，
　　這也無所謂，這麼樣只要能在名詞之中把事物的本質
　　（οὐσία/substance)顯示出來。
赫　你說這是什麼意思呢？
蘇　沒什麼特別的，只是正如你所知，我們用名詞來稱呼字母
　　（στοιχεῖα/elements）而不用字母自己，除了ε、υ、o以及ω之
　　外。其它的母音及子音[114]，如你所知，我們加進了字母來　　　e
　　說[115]，（設立法律者）創造名詞的時候。然而直到我們將字
　　母的所顯示出來的能力放入其中，故能在稱呼那個名詞
　　時，正確地知道它給我們的指示。譬如：「βῆτα」(beta)。
　　你可以看見；ῆτα、ταῦ、ἄλφα加入並不妨害，設立法律

113　參見《柏拉圖《歐伊梯孚容篇》譯註》，彭文林譯註，頁52，註68，
　　台中明目書社，民國85年11月。
114　這裡蘇格拉底區分母音和子音二者之分別，其區分詳見於424c，在那
　　裡，他還提到了另一種字母的種類，既非母音，也非無聲子音，參見
　　Méridier, *op. cit.,* p. 66, note 1.
115　Méridier, *op. cit.,* p. 66, note 2.這裡提到第四種母音是單獨的希臘字母，
　　其用以指涉其所代表的音，而其他的（音）提供的名字不像原始的（字
　　母）由其自身的字母所形成。Epsilon, upsilon, omega, omicron的這些稱
　　謂是拜占庭時代才給的。

的人所意願的名詞是不必用整個名詞就能指出那個字母的本質。因此，他美妙地知道用文字來創立名詞。

赫　我認為你講得真。

蘇　那麼關於國王(也是)同樣的話吧？因為從國王而來的將是　394a
國王，從善而來的(將是)善，從美而來的(將是)美，而且
其它的一切也是如此[116]，由某一個種來的(也是)這同樣的
後代，如果不產生意外的話。然而變換了音節來裝飾，對
那些無知者而言，似乎像別的名詞一樣，而不曉得它是同
一個，就好像醫生開藥加了顏色或調了味，因而似乎像別　　b
的，儘管它是同樣的有，然而醫生卻只看藥的效能便知道
它是同一種，不因藥混合了(先前之有)而弄錯。已經了解
名詞的人所見也是如此，他看見名詞，其功能便不會弄錯，
即使在那兒多了字母或少了字母，或者改了，或者將名詞的
功能整個放在別的名詞裡，正如我們現在講：在阿斯梯亞那
克斯('Αστυάναξ/Astyanax)與赫克投勒("Εκτωρ/Hector)之　　c
中，除了τ(t)之外，沒有相同的字母，但卻意指同樣的；此
外，'Αρχέπολίς (治城者)有哪些共同的字母？而其意指顯
然完全一樣，以及其它許多(名詞)，其意指無非是國王。

---

116 O. Apelt這裡所運用的推斷，由於不分別永恆的種類和變化的種類而對
變化的種類之命名在世代的沿傳間會發生錯誤(不合乎本性的命名)。
因此，他認為柏拉圖在這裡一樣帶著嘲弄。參見O. Apelt, a. a. O., S. 139,
Anm. 36. 然而這樣的推論並不合理，因為從上下文看來，蘇格拉底的
話只是一個假說，而通過古希臘的名詞作為實例，加以說明其意義而
已。

此外，又如：Ἄγις（Agis）[117]，Πολέμαρχος（Polemarchos）[118]，Εὐπόλεμος（Eupolemos）[119]等都意指將軍。別的譬如：Ἰατροκλῆς（Iatrokleis）[120]、Ἀκεσίμβροτος（Acesimbrotus）[121]是關於醫藥。此外，我們還可以找到其它許多（名詞），它們由完全不同的音節及字母（組成）而在效能上講到相同者。或者，你不認爲如此呢？

赫　誠然如此。　　　　　　　　　　　　　　　　　　　　d

蘇　對那些依照本性而誕生的（名詞），必將獲得的相同名詞？

赫　誠然。[122]

〔名詞與違反自然之生成世代〕

題解1.223：個別的名詞：Ὀρέστης（Orest）的字源

蘇　然而，對那些違反本性（而誕生）的，他們將以何種令人驚異的方式（相）誕生呢？正如：一個善良且敬神的人怎麼生

117　Ἄγις意為：領導者。

118　Πολέμαρχος意為：戰將。

119　Εὐπόλεμος意為：善戰者。

120　Ἰατροκλῆς意為：藥稱。

121　Ἀκεσίμβροτος，大夫，意為：抗死。

122　〔393c8-394d4〕：「你講……誠然」──這一段話的意義在於：既然名詞由一些音和音節所組成，而表達名詞的音並非必然地出現於名詞之中，命名者可以將名詞之中的音或音節增加或減少，卻一樣可以指涉相同的對象或有相同的意義。我們從本篇對話錄中的字源學對話，就可以知道蘇格拉底這裡的主張，有其特定的意義。

出不敬神的（人），剛好不像前面所說的[123]；若馬所生的是
公牛，我們不必依照所生者來命名，而必須依照它的種
（γένους/genous）？

赫　的確。

蘇　一個善良且敬神的（人）怎麼生出不敬神的（人），則他須依　　　e
種來取名詞。

赫　是這樣。

蘇　正如所示：他既非愛神者（神之友）（Θεόφιλον/Theophilon），
也非思神者（Μνησίθεον/Mnesitheon），也非像這樣的之中的
任何一個（名詞），而意指某個與這些相反的（名詞），如果
這些名詞恰好有正確性。

赫　完全對極了，蘇格拉底啊！

蘇　所以，赫摩給內斯啊！「歐瑞斯苔斯」（'Ορέστης/Ores-
tes）[124]（這名詞）似乎有得很正確，不管他偶然地冠上這個名
詞，或者某個詩人將他狂暴且粗野的本性用「荒山」
（τò ὀρεινòν/oreinon）來表示[125]。

赫　顯然如此，蘇格拉底啊！　　　　　　　　　　　　　　　395a

蘇　看來他的父親[126]也依據本性而有（其）名詞。

---

123 請比較：383 b-c。

124 歐瑞斯苔斯是阿嘎梅農和克里太美斯特拉（Klytaimestra）的兒子。他的
母親謀殺了他父親，因而他為父親復仇，殺死他母親。詳見Aeschylos,
Oresteia.

125 O. Apelt的譯文為：「Gebirgsnatur」。

126 歐瑞斯苔斯的父親是阿嘎梅農，阿嘎梅農是Argos城的統治者，組織聯
軍，攻打特洛伊城（Troja）——事見於荷馬史詩《伊利亞得》——凱旋

赫　顯然。

蘇　因而，阿嘎梅農（’Αγαμέμνων/Agamemnon）[127]也是某個如此的，若他認為決定要做的，他就用品德來貫徹他所認為的，所意指的是：他與軍隊〔群眾〕停留在特洛伊城裡且長久，亦即「阿嘎梅農」這個名詞中所意指的是：這個人能令人驚異地久留（ἀγαστὸς κατὰ τὴν ἐπιμονὴν）[128]。或許，阿特瑞烏斯（’Ατρεὺς/Atreus）[129]也是如此正確，因為他謀殺了夏里希波斯（Χρυσίππου/Chrysippus）[130]，而且對待提斯得斯（Θυέστην/Thyestes）很殘酷；這一切就品德而言，是暴虐又令人無法忍耐（ἀτηρὰ/unverträglich），這名詞的 b

---

回到Argos城而遭到妻子及堂兄弟謀殺，其子歐瑞斯提斯演出王子復仇記而遭到正義的審判──事見於Aeschylos的 *Oresteia* 三部劇。

127 阿嘎梅農是阿特瑞烏斯的兒子，Menelaos的兄弟，統治整個Argos，因為特洛依城的Paris拐走Menelaos的妻子Helene，因而組成聯軍，攻打特洛伊城。

128 O. Apelt認為「與軍隊……且長久」（τοῦ πλήθους τε καὶ καρτερίας）的讀法有困難，因而讀作「ἤθους τε καὶ καρτερίας」〔經常且長久〕。參見O. Apelt, *a. a. O.*, S. 139, Anm. 39.在我的譯文裡，將「πλήθους」譯為「軍隊」，這是跟從Fr. Schleiermacher的譯文，這個字的原義為「群眾」。

129 阿特瑞烏斯是阿嘎梅農的父親，因為他嫉妒他父親鍾愛夏里希波斯，他聯合他的兄弟提斯得斯謀殺了父親佩羅普斯（Pelops）所鍾愛的兒子夏里希波斯，他對提斯得斯的酷刑在許多方面多所記載，這裡所提到的可能是阿特瑞烏斯把提斯得斯的親生兒子作成菜餚給提斯得斯吃的事情。這是Aeschylos的 *Oresteia* 三部劇裡面的故事。參見*Platon Werke, Kratylos*, Anm. 23.

130 夏里希波斯是佩羅普斯的兒子，為父親所鍾愛，其母赫波達梅亞憎恨他，因而赫波達梅亞怕他繼承王位，而謀殺了夏里希波斯的異母兄弟。參見*Der Kleine Pauly*, Bd. 1, S. 1169.

命名的確稍微違反其稱呼而隱藏其意義，它沒有將這人的
本性全部顯露出來；但是充分了解名詞的人便明白，他用
阿特瑞烏斯這名詞要說什麼，正因爲他不可信賴(ἀτειρὲς) c
且無畏(ἄτρεστον)且不能忍耐，因而對他設立此名詞完全
正確；同樣地，我認爲：設立「佩羅普斯」(Πέλοψ)[131]也
合於規矩，這個名詞的意義是：「看近處」，【這是這個
名詞的價值】。[132]

赫　怎麼呢？

蘇　譬如：在謀殺彌勒梯樓斯(Μυρτίλου/Myrtilus)[133]時，依據
人們對他的陳述，他一點也不能預知或預見整個種族的遠
景以及他自己將遭遇不幸，而短視且只顧目前——這就是 d
「πέλας」[134]——因爲他想盡一切辦法只爲了和赫波達梅
亞('Iπποδαμεία/Hippodameia)[135]結婚。此外，「坦塔樓斯」
(Τάνταλος/Tantalos)這名詞也完全正確且合乎本性，如果
人們認爲那些關於他的談論爲真的話。

131　佩羅普斯是坦塔樓斯的兒子，爲父親所殺而烹煮成食物，祭獻給諸神。
　　參見Der Kleine Pauly, Bd. 4, S. 607-608.

132　〔這是這個名詞的價值〕爲Hermann 所增補。但是O. Apelt引Heindorf
　　的註，認爲這根本不必要而且是多餘的。

133　彌勒梯樓斯是赫爾梅斯(Hermes)及苔歐布雷(Theobule)的兒子，他幫助
　　佩羅普斯娶到赫波達美亞。後來他也想佔有她，因而死於佩羅普斯之
　　手。參見Der Kleine Pauly, Bd. 3, S. 1526.

134　πέλας意爲：近。

135　赫波達梅亞是Oinomas的女兒，Oinomas要把赫波達梅亞嫁給跑馬車比
　　賽的勝利者，他的車夫彌勒梯樓斯幫助佩羅普斯得到勝利。參見Der
　　Kleine Pauly, Bd. 4, S. 608.

赫　那些怎麼呢？

蘇　他活著的時候遭到那麼多不幸，最後他的祖國也完全毀
　　了，而他死後還得在地獄頂著石頭遊蕩(ταλαντεία，即：　　　e
　　遊蕩)[136]，這與他的名詞出奇的相配；然而直率地看起來，
　　似乎像人家想要稱呼他「最高貴者」(ταλάντατον)，卻不
　　指涉這個而說：「坦塔樓斯」(Ταντάλος)[137]，因而某個這　　396a
　　種的以及這個看起來，這名詞似乎只是偶然出自於故事。
　　據說，他的父親宙斯(Διòς/Dios)這名詞的設立似乎也全美
　　妙；只是這不太容易看得出來，不合於技術地，因爲祂的
　　名詞，祇是像一語句(λόγος/logos)，若將它分成二個，我
　　們有些(人)對相異的部分，另一些(人)也對相異的部分使
　　用。有些人稱呼祂爲「車那」(Ζῆνα/Zena)，而另一些人
　　稱呼祂爲「帝亞」(Δία/Dia)。然而我們把兩者合起來看，
　　明指這神的本性；我們說，祂應該能用一個名詞恰當地來　　　b
　　表達。因爲對我們而言，沒有其它的任何的比「車恩」
　　(Ζῆν/Zen)更能是一切的原因(αἴτιος/cause)，統治者
　　(ἄρχων/Archon)以及國王(βασιλεὺς/basileus)。因而這
　　個神正確地被命名而意指爲：一切生物永由此而生。它被

136　坦塔樓斯是神話中的人物。他是呂底亞黃金國(das goldreiche Lydien)
　　的國王。坦塔樓斯著名的形象是在地獄中接受飢渴的懲罰，這裡還特
　　別描述出另一個受罰的景象，即：頂著石頭在地獄中遊蕩而不得休息。
　　參見*Der Kleine Pauly*, Bd. 5, S. 512-3.

137　坦塔樓斯是呂底亞(Lydia)的有錢有勢的統治者，曾邀宴諸神，而當眾
　　脫了Mectar及Anbroisie的袍子，向人展露神之秘密，並以其子祭獻於神
　　(*Odyssée*, XI, 582, sqq.; Méridier, *op. cit.,* p. 69, note 1.)

分成二個，正如我所說，這個名詞是一個，即：「車那」
及「帝亞」[138]。他是克羅諾斯(Κρόνος/Kronos)[139]的兒子，
一開始祂似乎很魯莽，若人們只匆匆聽到他的名詞；然而
「帝亞」本來是某個有極理智者的後代。因為「κόρος」
(koros)這名詞的意義不指小孩，而是指其心靈(νοῦς/nous)
純潔而不受干擾[140]。據說：這個(神)是烏拉諾斯(Οὐρανος/
Ouranos)的兒子，這又是一個取得好的名詞，其名為「眼   c
睛在上」，烏拉諾斯意為「往上看」(ὁρῶσα τὰ ἄνω)，
依據星象學家的說法，赫摩給內斯啊！是說：「應該生純
潔的心靈」[141]，並且烏拉諾斯得正確的命名。假使我能記

---

138 根據印歐字源學的研究，幾乎無疑地，宙斯(Ζεύς)一字出於印歐字源
的字根dieu-s，其基本的意義是「光輝者」(Gläzender)、「明亮地照耀
者」(hell Aufleuchtender)，即：天神或日神。荷馬時已發展成為諸神
之王。參見Der Kleine Pauly, Bd. 5, S. 1516-1525.此外，Leo Meyer的《希
臘字源學》將這個字根源解釋為同於印度人的天(神)(div)。詳見Leo
Meyer, Handbuch der griechischen Etymologie, Bd. III, S. 171.

139 依據赫西歐得《神譜》，137 ff.的記載，克羅諾斯是天(Ouranos)和地
(Gaia)的兒子，其妻為河神瑞亞(Rhea)，也是宙斯(Zeus)、普魯東
(Pluton)及波色伊東(Poseidon)的父親。詳見Der Kleine Pauly, Bd. 3, S.
355-364.

140 柏拉圖的字源學將Κρόνος拆解成Κρό及νος二個字，並將Κρό解釋成
κόρον，有淨化、純潔的意義，νος則指向νοῦς，據此而說Κρόνος之
意義為純理的本質，這與古代對Κρόνος的解釋不同，古人慣常將
Κρόνος及χρόνος(時間)合併來解釋。在印歐語族的研究中，學者將
Κρόνος的字源釋解為χρα(∉)，其意義為：「造作」。請參考Leo Mayer,
Griechische Etymologie, Bd. III, S. 318；請比較Bd. IV. S 402.在Julius
Pokorny的Indoeuropäisches Etymologisches Wörterbuch, S. 615，κόρος
的字源意義為：「戰爭」或「領軍」、「領主」。

141 「Οὐρανός/Ouranos」一詞的字源在印歐語的研究中，尚未得到一致的

得赫西歐得('Ησιόδου/Hesiod)的《神譜》[142]中所記載。那些更上面的祖先們，那樣我將不停地指明，他們如何正確地被命名，直到我們所有關於這些——它們如何造成——的智慧都用完為止，而不管它們拒絕與否。這是我現在突然想到的，我也不知道從何而來？[143]

d

結論。學者將Οὐρανός類比於梵文「Varuna」（其意義為「智慧之神」）。顯然與「往上看」之意，有若干相應之處。根據赫西歐得的神話（*Theogonie*），126-128，地母（Gaia）獨自生出烏拉諾斯。詳見*Der Kleine Pauly*, Bd. 5, S. 1059-1062.

142 根據歐爾菲（'Ορφεῖ/Orpheus）神話，諸神的統治王朝有四，即：一、烏拉諾斯，二、克羅諾斯，三、宙斯，四、戴奧尼索斯。這四種王朝分別用四種不同的品德符徵來統治，即：一、理論學的（θεωρητικῶν/von den Theoretischen），二、淨化學的（καθαρτικῶν/von den Purgatischen），三、城邦（政治）學的（πολιτικῶν/von den Politischen），四、倫理學的（ἠθικων/von den Ethischen）。烏拉諾斯依據理論學來統治，因而意指：「看在上者」（τὸ τὰ ἄνω ὁρᾶν/das sehen nach oben）。克羅諾斯依據淨化學來統治，因而意指：「經由自觀而如某淨化之理性」（οἷον κόρονους τις ῶν δὶα τὸ ἑαυτὸν ὁρᾶν）。宙斯依據城邦（政治）學來統治，因而意指：「如祂對祂自己的照料……依據倫理的以及物理的品德」（ὡς αὐτὸς πὸς ἑαυτὸν ἐπισρέφων ...... ἢ κατὰ τὰς ἠθικας καὶ φυσικὰς ἀρη-τῆς）。請參見 Olympiodorus, *In Platonis Phaidonem Commentaria*, ed. William Norvin, 1987, Georg Olms Verlag, A I 4-6.請比較Hesiod, *Theogonie*, 116-128.

143 〔394d5-397c5〕：「然而……從何而來？」──從這一段討論，我們歸納出以下一些字源學的解釋：

希臘文	字源學解釋	字源意義
1. 'Ορέστης	τὸ ὀρεινὸν	荒山
2. 'Αγαμέμνων	ἀγαστὸς κατὰ τὴν ἐπιμονὴν	令人驚異地久留
3. 'Ατρεὺς	ἀτηρὸν ἀτειρὲς ἄτρεστον	無法忍耐 不可信賴 無畏
4. Πέλοψ	τὰ ἐγγὺς ὁρῶντα	看近處

題解1.23：較高等生物的命名及其部分

題解1.231：中介考察

〔Euthyphron的靈感〕

赫 當然，蘇格拉底啊！在我看來，你彷彿是一位曾經醉心於神諭的人。

蘇 我有由來的，赫摩給內斯啊！這個我得之於普羅斯帕耳提歐斯（Προσπαλτίος/Prospaltios）[144]（區）的歐伊梯孚容（Εὐθύφρον/Euthyphron）[145]，因為我今天早晨和他在一起很久，聽他說的。他顯得很熱切地用他如神般的智慧不只要   e 充盈我的耳朵。而且想充塞心靈。我想我們要這麼做，讓我們今天暫且用它（即指蘇格拉底由歐伊梯孚容所得的神諭），把剩下來那些關於名詞的都考察完。明天你若有所見，讓我們繼續討論，我們將得澄清，若我們能找到一個 397a

5. Τάνταλος	ταλαντεία	遊蕩
	ταλάντατον	最高貴
6. Διὸς	Δία = αἴτιος	原因
	Ζῆνα	統治
7. Κρόνος	κόρος νοῦς	心靈純潔
8. Οὐρανός	τὸ τὰ ἄνω ὅραν	往上看

144 普羅斯帕耳提歐斯為雅典城中級的行政區。

145 歐伊梯孚容是蘇格拉底的對話夥伴，他顯然是傳統神學的信仰者及祭司。柏拉圖以他為名，寫了一個對話錄，描述蘇格拉底和傳統神學信仰之間的不同，其餘的對他一無所知。關於他和蘇格拉底的對話請參見拙譯：《柏拉圖《歐伊梯孚容篇》譯註》。

能夠了解這些（事）的人來澄清，無論他是一祭司，或者是
一智者。

赫　那麼，我很樂意，因為我樂於聽那些剩下來關於名詞的。

蘇　那麼，我們必須這麼做。我們想由那個地方開始研究——
由我們曾經走入的某個方式開始，藉以知道：對我們而言，
是否這些名詞自身並非出乎自動地用於每一個（事物），而　　b
有某一種正確性。那些英雄及人的名詞大概很容易令我們
上當，因為他們之中有許多，其命名得之於祖先，而有些
一點也不適合，正如我們一開始說的：許多（名詞）為表達
好希望而取的，譬如：耶伊梯希得斯（Εὐτυχίδης/Eythy-
chides）[146]，收希亞（Σωσία/Sosia）[147]，以及提歐非龍
（Θεόφιλον/Theophilon）[148]，還有很多其它的。我想像上述
的這些，我們不必用了，而似乎極須知道那些永恆的事物
及合乎本性的是如何正確地被命名，因為在此應極力從事　　c
於設立名詞，或許它們之中有一些是藉由神的力量而非由
人的力量而設立的。[149]

赫　我想你講得很好，蘇格拉底啊！[150]

146　耶伊梯希得斯意為：幸運之子。
147　收希亞意為：擁有財富。
148　提歐非龍意為：神愛。參見394e.
149　在425 d，我們可以看見蘇格拉底自己自我違反地拒絕了相同的主張，
　　　同樣地我們在438 c也看到克拉梯樓斯持著類似的看法。
150　〔396d1-397c5〕：「**當然……蘇格拉底啊！**」——這一段談論説明了
　　　蘇格拉底字源學的一個來源，並且確定關於名詞合乎本性的正確性的
　　　證明，在字源學上必須有所選取，因為並非所有的名詞都擁有這樣的
　　　正確性，在本篇對話錄的最後一部分，蘇格拉底與克拉梯樓斯的對話，

題解：1.232：神，如神者，英雄，人，並考察音的變化
　　　〔諸神之名〕

蘇　現在，我們用神們做為(研究)的開始，看看諸神們是如何
　　正確地被命名為這個名詞，適合嗎？

赫　適合極了。

蘇　對眼前的這些我是這麼猜想。我認為：那些在希臘
　　(Ἑλλάδα/Hellas)地帶的原始居民如同現在許多外邦人都　　　　d
　　認為：諸神們(θεοὺς/theous)[151]是：日、月、地、星及天。
　　祂們正像這一切永遠依其軌道運行，邊走邊看，因而它們
　　由這個行走的本性(ἀπὸ ταύτης τῆς φύσεως τοῦ θεῖν)而
　　得名為：「神」(θεοὺς/theous)。後來，儘管了解了其它的
　　一切，也用這名詞來陳述。你認為我所說的是真的或者不
　　是？

赫　顯然很正確。

蘇　在此之後，我們要觀察什麼呢？顯然是如神者
　　(δαίμονάς/daimonas)[152]，英雄(ἥρωας/Heroas)以及人

　　我們又看到相類似的見解(428d ff.)。

151 希羅多德提了另一個關於theoi的字源解釋異於蘇格拉底的解釋，其意
　　義為(κόσμῳ θεντές)〔次序的建立者〕，因為他從字根「θε」來設立
　　字源的解釋。蘇格拉底的解釋顯然建立在赫拉克利圖的學說之上。參
　　見Méridier, op. cit., p. 71, note 5。請比較O. Apelt, a. a. O., S. 148, Anm. 49.

152 根據Leo Meyer的希臘字源學，此字源出於動詞字根「δα」，其意義為
　　「學習」。而「δαίμων」是「已學得之有知」(kundig)。詳見Leo Meyer,
　　Handbuch der griecchischer Etymologie, Bd. Ⅲ, S. 156, 159.

（ἀνθρώπους/anthropous）？

赫　如神者。　　　　　　　　　　　　　　　　　　　　　　　e

蘇　真該如此，赫摩給內斯啊！這個名詞「如神者」究竟是什
　　麼意思呢？且看你認為我說得如何。

赫　儘管說。

蘇　你可知道赫西歐得說如神者是什麼嗎？

赫　不記得了。

蘇　你不記得他說：人的祖先生為金種（χρυσοῦν γένος/
　　chrysoun genos）[153]嗎？

赫　這個我知道。

蘇　那麼，關於他們（神者）他這麼說：

然此種族之衰亡源於命運，彼等名為上界之誠如神者，　　398a
善且減人之苦，乃朽人之衛。[154]

赫　然而如何呢？

蘇　我想他所謂「金種」並非意指其本性為金，而是指其既善
　　且美。他把我們稱為：「鐵種」[155]（σιδηροῦν γένος/sideroun

153　這是赫西歐得區分五個種族的神話，Kronos時代的人稱為：金種，參見
　　Hesiod, *Werke und Tage*, Ⅴ, 109-126, 請比較 Méridier, *op. cit.,* p. 72, note
　　1.

154　Hesiod, *Werke und Tage*, Ⅴ, 121-123. 請比較 Méridier, *op. cit.,* p. 72, note
　　3; O. Apelt, *a. a. O.,*S. 140, Anm. 51.

155　這是最後時代之神，參見Hesiod, *Werke und Tage*, Ⅴ, 174-201.請比較
　　Méridier, *op. cit.,* p. 72, note 3.

genos），這對我而言即是證明。

赫 你講得真。

蘇 所以你現在也相信他所講的；有某些善的是屬於那金種？　　b

赫 的確。

蘇 那些善的豈不有理性麼？

赫 有理性。

蘇 這麼樣，我想他用「如神者」(δαίμονας/daimonas)所要指
的是：「如神者乃有理性者」，故名之爲「如神者」，而
在我們雅典人的發音中，這名詞也同義，他講得很對。此
外，還有其他許多詩人也都這麼講：一個善人死後，將得　　c
大幸福及榮耀而變成一有理性者而命名爲：「如神者」
(δαίμονα/daemona)[156]。因此，我認爲：所有的(在家的)
人，他是善的，無論是生時或死後都如神般而稱爲：「如
神者」。

赫 我自己看來，蘇格拉底啊！我完全贊同你。那麼，英雄
(ἥρως/Heros)是什麼呢？

蘇 這不十分難了解，因爲這名詞只是稍稍有點改動，它顯然
是由「ἔρωτος」(erotos)[157]而來。

赫 你怎麼講呢？

蘇 你不知道英雄是半神[158]嗎？

---

156 「如神者」意爲：在家。這只有在詩中如此使用，在荷馬那裡可以看
到使用這個字，散文中不曾使用。

157 ἔρωτος意為：愛。

158 在此處，柏拉圖指的是赫西歐得的説法，赫西歐得將其英雄當成介乎

赫　如何呢？

蘇　（他們）所有的誕生乃由於愛而成爲會死的男神或女神。如　　　d
　　果你用舊的雅典語發音來考察會更容易知道[159]，因爲你會
　　明瞭：「英雄」這名詞的出處乃由「ἥρωας」(Heroas)之
　　名而來，只是有一點改變。或者，這麼說：英雄是智者
　　(σοφοὶ/sophoi)，雄辯的演說家(ῥήτορες/rhetores)及辯證
　　論者(διαλεκτικοί/dialectikoi)，因爲（他們）既能問又擅說
　　(εἴρειν/eirein)，因爲擅說是說話(λέγειν/legein)。正如我們　　e
　　前面所講的：英雄在舊的雅典語發音裡是指某些演說家而
　　且與好問者(ἐρωτητικοὶ/erotikoi)同義。因此之故，英雄
　　完全生於智者及雄辯的演說家之類。 然而這不難察覺，更
　　困難的是：人(ἄνθρωποι/erotikoi)的名詞究竟爲什麼叫做
　　人。你知道怎麼講嗎？

赫　善人啊！我從那兒呢？ 即使我有能力知道，我也不白費力
　　氣，因爲我相信你比我更知道。

蘇　正如所示，你相信（這）是歐伊梯孚容的靈感。　　　　　　399a

赫　絕然如此。

蘇　你相信得對。如我現在所見，我美妙地了解了，假使我不
　　謙虛的話，我今天將比我所應有的智慧還多。且看我所想

　　人與神之間的存在者，在*Werke und Tage*, V, 159-160，第四種人為英雄
　　的神聖之種，而名之為：「半神」。

159　Eros和Heros在古伊翁尼亞(Ionia，希臘地名)的寫法是相同的，這種寫
　　法在雅典於西元前404-403年間棄止了！參見*Platon Werke, Kratylos*, S.
　　445, Anm. 31.

　　的：由於首先你注意這些關於名詞的，它們往往加進了字
　　母或減少了字 母，因爲在命名時，改變了聲音。譬如：神
　　所愛（Διì φίλος/dii philos）——這是用一個名詞來代替整句　　　　b
　　話[160]，這裡我們丟棄「ἰῶτα」（iota）而且別的不發音。此
　　外，原來發重音的我們不發重音。反過來說，其它的我們
　　卻加了字母，或者，原來不發重音的我們發重音。

赫　你講得真。

蘇　我所認爲的：「人」這個名詞[161]也是上述的一樣，因爲，
　　這名詞是由一句話而生，開頭的字（母）去掉而最後一個音
　　節發重音。

赫　你怎麼講呢？

蘇　這麼樣：這個名詞「ἄνθρωπος」（人）是這個意思：其它　　　　c
　　的動物雖然看見事物，卻不考察、不比較，不細看；而人
　　在看到的同時，這是指又仔細研究，又計算他所看見的
　　（ὄπωπε καìàναθρεῖ καì λογίζεται τοῦτο ὃ ὄπωπεν）。因
　　此，在動物之中，人是唯一正確地被命名爲：「ἄνθρωπος」，
　　因爲他能考察其所見。[162]

---

160 「一個名詞相當於一個句子」出自於此。

161 ὄπωπε之意義爲：看。「人」這個字還有以下的兩種解釋：一、ἄνθρωπος
　　源於ἄνω ἀθρεῖν，其意義為：向上看。二、源於ἕνα αρθρον ἐχέω ἔπος
　　（有語之音調者）。參見Méridier, op. cit., p. 76, note 1.此外，O. Apelt舉
　　出了最新的一個關於人的字源解釋，這個字源解釋將「人」解釋成「有
　　鬍鬚臉者」（ἄνθρο ωφ）這個解釋似乎只是把「人」解釋成「男人」，
　　而不包括「女人」在內。參見O. Apelt, a. a. O., S. 140-141, Anm. 56.

162 〔397c6-399c6〕：「**現在……考察其所見。**」——這段文字的字源學解
　　釋整理如下：

題解1.233：心靈與身體

赫　那麼現在呢？我應該跟你說我想知道什麼嗎？

蘇　誠然。

赫　現在我所想到某些和這個相關連的東西。因爲我們稱人有　　　d
　　「ψυχὴ」（psyche，或譯爲：靈魂）[163]與「σῶμα」（soma，
　　或譯爲：肉體）[164]？

蘇　豈不如此？

赫　讓我們試著前面那樣來研究這個。

蘇　你講我們將考察「ψυχὴ」而看看這個名詞怎麼樣合理，再
　　來才是「σῶμα」？

赫　是。

蘇　現在，我想對這事情應該這麼講：在命名時，那些對「ψυχὴ」
　　做命名的人知道：它並存於身體中而爲生命的原因，它帶
　　給身體呼吸的能力而有生息，一旦沒有生息，身體即解消　　e

希臘文	譯文	字源學解釋	字源意義
1. θεοί	諸神	θεῖν	行走
2. δαίμονας	如神者	δαίμονα	在家者
3. ἥρως	英雄	ἔρωτος	愛
		εἴρειν	擅長言說
4. ἄνθρωπος	人	ἀναθρεῖ ὃ ὄπωπεν	考察其所見

163　ψυχὴ意爲：心靈。根據Leo Meyer的字源學解釋，ψυχὴ源於動詞
　　「ψύχειν」，其意義爲：呼吸、冷卻、乾燥。詳見Leo Meyer, *Handbuch
　　der griechsichen Etymologie*, Bd. II, S. 570-1.

164　σῶμα意爲：身體。

而死亡。我認爲：它因此而被稱爲：「ψυχή」[165]。因爲我
相信：我所洞察的比那些歐伊梯孚容之流更易說服人，因   400a
爲如我所見，他們將鄙視我們而認爲這（說法）惡劣且粗
鄙。你且看看以下這一點，若你樂意的話。

赫　儘管說。

蘇　身體的本性，正如其生及循環，你認爲還有別的像「ψυχή」
那樣能使它停止及引導它的嗎？

赫　沒有別的。

蘇　那怎麼呢？你是否相信安納克撒勾拉斯（'Αναξαγόρας/
Anaxagoras）[166]：理性與心靈是其它一切事物中的和諧及引
導的本性？

赫　我相信。

蘇　那麼，這名詞具有美妙的力量，能引導並且擁有本性而被   b
命名爲：「φυσέχην」（psysechen）[167]。爲了使它更美而說
成：「ψυχή」。

赫　的確如此。我認爲這個（講法）比那個更是工巧些。

蘇　正是因爲這樣，如所設立的名詞那樣爲真，反而顯得非常

---

165 比較396d和 *Platon Werke, Kratylos*, S. 439, Anm. 28. Aristoteles, *De Anima*,
　　I，2, 405b28-31談到有些人將ψυχή的字源關連到ψυχρόν（冷），因其再呼
　　吸及冷卻之故。

166 安納克撒勾拉斯是克拉瑣買城人（Klazomenai），大約在480-450年間，
　　三十年間在雅典講學，他的存有原則是νοῦς，他並未詳細地區分νοῦς
　　與ψυχή之間的差異。在《論靈魂》（*De Anima*）一書第一卷第二章，
　　404a25-b7, 405a13-19, 405b19-29等處，亞理斯多德曾經談論了安納克撒
　　勾拉斯的這個心靈理論，並且指出這個理論有一些不合理之處。

167 φυσέχην意爲：本性擁有者。

可笑。

赫　然而除此之外，我們還能說什麼呢？

蘇　你說「τò σῶμα」嗎？

赫　是。

蘇　我想它有很多樣式，即使只要稍稍更動。因爲有些人說：身體是心靈的墳墓[168]，因爲心靈常住在其中。此外，由於　　　c
心靈藉由身體而能了解一切的意義，因而正確地稱之爲：
「σῆμα」（sema）[169] 然而我認爲最正確的是歐爾菲亞
（’Ορφέα/Orphea）[170] 對這名詞的那些解說：即因爲心靈償
還它所欠於他人的，故極力從事於此，因而宛如被監禁於
監牢中，關於心靈正是如此，正如身體被命名爲：
「σῶμα」，直到心靈償還其所欠，而且幾乎不須要改變
字母。[171]

---

168 Plato, *Gorgias*, 493a：蘇格拉底主張，曾有一智者將我們的生命比喻為
死亡而身體為墳墓，這可能是指畢達哥拉斯學派的學者費羅老
（Philolaos）。σῶμα之字源源於Orpheus的學說：身體是靈魂的監獄，請
比較*Phaidon*, 62b，蘇格拉底在那裡談及一神秘之教義：認為我們人在
一種監獄中，而那裡是人所不能解脱束縛、無法逃離的。請比較Méridier,
op. cit., p. 76, note 2.

169 σῆμα意為：由此知。

170 歐爾菲亞為古希臘最有意義之音樂神話的代表者，其在神話中扮演的
角色可以反應出音樂在古希臘的意義：歐爾菲神話應該誕生於西元前
六到七世紀之間。詳見*Der Kleine Pauly*, Bd. 4, S. 351-356.

171 〔399c6-400c10〕：「那麼現在……改變字母」──這段文字可以歸納
出以下的字源解釋：

希臘文	譯文	字源學解釋	字源意義
1. ψυχή	心靈	φυσέχην	擁有本性

題解1.24：諸神的名詞[172]

赫 我想，蘇格拉底啊！你講得這些已經夠了。那麼，現在我　　　d
們可以像剛才你解釋「Διòς」(Dios)[173]那樣，用同樣的方
式來研究諸神的名詞，看看它們被賦予什麼同樣的正確性
呢？

蘇 以宙斯爲證，赫摩給內斯啊！我們的確能以一種最好的方
式，若我們有知性的話；關於諸神，我們一無所知，既不
知道關於祂們自身，也不知道關於名詞以及祂們互相如何　　　e
稱呼。因爲很顯然地，祂們那些的確命名得正確。此外，
還有第二種正確的方式，如我們在祈禱中所用律法來歌頌
的命名，及那些祂們所樂意的命名，儘管我們一點也不了　401a
解（其意），我們還是如此稱呼祂們。這種使用在我看來十
分恰當。如果你願意，我們一起研究那些前面講過的諸神，
我們一點不願意對祂們進行這樣的研究，因爲我們完全無
法想像能夠如此，而只願意對人（做研究），（看）他們的意
見如何因設立祂們的名詞而有，這才不受責難。[174]

2. σῶμα	身體	σῆμα	由此知、束縛

172 以下關於諸神的名詞之字源學解釋是否眞正符合這些名詞的原義，這
是難以確定的問題，18世紀中葉以後的印歐字源學立足於比較語言學
及民俗學的觀點，可以多出許多不屬於古希臘語自身的推斷。以下的
註解，大抵採用 *Der Kleine Pauly* 之中的解釋。至於其詳細的問題討論，
必須回到其討論的上下文，才有意義可言。

173 Διòς意爲宙斯。

174 這一段顯然也是那些認爲蘇格拉底字源學之所以混淆著嚴肅與嘲弄的

赫　那樣，蘇格拉底啊！ 我想你講得很謙虛，我們就這麼做吧。[175]

蘇　那麼我們依照律法就由「赫斯惕亞」（Ἐστίας/Hestia）[176]開始。　　　　b

赫　很公平。

蘇　那個替「赫斯惕亞」命名者應該是怎麼想的呢？

赫　以宙斯為證，我想這不是很容易的事情。

蘇　我恐怕，善良的赫摩給內斯啊！那些首先設立這些名詞的人不是小人物，而是天文學家們及善言者。

赫　怎麼呢？

蘇　我看得很清楚，設立這些名詞的是這些人，而且若將外來　　c的名詞也拿來研究，不難發現各個的意圖。譬如：在這個（名詞），我們稱呼它為：「武夕亞」（οὐσία/ousia）[177]，有些人

原因。在柏拉圖的對話錄裡，這種談論的語調往往隨處可見，而且未必帶著嘲弄，嘲弄必須以有反對者來立論，至少在這裡我們看不到明顯的反對者；當然可以用自己的猜想來解釋蘇格拉底字源學的意義，不過，其意義與上、下文之間的關係是否相應，這是詮釋者必須考慮的問題。

175　請比較Plato, *Kriton*, 46c, etc.

176　赫斯惕亞是爐火的女神（參見Hesiod, *Werke und Tage*, 734，以及Plato, *Nomoi*, 745b），祂是克羅諾斯的女兒，宙斯的姊妹。參見*Der Kleine Pauly*, Bd. 2, S. 1118-9。。在希臘的祭典中，首祭必須致祭於赫斯惕亞。

177　οὐσία意即：本質，財富。請參考O. Apelt, *a. a. O.*, S. 141, Anm. 65。。此外，根據L. Meyer的希臘字源學，「οὐσία」有「能力」（Vermögen）、「存有」（Sein）、「真」（Wahrheit）及「實現」（Wirklichkeit）等意義，請參考L. Meyer, *Handbuch der griechischen Etylogie*, Bd. Ⅱ, S. 208.

叫它：「ἑσσίαν」。此外，還有些人叫它：「ὠσίαν」[178]。
首先，若依照這些名詞之中的一個，則事物的本質被稱爲：
「Ἑστία」(hestia)，這很有道理(ἔχει λόγον/echei logon)，
因而我們把分有本質者叫做：「ἕστια」(hestia)[179]，因此
而正確地命名爲：「Ἑστία」，因爲我們想到古時用「ἕστια」
來稱呼「οὐσία」。而且，在祭祀時，若心中想什麼，則必
然也認爲其所設立的這些也在心中，因而「赫斯惕亞」先　　　　d
於所有的神，當做首祭者很適當，那些所有的事物的本質被
命名爲：「ἑσσία」。反過來說，那些叫它爲：「ὠσία」(osia)
的人應該相信赫拉克利圖(Ἡράκλειτος/Her-acleitos)，他主
張：

一切萬有流動而無一停留(τὰ ὄντα ἰέναι τε πάντα καὶ
μένειν οὐδέν)[180]。

其原因及主宰者是爭鬥(τὸ ὠθοῦν)，因而美妙地把他命名
爲：「ὠσία」。這種說法我們也不說其爲不智。 在「赫　　　　e
斯惕亞」之後，我們應當研究「Ῥέα」(Rhea，瑞亞)以及

---

178 根據Stobéau, Ecl., Ⅰ. 424及Ⅰ. 712的記載，這是Doric的方言形式。請
　　比較Méridier, op. cit., p. 78, note 1.。
179 請比較Plato, Sophistes, 246a.
180 赫拉克利圖的學說(大約在西元前5世紀)，其主張爲一切存有皆在變動
　　之行，無一停留，從這裡開始一直到427b的蘇格拉底字源學皆以此學
　　說爲基礎。

「Κρόνος」(Kronos，克羅諾斯)[181]。然而「克羅諾斯」這名詞我們在前面已經講過了[182]。 或者，那並非我所要說的。

赫　怎麼呢？蘇格拉底啊！

蘇　善人啊！我心中知道一大堆智慧。

赫　那是什麼樣的呢？

蘇　說起來十分可笑，但是它有點可信。　　　　　402a

赫　那一種呢？

蘇　我想(我)看見赫拉克利圖所說的古老智慧，直接關於「Κρόνος」以及「Ῥέα」，這荷馬也曾經說過。

赫　這你怎麼說呢？

蘇　赫拉克利圖曾說：

一切變動，無一停留。(πάντα χωρεῖ καὶ οὐδὲν μένει)[183]。

他把事物和流動的河流相比較而說：

無法兩次踏入同一條河裡。(δὶς ἐς τὸν αὐτὸν ποταμὸν οὐκἂν ἐμβαίης)[184]

---

181 瑞亞是克羅諾斯的妻子和赫斯悌亞的母親。參見：Hesiod, *Theogonie* 453-454.

182 在396 b那裡已經講過了。

183 這個講法並無古代的斷簡沿傳可以證實。

184 H. Diels, *Fragmenta der Vorsokratiker*: Heraklit, *Frg.*, B 91.

赫　是這樣。

蘇　如何呢？你的看法與赫拉克利圖想的不同嗎？他把其它諸　　b
　　神的祖先命名爲：「Κρόνος」以及「'Ρέα」。或者，你認
　　爲：他自發地把河流的名詞加在這兩個上面[185]；就好像荷
　　馬也說：「歐可安諾斯」（'Ωκεανός/Oceanos）[186]爲諸神之
　　父，而「提惕斯」（Τηθύς/Tethys）爲其母[187]，我想赫西歐
　　得[188]也如此說。歐爾菲烏斯也在某處這麼說：

　　歐可安諾斯這流者首先順利地結婚，他與同母的姐妹提惕　　c
　　斯成親。[189]

　　你看，這些，它們相互之間同聲一致，一切都指向赫拉克
　　利圖的（學說）。

赫　你顯然向我說了某事，蘇格拉底啊！然而我不明白提惕斯
　　這名詞有何意圖？

---

185 蘇格拉底在這裡將Κρόνος當作源頭，而'Ρέα當作「流動」來理解。參
　　見*Platon Werke Kratylos*, S. 457, Anm. 41.

186 Ωκεανός意為：海洋。依據最古的神話傳統，歐可安諾斯是提惕斯的
　　丈夫，在荷馬《伊利亞得》XXI，195，講：祂是一切河、海、泉源之
　　父。祂和火神一起對抗宙斯的統治（參見Aeschylos, *Prometheus*, 330），
　　參見*Der Kleine Pauly*, Bd. 4, S. 267.

187 Τηθύς意為：女海神。依據荷馬《伊利亞得》XIV，201 ff. 302，提惕
　　斯和歐可安諾斯是一切諸神的祖先。根據赫西歐得《神譜》136，祂是
　　天（Ouranos）和地（Gaia）的女兒。

188 在*Theogonie*之中，Hesiod認為：大部分的神都是'Ουρανός和Γαῖα的後
　　代。

189 此詩的來源不明。

蘇　那只能由這個(名詞)自己來談論，這名詞隱喻泉源。因爲湧
　　(διαττώμενον/diattomenon)及滴(ἠθούμενον/ethoumenon)　　　　d
　　乃是取象於泉源。提惕斯這個名詞是由這兩個名詞合起來
　　的。

赫　蘇格拉底啊！這真精彩。

蘇　豈不如此麼？那麼，這個之後呢？「帝亞」(Δια/Dia)我們
　　已經說過了[190]。

赫　是。

蘇　那麼，我們談論他的兄弟「波色伊東」(Ποσειδῶν/Posei-
　　don)[191]及「普魯東」(Πλούτων/Plouton)[192]，還有祂的別
　　的名詞[193]。

赫　當然。

蘇　那麼現在我認爲「波色伊東」如此地被第一位命名者命名　　　　e
　　，因爲海的本性使波色伊東止於行走，而是讓祂不能前進，
　　同時綁住祂的腳。因此，以其爲這力量所宰制而將這神命名
　　爲：「波色伊東」，由於他是個「束住腳者」(ποσίδεσμος/

190　比較396a-b。

191　波色伊東是海神，是克羅諾斯和瑞亞的兒子。依據荷馬《伊利亞得》
　　　XV，185 ff，世界分成三界：分別由宙斯(天界)、波色伊東(海界)及哈
　　　伊得斯(地界)所統治。詳見*Der Kleine Pauly*, Bd. 4, S. 1076-79.

192　普魯東是下界的神祇，是財富的神，依據Homer, *Odysseus* V, 125 ff.及
　　　赫西歐《神譜》969 ff，祂是得梅特拉(Δημήτηρ)的兒子。詳見*Der
　　　Kleine Pauly*, Bd. 4, S. 955-7.

193　這裡指的是哈伊得斯，祂是下界的神祇，克羅諾斯之子，在與Titanen
　　　的戰爭中獲得冥府之蓋(Hadeskappe)。後來分得冥府的統治權。詳見
　　　Der Kleine Pauly, Bd. 2, S. 903-905.

Posidesmos)，或許只爲了好聽而加了「ε」，然而或許他也不願這麼講，而先用兩個「λάβδα」(labda)代替「σῖγμα」 403a (sigma)而講前者，因爲這個神知道許多(πολλὰ εἰδότος)。或者由於顫抖(σείειν)而命名爲：「顫抖者(ὁ σείων/ho seion)」。「πεῖ」(pi)及「δέλτα」(delta)只是加上去的。「普魯東」這名詞很顯然依據富者的施捨而得名，亦即因爲財富由地下湧出來[194]。我認爲，許多人相信：「哈伊得斯」("Αιδης/Hades)[195]此名詞乃因其「不可見」[196]而得名，因爲害怕這名詞而叫祂爲：「普魯東」。

赫 你怎麼認爲呢？蘇格拉底啊！

蘇 我認爲人們對這個神的性質犯了許多樣式上的錯誤而且無 b
緣無故地害怕祂。原因是由於我們之中任何人一死掉，就一直留在那裡，並且也害怕心靈一旦離身體，就得去祂那裡。我想這所有的都指同樣的，無論是祂的宰制或名詞。

赫 怎麼樣呢？

蘇 我應該跟你說我所認爲的，那麼，請告訴我：這兩個地方 c
中，那一個對活人較好，若他們願意留在那裡；那個是較強的束縛：強迫或「心所欲」(ἐπιθυμία/epithymia)呢？

赫 差很多，蘇格拉底啊！心所欲。

---

194 依據Méridier的註，他認為這樣的講法是眞確的，普魯東是財富之賜與者，更精確地說是農產富饒之神，因地為農人出產豐饒的食物以營養人。請比較 Méridier, *op. cit.,* p. 80, note 2.

195 "Αιδης意爲：冥府之神。

196 蘇格拉底在*Phaidon* 80d那裡也有相同的主張，認爲哈伊得斯意指不可見的性質。

蘇　你豈不認為：很多人將不會逃離「哈伊得斯」，假如祂不
　　給那些去那裡的人最強力的束縛？

赫　確然。

蘇　那麼，正如所示，若是最大的束縛，祂須要讓他們隨心所
　　欲，而非強迫？

赫　顯然。

蘇　然而心所欲卻是多樣的？

赫　是。

蘇　若祂要使他們受最大的束縛，祂應該用隨心所欲中最大的　　d
　　隨心所欲來束縛。

赫　是。

蘇　有某人相信：心所欲還有比和一個較善的人交往更大的
　　嗎？

赫　以宙斯為證，沒有更甚於此的，蘇格拉底啊！

蘇　因此，我們主張，赫摩給內斯啊！沒有人願意由那兒回到
　　這裡來，甚至色瑞那斯[197]（Σειρῆνας/Seirenas）[198]也不願
　　意，此乃那些（人）以及其它所有的受到迷惑。這顯然是因　　e
　　為哈伊得斯知道講如此美妙的詞語，至少由於這些詞語，
　　因而祂是有完滿智慧的神而且賜給在他身邊的人極大幸

---

197 這裡所指的地獄中的色瑞那斯人，他們引導並審判死亡者。請比較
　　Proclos, *In Cratylus*, 157.

198 色瑞那斯是一群界乎海神與人之間的存有者，依據Homer, *Odysseus* XII, 39 ff, 158 ff. 提到了一般夫的故事，據說祂們的母親是文藝女神之一，因而善於唱歌，至於其形貌、出身及遭遇均不為吾人所知。詳見
　　Der Kleine Pauly, Bd. 5, S. 79-80.

福，並且給活在這裡的(人們)這樣的善。他在那兒為他們
做那麼多，因此，得到「普魯東」這個名詞。此外他不願
意與那些還有身體的人來往，直到那些心靈已純淨，脫離　404a
一切身體的惡及心所欲，那時才與他們為伍，你不認為祂
是愛智者嗎？祂極力想要束縛自己的心去求品德，只要還
有身體的衝動及怒氣，祂的父親「克羅諾斯」[199]未曾能盡
力於此，而若祂卻如此束縛自己，因而這樣稱呼祂麼？[200]

赫　你所說的很可能，蘇格拉底啊！

蘇　那麼，「哈伊得斯」這個名詞，赫摩給內斯啊！應該由　　　b
　　「ἀειδοῦς」(aeidous)[201]而得命名，而且由此，祂知道所有
　　的美，因此之故，設立律法的人由此而稱呼祂為「哈伊得
　　斯」。

赫　好啊！那麼，「得梅特拉」(Δημήτηρ/Demeter)[202]、「赫
　　拉」(Ἥρα/Hera)[203]、「阿波羅」(Ἀπόλλω/Apollo)[204]、

199　參見396b及其註解。

200　這裡所指的「束縛」所指的是宙斯將其父親克羅諾斯綁在地中的意思。
　　比較《伊利亞得》ⅩⅣ 203-204.

201　ἀειδοῦς意為：不可見；又意為：全知。

202　得梅特拉是掌管農事和種植的女神，另有一種講法，認為祂是地母
　　（即：Δημήτηρ＝Γημήτηρ）。詳見*Der Kleine Pauly*, Bd. 1, S. 1459-64.

203　赫拉是克羅諾斯的女兒，一方面是宙斯的姊妹，另一方面同時也是宙
　　斯的妻子。祂也是保衛婦女的女神，作為宙斯的正宮，也賦有保護婚
　　姻的力量。荷馬《伊利亞得》將祂描寫成善妒專權、驕傲而且常與宙
　　斯發生衝突。詳見*Der Kleine Pauly*, Bd. 2, S. 1028-31.

204　阿波羅是日神，也是預言、醫療和音樂的神祇，其轄權幾乎遍佈一切
　　領域。

「雅典娜」('Aθηνᾶ/Athena)[205]，「赫發伊斯投斯」('Ήφαιστος/Hephaistros)[206]、「阿雷」("Άρης/Ares)[207]以及其他許多神，我們怎麼講呢？

蘇　我想得梅特拉乃依據「營養的獲得」如母親般，而稱爲：「得梅特拉」。赫拉爲：「某所愛」(ἐρατή τις)，正如宙斯所說，祂一直愛祂；或者，星象學者中，某個設立律法的人隱喻空氣而將祂命名爲：赫拉，藉以把開始當做結束，你會發現這個，如若你把赫拉這名詞說很多次。有許多人害怕「菲瑞法塔」(Φερρέφαττα/Pherrephatta)[208]這名詞，還有「阿波羅」，如此顯得由於不了解名詞的正確性的緣故，因爲把祂變成「菲瑞法塔」來看而令他們覺得可怕。但它的意思只是智慧的神，因爲若祂所觸摸的是變動，以及所能依從以觸摸的只是智慧。這神由於其智慧及觸摸而正確地被稱爲「菲瑞法塔」，或者大約如此，因而有智慧的「哈伊得斯」與祂在一起，因爲祂是如此，現在改變了祂的名詞，由於好聽甚於真而這麼做，因而叫祂爲：「菲瑞法塔」。關於「阿波羅」也是同樣的，正如我所說：許

　　　　　　　　　　　　　　　　　　　　　　c

　　　　　　　　　　　　　　　　　　　　　　d

---

205 雅典娜是宙斯的女兒，祂沒有母親而是從宙斯的頭上生出來，因而是有男子氣概的女神。詳見*Der Kleine Pauly*, Bd. 1, S. 681-686.

206 赫發伊斯投斯是宙斯和赫拉的兒子。祂是地火之神及工藝之神。詳見*Der Kleine Pauly*, Bd. 2, S. 1024-28.

207 阿雷是希臘神話中的戰神，荷馬將祂的意義等同於屠殺或謀殺。詳見*Der Kleine Pauly*, Bd. 1, S. 526-529.

208 在希臘的石刻文中記載的寫法為Persephone，是「冥府的女神」，也是冥王哈伊得斯的妻子。詳見*Der Kleine Pauly*, Bd. 4, S. 647-650.

多人害怕這個神的名詞，以爲祂意指某個可怕的；或者，　　　　e
你不覺得麼？

赫　當然如此，你講得真。

蘇　爲了神的性質設定，這至少，如我所認爲的，是極美的
　　（事）。

赫　怎麼樣呢？

蘇　我將試著解釋我所見到的；因爲沒有一個名詞像這樣意　　405a
　　指神的四個性質，正如用於一切，明顯地以某一方式用於
　　音樂、咒術、醫技及防衛術。

赫　只管說，因爲你對我講名詞是某個不尋常的。

蘇　祂十分合於爲音樂之神。首先即藉著醫技及咒語洗淨，而
　　使之行於醫藥及神方之中，且沐浴滋潤於其中；所有的這　　b
　　些的目的只有一個，即：使人在身體及在心靈有所潔淨，
　　或者不是這樣呢？

赫　當然如此。

蘇　因此，純淨且洗潔的神及洗盡這同樣的惡的（神）是祂麼？

赫　當然如此。

蘇　那麼，由於純淨且洗潔這些同樣的惡，有如醫生，故正確　　c
　　地稱爲：「阿波羅」（ Ἀπολούων/Apollouon ）[209]。但是，
　　由於咒語既真且單一（ ἁπλοῦν/haploun ），因爲這是相同
　　的，正如若它勞人（ Θεττaλοὶ/Thettaloi ）[210]所稱呼祂那樣，

---

209 Ἀπολούων意為：洗淨。

210 希臘半島北端的一支民族。現在的寫法大抵寫做：「 Θεσσαλοὶ 」
　　（ Thessaloi ）。

正確地被稱呼，因爲所有的苔它勞人都叫這個神爲：
「῍Απλουν」（Aploun）[211]。此外，由於祂必定永遠射到目
標，所以是「永遠投擲」（Αειβάλλων/aei ballon）。由於音
樂，必須如此思慮：正如「ἀκόλουθόν」（akolouthon）[212]及
「ἄκοιτιν」（akoitin）[213]中的「ἄλφα」，在許多方面，其
意指相同，在此意爲：「共行」，以及關於天稱爲：「πόλους」
（polous）[214]，關於讚歌中之和諧，稱爲：「συμφωνία」
（symophonia）[215]。而這一切正如那些想理解音樂及天文的
人所主張的：一切同時依某種和諧而行[216]。正如我們把
「ὁμοκέλευθον」（homokeleuthon）[217]及「ομοκοιτιν」「ὁ
μόκοιτιν」（homekoitin）[218]稱爲：「ἀκόλουθον」（acolouthon）
及「ἄκοιτιν」（akoitin），把「ὁμο-」（homo）變成用「ἀ-」
（a）來代替，同樣地用「阿波羅」來稱呼「Ὁμοπολῶν」，
另外再加個「λάβδα」，要不然會產生同名的困難，有如現
在某些人所認爲：由於不能正確地察覺這名詞的性質而害怕
祂，以爲（它）意指某個死的[219]。這個（名詞）在另一方面，如

d

e

---

211 ῍Απλουν意爲：單一。
212 ἀκόλουθόν意爲：跟從。
213 ἄκοιτιν意爲：妻子。
214 Ἀπόλλω與太陽神Helios同義。πόλους意爲：行。
215 συμφωνία意爲：和音。
216 這裡所想的是天體和諧運行。
217 ὁμοκέλευθον意爲：同行者。
218 ὁμόκοιτιν意爲：同眠者。
219 φθοράν：就是毀滅的意思，ἀπολλύμι，參見*Platon Werke, Kratylos*, S. 467, Anm. 54.

前所說，依這神的一切性質而設立：「容易」(ἁπλοῦ/haplon)、
「永遠投擲」(ἀεὶ βάλλοντος/aei ballon)、「洗淨」
(ἀπολούοντος/aploun)及「同行者」(ὁμοπολοῦντος/
homokeleuthon)。「姆薩」(Μούσας/Mousas)[220]以及音樂全
然出於「μῶσθαι」(mosthai)[221]，如人所見，由於尋求以及
愛智而將這個命名為這名詞。「勒投」(Λητώ/Leto)[222]出於
此女神之好意，因為(祂)應某人之所須。或許，如許多外
國人所稱呼的，因為許多人稱呼(祂)為：「Λητθώ(Letho)」，
他們認為：祂並非粗心者而是溫文(ἥμερόν/hemeron)且柔順
(λεῖον/leion)，因為這樣而被稱為：「Λητθώ」。「阿勒苔
密斯」(Ἄρτεμις/Artemis)顯然是：不損毀(τὸ ἀρτεμὲς/art-
emes)及合宜(τὸ κόσμιον/to cosmion)，由於愛其貞操之故，
或許稱呼這個神的人要稱呼祂為：「識德者」；或者，是
因為祂恨與男人共處；或許由於其中之一，或許由於這一
切，設立(名詞)的人給這神設了這個名詞。

b

---

220 Μούσας意為：文藝諸神。姆薩是宙斯和Mnemosyne(記憶女神)的女兒
們。共有以下的姆薩：1. Kalliope：為主姆薩，司弦樂、英雄詩、史詩。
2. Kleio：司歷史和西塔琴。3. Melpomene：司悲劇、輓歌。4. Euterpe：
司管樂。5. Wrato：司歌與舞。6. Terpsichore：司呂拉琴(Lyra，抒情詩
的伴奏樂器)。7. Urania：司天文學。8. Thaleia：司喜劇、交談。9.
Polyhymnia：司男聲、舞蹈、幾何學。詳見*Der Kleine Pauly*, Bd. 3, S.
1475-9.

221 μῶσθαι意為：沈思。

222 Λητώ為化育之神，是宙斯之側室，阿波羅神(日神)和阿勒苔密斯(死
亡女神、弓神)的母親。參見*Der Kleine Pauly*, Bd. 1, S. 618-625.

赫　那麼，「戴奧尼索斯」（Διόνυσός/Dionysos）[223]以及「阿孚
　　容第苔」（'Αφροδίτη/Aphrodite）[224]爲何呢？

蘇　大哉問！希波尼苦斯之子啊！然而關於神的名詞，其陳述
　　方式有認真的（σπουδαίως/spoudeios）以及遊戲的（παιδι- ⟨c⟩
　　κῶς/paidikos），認真的（方式）用來問其它的某些（人）；遊
　　戲的（方式）並不阻礙任何東西行進，因爲諸神也愛遊戲。
　　因爲「戴奧尼索斯」可以戲稱爲：「給酒者」
　　（ὁ διδοὺς τὸν οἶνον/ho didous ton oinon）而名爲：
　　「Διδοίνυσος」（Didoinysos）。酒使那些喝它喝得不多的人
　　思考而有理智（νοῦν ἔχειν/noun echein），因而完全合宜地
　　稱爲：「οἰόνους」（oionous）。關於「阿孚容第苔」，我
　　們不必反對赫西歐得而同意其由海波而生（διὰ τὴν <ἐκ> ⟨d⟩
　　τοῦ ἀφροῦ γένεσιν/dia ten <ek> tou aphrou genesin），故稱
　　之爲：「阿孚容第苔」。[225]

赫　那麼，身爲雅典人，蘇格拉底啊！別忘記「雅典娜」
　　（'Αθηνᾶς/Athena）、「赫發伊斯投斯」（'Ηφαίστου/He-
　　phaistos），「阿雷」（"Αρεως/Areos）。

蘇　當然不會。

赫　絕不。

223　Διόνυσός意爲：酒神。戴奧尼索斯爲希臘人的酒神，根據P. Kretschmer
　　的解釋，他是宙斯的兒子。詳見Der Kleine Pauly, Bd. 2, S. 78-85.

224　'Αφροδίτη意爲：女愛神。阿孚容第苔是希臘神話中的女美神和愛神。
　　根據荷馬的史詩，他是宙斯和狄安娜（Diana，月神）的女兒，愛笑、愉
　　悅且溫柔。詳見Der Kleine Pauly, Bd. 1, S. 425-31.

225　參見Hesiod, Theogonie 195-198.

蘇　因而在祂們之中，有一個名詞不難說明它如何誕生？

赫　怎麼樣的呢？

蘇　我們稱呼祂爲「帕喇大」（Παλλάδα/Pallada）[226]。

赫　怎麼不呢？

蘇　現在，如我所想的，若我們相信這個（名詞）由於戎舞，我　　　e
們應該認爲它設立得正確。因爲祂自己，或者拿別的由地
下往高處舉，或者在手裡搖擺（ὀρχεῖν/orchein）並且晃動　　407a
（ὀρχεῖσθαι/orcheisthai）而稱爲：「πάλλειν」（paillein）以
及：「πάλλεσθαι」（pallesathai）[227]。

赫　當然如此。

蘇　那麼，「帕喇大」也如此？

赫　很正確，那麼，另外那個（名詞）你怎麼講呢？

蘇　那個「雅典娜」的名詞嗎？

赫　是。

蘇　這更困難，朋友啊！似乎只有老人們以及那些懂得荷馬的
人才這麼相信。因爲這些人之中，許多在解釋詩人時，這　　　b
麼主張：「雅典娜」給他知性（νοῦς/nous）及知性之見
（διάνοια/dianoia），而造這個名詞的人像是那些洞察祂的
人，他講這神的智慧甚大，因而講：祂是「智慧之神」

226　Παλλάδα意爲：搖動。依據赫西歐得的《神譜》，Pallas是Titanen族
　　　神，爲Kreios之子，Styx之丈夫，雅典娜之父，後來雅典娜也以父爲名，
　　　稱爲：「Παλλάδα」。參見 *Der Kleine Pauly*, Bd. 4, S. 434-5.

227　πάλλεσθαι意爲：動搖。

(ἁ θεονόα/a theonoa)[228]，像外來語一樣用「ἄλφα」(alpha)來代替「ἦτα」(eta)，並且把「ἰῶτα」(iota)及「σῖγμα」(sigma)去掉。 或許又不如此，卻由於這神所知之神性異於其它的(諸神)而命名爲：「Θεονόα」(Theonoe)[229]；也不排除這個可能，他想替在思想中的智識，正如這個神所是的那般而命名爲：「Ἠθονόη」(Ethonoen)[230]。然後，或者是他自己，或者是某個人爲了好聽而如其所認爲的，稱(祂)爲：「雅典娜」(Ἀθηνάαν)。

c

赫　那麼，「赫發伊斯投斯」(Ἥφαιστος/Hephaistos)如何呢？你怎麼講呢？

蘇　你問那高貴的「聚光者」(識光者)(φάεος ἴστορα/phaeos histora)嗎？[231]

赫　正是。

蘇　這麼樣，豈不是所有的人都很清楚，他是「Φαῖστος」(phaistos)[232]，而「ἦτα」(eta)只是加在前面麼？

赫　或許吧！若如所示，你並沒什麼別的意見的話。

蘇　然而既無意見，就問「阿雷」(Ἄρης/Ares)[233]吧！

228　依據荷馬的讚歌(ⅩⅩⅧ, 4-5)，雅典娜是從宙斯的頭而生的。參見Méridier, *op. cit.,* p. 86, note 1. 譯者謹按，此說出自於荷馬《伊利亞得》第一卷202-203行。

229　Θεονόη意為：神智。

230　Ἠθονόη意為：常智。

231　Hephaistos是火神和工匠的神，這裡將祂描述為光之神，雅典人將她與雅典娜女神一起祭祀。

232　Φαῖστος意為：聚光者。

233　Ἄρης意為：戰神。

赫　我將問。

蘇　那麼，若你願意，「阿雷」是從「ἄρρεν」(arren)[234]及　　　　d
「ἀνδρεῖον」(andreion)[235]而來；或者，也由於他硬而不屈
而被稱爲「ἄρρατον」(arraton)[236]，並且完全合於戰神，
因而稱爲：「阿雷」(Ἄρης)。

赫　誠然如此。

蘇　讓我們別停留在諸神那兒，因爲我害怕談論祂們。如果你
願意談論別的那些呈現在我面前的，直到你見到歐伊梯孚
容(Εὐθύφρον/Euthyphron)的馬如何受訓練爲止。[237]

赫　我卻將要這麼做，但是至少講我問你一個關於「赫勒梅斯」　　e
(Ἑρμῆς/Hermes)[238]的，既然克拉梯樓斯主張：我不是赫摩
給內斯[239]。我們試著考察「赫勒梅斯」以及這名詞的意義，
以便知道這人是否(真的) 講了什麼。

蘇　那麼，「赫勒梅斯」是什麼？這很顯然是某個與語句(λόγος/
logos)有關係；他是譯者、傳信者，並且在言語及交易上　　408a
陰險狡詐，這些事務都是和言語的能力有關。正如我們前
面已經講過[240]：「εἴρειν」(eirein)[241]是言語的使用。另外，

---

234 ἄρρεν意為：男子氣慨。
235 ἀνδρεῖον意為：勇敢。
236 ἄρρατον意為：不動搖。
237 這裡所用的是《伊利亞得》V 221-222的描述法，關於歐伊梯孚容，請
　　參見396d-e。
238 Ἑρμῆς意為：傳譯之神。赫勒梅斯是宙斯和麻亞(Maia)的兒子，為傳
　　譯之神，原始牧歌的來源。詳見*Der Kleine Pauly*, Bd. 2, S. 1069-76。
239 請比較383 b。
240 比較398 d。

像荷馬常講的；(它)是指「ἐμήσατό」(emesato)[242]，這是
(說)「μηχανήσασθαί」(mechanesasthai)[243]。由這兩者，
這神是講話及言語的發明者，「講話」(λέγειν/legein)就是
「說」(εἴρειν/eirein)，因而想使我們以祂爲造律法的(神)
及發明說話的神，人們啊！你們應該正確地稱祂爲：
「Εἰρέμης」(Eiremes)[244]。現在，如我們所見，我們裝飾
這名詞而稱爲：「Ἑρμῆς」。〔此外，「伊理斯」(Ἴρις/Iris)
也是由「說」而得名，因爲祂是個傳信者〕。

赫 以宙斯爲證！那麼，我想克拉梯樓斯講得很好：我不是赫
摩給內斯，我決不是善於創造言語的人。

蘇 而且赫勒梅斯的兒子「潘」(Πᾶν/Pan)[245]是雙重性格，這
很顯然，朋友啊！

赫 怎麼呢？

蘇 你知道言語意指「一切」(即：Πᾶν之意義)，循環且永行，
並且是兩重(意義)的：真與假。

赫 的確。

c

---

241 εἴρειν意爲：說。
242 ἐμήσατό意爲：發明。
243 μηχανήσασθαί意爲：發現。
244 Εἰρέμης意即：發明語言者。
245 Πᾶν意爲：「一切」。潘是赫勒梅斯和Dryops的女兒所生，依據荷馬
    的詩篇：這是不朽者賜給他的名字，因爲他的父親賜與他能看見一切
    的視野。請參閱Méridier, *op. cit.*, p. 88-89, note 3. 另有一說法：潘是赫
    勒梅斯和一位寧菲(Nymphe，意爲：自然中的草木或泉神，可能是三
    眼者Dryops的女兒)的兒子。出生時全身都是毛髮，長著羊角和羊腳，
    據說：祂是造笛之神。詳見*Der Kleine Pauly*, Bd. 4, S. 444-7.

蘇　所以，其「真」既平滑又如神而上處於諸神之中，其「假」
　　下處於眾人之中，既多且難過，正如神話既多且假，乃關
　　於難過的生命。

赫　的確。

蘇　很正確地表示一切(ὁ πᾶν) 及永行(ἀεὶ πολῶν)，因而是
　　「Πὰν αἰπόλος」，赫勒梅斯的兒子雙重性格：上處平滑　　d
　　下處既多且難過。「Πᾶν」(潘)的確是言語或是言語的兄
　　弟，如若他是赫勒梅斯的兒子的話。兄弟看起來就像兄弟，
　　一點也不驚訝。那麼，如我前面講的，親愛的人啊！我們
　　離開那些神吧！[246]

246　〔400d1-408d5〕：「我想……那些神吧！」——這段文字的字源學解
　　釋整理如下：

希臘文	譯文	字源學解釋	字源意義
Ἑστία	爐火女神	οὐσία ἐσσία ὠσία	本質、財富 本質、財富 恆動之有
Ῥέα	瑞亞	ῥῖῦ	流動
Τηθύς	女海神	διαττώμενον καὶ τὸ ἠθούμενον	湧及滴
Ποσειδῶν	海神	ποσίδεσμος	縛足
Πλούτων	財神	ἐκ τῆς γῆς κάτωθεν ἀνίεται ὁ πλοῦτος	財富由地下湧出
Ἅιδης	冥府之神	ἀιδές	不可見、全知
Δημήτηρ	養育女神	διδοῦσα ὡς μήτηρ	如母親般的獲得
Ἥρα	神之王后	ἐρατή τις	(為宙斯)所愛者
Φερρέφαττα	智慧女神	Φερέπαφα =διὰ τὴν σοφίαν κ αὶ τὴν ἐπαφὴν τοῦ φερομένου	以智慧而觸摸變動

題解 1.25：其它諸神：星、宿、辰、年
〔星球與自然現象〕

赫　只就這些，蘇格拉底啊！如果你願意的話，然而關於這些
之中什麼阻礙你貫徹其它的那些，像太陽、月亮、星、地、
以太（αἰθέρος）[247]空氣、火、水、四季以及歲？　　　　　e

蘇　你分派給我那麼多，我願意如同這樣，若是你所樂意的

Ἀπόλλω	阿波羅神	ἀπολύων ἀπλοῦν ἀεὶ βολῶν ὁμοπολῶν	洗淨 單一 永遠投擲 共同
Μούσας	文藝神	μῶσθαι	沉思、（研究）
Λητώ	化育之神	ἥμερόν τε καὶ λεῖον	溫文且柔順
Ἄρτεμις	死亡女神	τὸ ἀρτεμές	不損毀
Διόνυσός	酒神	ὁ διδοὺς τὸν οἶνον	給酒者
Ἀφροδίτη	女愛神	διὰ τὴν <ἐκ> τοῦ ἀφροῦ γένεσιν	由海波而生
Παλλάδα	帕喇大，雅典娜的父親，也是祂的別名	πάλλειν	搖動
Ἀθηνᾶ	雅典娜	ἁ θεονόα	智慧之神
Ἥφαιστος	火神	φάεος ἵστορα	聚（識）光者
Ἄρης	戰神	ἄρρατον	不動搖
Ἑρμῆς	傳譯之神	εἴρειν, ἐμήσατό Εἰρέμης	說、發明 言語的發明
Ἴρις	女的傳譯之神	εἴρειν	說
Πᾶν	潘，牧羊神	Πᾶν αἰπόλος	一切永行

247　αἰθέρος意為：「恒行」。

話。

赫　很樂意。

蘇　首先你想要什麼？或者如你所說的，我們由太陽開始嗎？

赫　的確。

蘇　現在，若用「都里寇斯」（Δωρικοò)的話來說這名詞，因　409a
　　為都里寇斯人稱之為：「ἅλιον」，顯然會更清楚些；「ἅλιον」
　　是因為太陽昇起時，在某個地方聚合(τò ἁλίζειν)人們；或
　　者因為它永遠繞地而行，顯然在行時，由地而產生一些光
　　彩(ποικίλλει)，而光彩等於裝飾(αἰολεῖν)。

赫　那麼，月亮如何呢？

蘇　這個名詞顯然為安納克撒勾拉斯所致力的。

赫　如何呢？

蘇　它很顯然明指那較舊的，亦如那人最近所說的：月亮從太　　b
　　陽處而有光。[248]

赫　怎麼呢？

蘇　「月亮」[249]與「光」[250]大抵相同。

赫　是。

蘇　這環繞月亮的光大抵永遠既新且舊，如若安納克撒勾拉斯
　　所講的為真，因為（太陽）永遠那樣環行而永遠投射新的

248　這裡所說的理論也用來描述Thales，參見*Platon Werke, Kratylos*, S. 477,
　　　Anm. 62. 此外，根據Plutarch, *De Placitis Philosophorum*, II, 27，將此談
　　　論附屬於Thales及其學派。請參見Méridier, *op. cit.,* p. 89, note 1.

249　「月亮」意即：σέλας。

250　「光」意即：φῶς。

（光）給它，那舊的（光）乃爲前一個月所有。[251]

赫　的確。

蘇　至少有許多人稱它爲：「Σελαναίαν」[252]。

赫　的確。

蘇　這麼樣它永遠有新的和舊的光亮，因而其名詞最正確應該稱爲「Σελαενονεοάεια」，合起來稱它爲：「Σελαναία」。　　c

赫　這是個用於歌頌酒神（Διθυραμβός）[253]的名詞，蘇格拉底啊！那麼，月份及星你怎麼講呢？

蘇　月份（μεὶς）是由「蝕晦」（μειοῦσθαι）而來，其正確地應該稱爲「μείης」。星（ἄστρα）顯然由閃光（ἀστραπῆς）而得名。而「ἀστραπῆ」是使眼睛上看，亦即「ἀναστρωπὴ」[254]；現在，爲了好聽而稱之爲：「ἀστραπή」。

赫　那麼，火（πῦρ）和水（ὕδωρ）如何呢？

蘇　我受困於火；或者恐怕我得使離開歐伊梯孚容的「教導」[255]（μοῦσα）；或者，這真的是某個很難的。且看我如何掌　　d

---

251　安納克撒勾拉斯是第一個主張月亮得光於太陽的人，然而依據Plutarch，Nikias 23的記載，他的學說在當時（西元前5世紀）只是密傳的，只有極少數人相信。請參見Méridier, op. cit., p. 89, note 2.

252　Σελαναίαν意爲：新及舊的光。這個文字的形式可見於Aristophanes的《雲》（Nuée）。請參見Méridier, op. cit., p. 89, note 3.

253　這是抒情詩（Lyrik）歌隊所唱出來的詩歌，這個名詞的字源並不是希臘文。Διθυραμβός與酒神的關係十分密切，Archilochos是這種詩歌的先河，尼采在《悲劇的誕生──出自音樂的精神》一書中，以Archilochos作爲悲劇誕生的酒神藝術精神的代表者。

254　ἀναστρωπὴ意爲：使眼睛向上看。

255　比較396d-e。

握到所有的那些我所受困的。

赫 如何呢？

蘇 我問你，祇要回答我；你能說火是用什麼同樣的方式來稱呼嗎？

赫 以宙斯爲證，我不。

蘇 且看我所想到關於它的。我只這麼想，希臘人以前和外國 　e
人住得近，有許多名詞由外國人那兒得來。

赫 那又如何呢？

蘇 若有人想依照希臘音而尋找這（名詞）如何設立，而這個名詞卻不依那（希臘音）而來，你知道它將遭到困難。

赫 非常顯然。

蘇 現在，看看「火」這個名詞否是外來語。這個名詞一方面 　410a
不容易與希臘音相應合，另一方面顯然如此稱呼（它）。福
呂給斯人（Φρύγες）略做更變來稱呼（它）；以及「ΰδωρ」
256，「κύνας」257以及還有許多其它的（名詞）。

赫 是這樣。

蘇 這樣的不須要勉強，不然有人能說些關於它們的。因而我
放棄（解釋）火和水。然而「ἀήρ」258，赫摩給內斯啊！因 　b
爲它由地所含攝而稱爲：「ἀήρ」，或者，因爲它永遠流
動呢？或者，因爲氣息是出乎其流動時而產生的呢？由於
詩人們稱氣息爲「ἀήτας」；或許把它講成「ἀητόρρουν」，

---

256 ΰδωρ意爲：水。

257 κύνας意爲：犬。

258 ἀήρ意爲：空氣。

如果應該講得像「πνευματόρρουν」（由此他正想這麼講：由於是空氣）。關於以太（αἰθέρα）我這麼認爲：由於它隨著空氣流動而永恆地流動，正確地應該稱爲「ἀειθεὴρ」。若某人把地名爲：「γαῖα」（該亞），則其所意指的較好，如荷馬所說，「γαῖα」正確地應該稱爲「γεννήτειρα」[259]；因爲「γεγάασιν」是講已生。好了！，這個之後，再來是什麼呢？   c

赫　季節（ˇΩραι），蘇格拉底啊！年時（ἐνιαυτὸς）及年（ἔτος）。

蘇　若想明白得恰當，季節應該像舊雅典話那樣說：因爲季節是藉由分別寒暑、氣息與果實，這些由地而出，分別之故而應稱爲：「ὅραι」。年時（ἐνιαυτὸς）及年（ἔτος）恐怕是（同）一個。因爲生成及變化在其每一個部分都向光而且由自己長出來；這就像我們已分析「Διὸς」這名詞有兩個名詞；有些人稱祂爲：「Ζῆνα」，而有些人稱祂爲「Δία」，同樣地，在這裡，有些人稱它爲：「ἐνιαυτόν」，因爲在自己中，有些人稱祂爲「ἔτος」，因爲它分序；整句話是「ἐν ἑαυτῷ ἐτάζον」（在自己之中分序），這兩重地加諸於一萬有，因而產生兩個名詞：「ἐνιαυτόν」及「ἔτος」，出乎一句話。   e

赫　蘇格拉底啊！你實在進了一大步。

蘇　我想我顯然還要更精進於智慧。

赫　誠然如此。

---

259 γεννήτειρα意爲：生育者。

蘇　等一會兒，你更會這麼講。[260]

題解1.26：人的行為及價值的相
題解1.261：品德
　　　　　〔道德概念〕

赫　那麼，在此相之後，我樂於觀察那些美麗的名詞，如何設　411a
　　立正確性於其中，那些關於品德的，像「實踐之智」
　　（φρόνησίς）[261]、「理解」（σύνεσις）[262]、「正義」（δικαιοσύνη），
　　以及其它所有關於這類的。
蘇　你所提起的，朋友啊！不屬於一般種類的名詞。我曾經翻

260　〔408d6-410e5〕：「只就這些……這麼講」——這段文字所討論出的
　　字源學解釋整理如下：

希臘文	譯文	字源學解釋	字源意義
ἅλιος	太陽	τὸ ἁλίζειν	聚合
σέλας	月亮	Σελαενονεοάεια	新的和舊的光合起來
μεὶς	月份	μειοῦσθαι	蝕晦
ἄστρα	星星	ἀστραπῆς	閃光
		ἀναστρωπή	向上看
ἀὴρ	氣	ἀήτας	氣息
αἰθέρος	以太	ἀειθεὴρ	永遠流動者
γαῖα	地	γεννήτειρα	生育者
ἔτος, ἐνιαυτὸς	年、年時	ἐν ἑαυτῷ ἐτάζον	在自己中分序

261　φρόνησίς意為：隨流智。
262　σύνεσις意為：合心智。

　　獅皮卻不該恐懼[263]，正如所見，然而應該研究「實踐之智」、
　　「理解」，「認識」（γνώμη）及「知識」（ἐπιστήμη）以及
　　其它你講的所有美麗的名詞。　　　　　　　　　　　　　　　b

赫　誠然如此，我們不應先放棄。

蘇　對！以犬爲誓，我想我先前所猜測的不差，如在我心中的
　　[264]，那些古老的人，他們設立所有的名詞，正像現在許多
　　有智慧的人，由於必須經常而且同樣地徘徊於窮究事物之
　　行，因而他們一直頭暈目眩，覺得事物宛如環行而整個變
　　動。他們尋找這種怪現象的原因，不由他們自己所感覺的　　c
　　而由事物自己，如其所生性，它們沒有一個停留而恆定；
　　相反地流動，運行，所有的都永遠地生滅變化。我所指的
　　是我現在所想的一切名詞。

赫　怎麼會這樣呢？蘇格拉底啊！

蘇　或許你還不明瞭前面所說的一切，名詞的設立乃依據事物
　　運動，流變而且生滅的緣故。

赫　我一點都不能理解。

蘇　首先，那些我們先說的完全都像這些那樣。　　　　　　　d

赫　怎麼樣呢？

蘇　「實踐之智」[265]可以視爲變動之用，因爲它是思想的流變，

263　這裡所引用的是《伊索寓言》中的故事，驢對獅子皮有所恐懼。參見
　　O. Apelt, *a. a. O.,* S. 143, Anm. 94.

264　比較401 d；402 a

265　「φρόνησις」這個字的字源由「ὄνησις」和「φορᾶς」二個字組成。亞
　　理斯多德在*Ethiica Nicomachea* 1140b11提出相同的字源學解釋。

因而與變動有關。若你願意，「認識」（γνώμη）顯然完全
地指明對生長者的觀察（σκέψις）及心知（νώμησις）；因為觀
察（σκοπεῖν）及心知（νωμᾶν）是相同的。若你願意，「理性
活動」（νόησις）自身求取新的，而新的是意指永恒變動　　　　e
的事物。心靈依據這個而觀看，使設立「理性活動」（νόησις）
這名詞的人明瞭。因為「理性活動」稱呼並不古，用兩個
「εἶ」來代替「ῆτα」而成「νοέεσις」。「慎思」（σωφροσύνη）
顯然是保有我們所考察的，而為「實踐之智」。「知識」　　412a
（ἐπιστήμη）意指：合言語的心靈如事物變動，既不落後也
不超前；因而須要丟去「εἶ」而命名為：「ἐπιστήμη」。此
外，「理解」這樣顯然像是聯句（συλλογισμὸς）一般；若某
人講到「理解」，他所講的與所知道的完全並行，因為他講：
「συνιέναι」，意為：心靈與事物共行。此外，「σοφία」　　　b
（智慧）[266]，這有點不清楚而且奇怪；但是只須回想起詩人
們，他們講關於所有快且幾乎不可見的動而叫它為「ἐσύθη」
[267]。有一個著名的斯巴達人（Λακωνικῷ）叫做「Σοῦς」，
因為斯巴達人用這（名詞）來稱呼快速的動。因此，「智慧」
的意義為：變動的附著，如事物而變動。與此相同地，「善」
（ἀγαθόν）這個詞乃因其整個本性意指「羨慕」（ἀγαστῷ）
而設立這名詞。因為若事物皆行，而其中有些快，有些慢　　c
，並非所有的而只有（快的）那些令人「羨慕」。這些令人

---

266 σοφία，智慧，意為：附著於變動。
267 ἐσύθη意為：揚。

「羨慕」的是以命名爲：「ἀγαθόν」。「Δικαιοσύνη」[268]，
甚易於了解，這名詞是指合於正義之心智(ἐπὶ τῇ τοῦ δικαί-
ουσυνέσει)，而「正義」(δίκαιον)[269]一詞自身甚難。由於人
們這麼看，關於某個事情大家能同意，此外便有爭執，因　　　d
爲這些人認爲，它(即：δίκαιον)不是別的，只是行走，一切
事物藉此而通過另一處，因而萬物依其變化而變化。它必須
是最快的而且最薄，因爲假使它不是最薄的，它就無法通過
萬物(διὰ τοῦ ὄντος ἰέναι παντός)，因而沒有人能捕抓住
它，同時它又是最快的，因而其他的對它而言像靜止的。因
此，它通過其他一切(διαϊόν)而引導它們。因而，這名詞正
確地叫做「δίκαιον」，因爲κ的聲音好聽而在「διαϊόν」　　　e
中加入「κάππα」。至此，如我剛才所說的，大多數所同
意的「δίκαιον」；而我自己呢？赫摩給內斯啊！關於它我　413a
這麼渴望，一切在所遭受的困難之中而爲人所仔細研究，
並且它既是「τὸ δίκαιον」，又是因(αἴτιον)。——因爲某
個事物藉著某某而誕生，這個某某是因而有人私下跟我講
它因此而被正確的命名。假使我一點也不繼續追問我從他
們那所聽到這些：

至善者啊！究竟什麼是「δίκαιον」，如果它這麼樣的？

---

268 Δικαιοσύνη，或許可以譯爲正義之心相。
269 δίκαιον，形容詞及中性名詞，指涉行爲。

那麼，他們會認爲：我繼續追問乃當然之事而且逾越出其
所觀察之外。因爲他們想，我已經有足夠的經驗（聽人講）　　b
，而且試著使我厭飽，因而每個人講得不一樣，並且互相
不一致。有個人講：「正義(δίκαιον)是什麼？是太陽，因
爲太陽通過一切而導引方向而給與萬物方向」，我聽到此
說之後，非常高興，以爲聽到美好的事物[270]，因而告訴另
一個人，這人聽完之後，嘲笑我，並且問，我是否相信，
太陽下山之後，在人群之中並無任何一個是「正義」。　　　c
因而我再一次渴望，他告訴我什麼是「正義」？他說：義
是火，這不是簡單地可理解。另一個人說：它不是火自身，
而是火之中所藏的熱。另外有個人說：所有的這些主張在
他看來很可笑，他贊同安納克撒勾拉斯[271]所主張「正義」
是νοῦς[272]。他說：因爲它是自治的，而且毫不與別的混合，
它通過一切，因此，它使一切事物有次序。至此，朋友啊！
我陷入比先前我試嘗理解到的一切事物有次序。至此，朋
友啊！我陷入比先前我嘗試理解到的——究竟什麼是「正
義」？——更大的困境中，但是我們現在因此而研究，　　　d
這個名字（即指「正義」）似乎對他而言是因爲這個緣故而
設立。[273]

---

270 根據 *Kratylos* 384a8-b1：「有句老話說：『美好的事物難以學習其如何
　　行爲。』」
271 H. Diels, *Fragmente der Vorsokratiker*, I, 304, 47 ff.
272 νοῦς 即所謂的「知性」，離開變動及經驗的知識能力。參見Anaxagoras,
　　Fr. B12-14.
273 依據19世紀的印歐比較字源學研究，「δίκαιον」這個字和「方向」、

赫　我想，蘇格拉底啊！你從某人那兒聽到這些而不太快下斷言。

蘇　不然有別的什麼嗎？

赫　當然不。

蘇　聽著！然而或許我能與你走完那些剩下來的；講那些不是聽來的。那麼，在「正義」(δίκαιον)之後，我們剩下什麼呢?「勇敢」(ἀνδρεία)，我想我們尚未經過。因爲「不義」(ἀδικία) 明顯如是地阻礙(我們)通過，「勇敢」的意義由在爭鬥中　　　　e 而得名爲：「勇敢」；爭鬥是在事物中，若(事物)變動，則將無非是相反的變動；只要有人把「δέλτα」從「勇敢」(ἀνδρεία)之中拿出來，他將察覺這名詞成爲「相反地動」(ἀνρεία)。明顯地，並非所有相反地動都是勇敢，而只有　414a 爲了正義而動，因爲若不(如此)，不值得讚許爲「勇敢」。「男子氣慨」(ἄρρεν)及「男人」(ἀνήρ)大概也像這樣，(意爲)向上游動。　「女人」(γυνή)我想所意指爲：育子 (γονή)。「婦人」(θῆλυ)顯然是由「乳」(θηλή)而得名；而「乳」，赫摩給內斯啊！製造乳汁有如受飲者。

赫　可以這麼認爲，蘇格拉底啊！

蘇　那麼，我認爲「茂盛」(θάλλειν)[274]取象於青年的增長，既

「指向」、「天之向」有關，因而從事這樣的活動即賦予了正確使用、恰當、合宜等意義。其最原始的意義可能是明智(Weisung)、已知者(das Gewiesene)皆用於指明(zeigen)。詳見 Leo Meyer, *Handbuch der Griechischen Etymologie*, Bd. 3, S. 193-4.

274 θάλλειν意爲：發育。

快且急，像這樣，這名詞如此模仿，由「趕快」(θεῖν)及　　　b
「跳躍」(ἅλλεσθαι)合一而得名。但是，如你不檢查我，
正如我將出乎道路而行，若我行至路滑處。再者，我們還
剩一堆顯然有價值的名詞。

赫　你講得真。

蘇　其中有一個是「技藝」(τέχνη)，應該看看它意指是什麼？

赫　當然如此。

蘇　那麼這個的意義是：擁有知性(ἕξιν νοῦ)，若你把「ταῦ」
去掉而在「χεῖ」，「νῦ」[275]及「ἦτα」之間加進「οὖ」話　　c

赫　非常須要如此[276]，蘇格拉底啊！[277]

275　〔τοῦ νῦ καὶ〕是Stephanes所增補的讀法。
276　請比較本篇對話錄435c。
277　〔411a1-415a2〕：「那麼……蘇格拉底啊！」——這段文字所討論出
　　的字源學解釋整理如下：

希臘文	譯文	字源學解釋	字源意義
φρόνησίς	實踐之智	ὄνησιν ὑπολαβεῖν φορᾶς	思想掌握流變
γνώμη	認識	γονῆς σκέψιν καὶ νώμησιν	生長的觀察及心知
νόησις	理性活動	τοῦ νέου ἐστὶν ἕσις	求取新的
σωφροσύνη	慎思	δὲ σωτηρία οὖ νυνδὴ ἐσκέμμεθα, φρονήσεως	實踐之智之保有
ἐπιστήμη	知識	ἑπομένης τῆς ψυχῆς τῆς ἀξίας λόγου	合於言語價值之心靈的言說
σύνεσις	合心智	συνιέναι	共行
σοφία	智慧	φορᾶς ἐφάπτεσθαι	附著於流變
ἀγαθόν	善	ἀγαστόν <τοῦ θοοῦ>	羨慕「行」
δικαιοσύνη	正義之心相	ἐπὶ τῇ τοῦ δικαίου συνέσει	合於正義之心智
δίκαιον	正義	διαϊόντα	通行

題解1.262：字母變化的中介

蘇　好友啊！你不知道原始的名詞都已經溶釋，由於想悲劇
　　（美）化它們而更動字母，為了好聽而去掉（字母），完全改
　　變，以及由於要優美，還有由於時間。因而在「κατόπτρῳ」
　　（鏡子）裡加進了「ρῶ」，你卻不覺得荒謬？而我想這麼做
　　的人一點也不顧及真（假），而只理會聲音，因而許多加入　　d
　　到原始名詞裡，最後，造成沒有任何一個人能再理解名詞
　　究竟想說什麼。就像「Σφίγγα」代替「φικὸς」而稱為：
　　「Σφίγγα」，以及其它許多。

赫　這正是如此，蘇格拉底啊！

蘇　若某人依其所願地讓名詞裡增添或減少（字母），那將很容
　　易使所有的名詞與所有的事物相應合。

赫　你講得真。　　　　　　　　　　　　　　　　　　　　　e

蘇　真得如此。那麼，我想須要合宜地注意並且恰當地了解智
　　慧（即：知識）。

赫　我的確願意。

ἀνδρεία	勇敢	ἀνρεία		相反地動
ἄρρεν	男子氣概	ἄνω ῥοῇ		向上游動
ἀνὴρ	男人	ἄνω ῥοῇ		向上游動
γυνὴ	女人	γονή		育子
θῆλυ	婦人	θηλὴ		乳
θάλλειν	發育、茂盛	θεῖν καὶ ἄλλεσθαι		趕快且跳躍
τέχνη	技藝	ἕξιν νοῦ		擁有知性

蘇 我也和你一樣願意，赫摩給內斯啊！然而請勿說得太精　　415a
　　確，如神者啊！

　　莫奪我勇哉[278]。

題解1.263：描述人之行為價值的表達

蘇 我正講到最精彩的地方，若我們在「技藝」之後，將研究
　　「工巧」（μηχανὴ/geschick）的話，我想「工巧」的意思就
　　是：「帶得多」（ἄνειν ἐπὶ πολὺ），因為「μήκους」的意思
　　是：「多」（πολὺ）；由「μήκους」與「ἄνειν」兩個字湊合
　　而設立「μηχανή」這個名詞。然而如前所講，我們直往最
　　精彩的地方講，因而想研究「品德」（ἀρετὴ）與「惡」（κακία）
　　這些名詞。其中一個我還沒明白，另一個對我來講很清楚　　b
　　，至少到現在都一致。因為所有事物都行動，故「惡」是
　　一切依惡的方式而行，這大部分是在心靈之中，惡行於事
　　物，因而這整個名詞為「惡」。依惡的方式而行為究竟是
　　如何？我想顯然也在「懦弱」（δειλία）中，這（意指：懦弱）

---

278 Homer, *Ilias* VII 265.
　　〔414c4-415a2〕：「好友啊……勇哉。」——此段討論的問題似乎在
　　前面已經有許多地方談論過了，但是它與前面的情況略有不同。蘇格
　　拉底顯然對增加或減少字母而表達相同的事物本性或擁有名詞的正確
　　性有所懷疑，他認為有些名詞增減音是合宜的，而有些則不合宜，乃
　　因其不適當地增減而不符合事物本性的緣故。

我們沒經歷過就跳過去了；儘管我們應該在「勇敢」[279]之　　　c
後研究它，而且我想我們還有很多都跳過去了。「懦弱」
的意思：是心靈大抵受到束縛，因爲「λίαν」是某個綁的，
過份束縛的心靈是懦弱；因而無法行動（ἀπορία）而爲惡，
以及一切，如人所見，阻礙行走及行動的。因此，依惡的
方式而行爲明顯是指：受到束縛及阻礙而行動，心靈因有
此而產生大惡。若「惡」是因此而有這個名詞，則相反於
此，「品德」的第一個意思是易行（εὐπορία），正因一個　　　d
善的心靈永遠脫離束縛，故無縛無礙地永遠流動，以此而
命名，如人所見，而有此名詞。正確地應該稱爲「ἀειρείτη」
（永遠地流動著），或許是講：「αίρετὴ」[280]，正如它（意指：
心靈）擁有的最優先的，合起來才稱爲：「ἀρετή」。或許
你會說我矯造；但是我主張：若我前面對「惡」的解釋爲
正確的話，那麼，這名詞「品德」也必須是正確的。　　　　e

赫　那麼「κακόν」這個名詞呢？先前你對它做了許多解釋，　　416a
　　你怎麼思想這個名詞呢？

蘇　以宙斯爲證，我想（它）荒謬且難以說明，因此，我要用那
　　種「工巧」。

赫　那（是）什麼樣的呢？

蘇　這應該說是外國的（工巧）。

赫　這樣說顯然很正確。那麼，若你認爲這些就任其如此，那

279　請比較本篇對話錄413d-e。
280　αίρετὴ意即：先取得。

我們就試著觀察「美」(καλὸν)及「醜」(αἰσχρὸν)，看(它們)是如何好的話語。

蘇　現在，顯然我明瞭「醜」的意指；因為這和前面的相一致，亦即：我認為設立名詞的人完全醜化受到束縛及阻礙的流動事物；現在，因為「永遠受到束縛的流動」而將這名詞設立為：「ἀεισχοροῦν」，轉而合稱之為：「αἰσχρὸν」。　　　　b

赫　那麼，「美」如何呢？

蘇　這非常難以得知。它只是講和諧，並且把「οὖ」(的音)變成長的。

赫　怎麼呢？

蘇　這名詞顯然是為「理智」(διανοία)[281]而命名。

赫　你怎麼講呢？

蘇　且看，你認為什麼是每個事物有稱呼的原因呢？那豈不是　　c
名詞的設立嗎？

赫　全然如此。

蘇　而且「理智」是神所有的，或者人所有的，或是兩者麼？

赫　是。

蘇　因而稱呼事物與「美」是同一個，(是)理智嗎？

赫　顯然是。

蘇　因而那些知性與理智所做成的那些被讚美的，不是的則被責難？

赫　誠然。

---

281 διανοία，依νοῦς之作用而知者。

蘇　一如醫技所做成的是健康的，而建築技術所做的是建築麼　　d
　　？或者你怎麼講呢？

赫　我如此（講）。

蘇　美的則美？

赫　必定如此。

蘇　我們所主張的，這是理智？

赫　誠然。

蘇　因此，「美」正確地以「理智」而得以命名，其所做出來的
　　也如此，被叫作：「美」，正如所言而爲吾人所讚美。[282]

赫　顯然是。

蘇　那麼，在這些之中，我們還剩什麼呢？　　　　　　　　　　e

赫　那些與善、美相同的：「有益」（συμφέροντά）、「合目　417a
　　的」（λυσιτελοῦντα）、「有用」（ὠφέλιμα）、「多穫」
　　（κερδαλέα）以及其它和這些相反的。

蘇　然而「有益」你可以由前面的就找到，若你研究的話；因
　　爲它顯然與「知識」（ἐπιστήμη）是兄弟。它的意指不外乎
　　是：心靈跟隨事物而同時變動，由於這樣行爲，從「跟隨
　　繞著而變動」（συμπεριφέρεσθαι）而稱爲：「συμφέροντά」

282　「καλòν」這個字的字源學討論似乎過於冗長，而從譯文的行文間不容
　　　易理解蘇格拉底的想法，這當然牽涉到希臘文的文字間所存在的意義
　　　關係不存在於漢語之中。若我們用其他的語言來表述漢語，也會出現
　　　同樣的困境。因而必須注意這個字的字源意義何在。蘇格拉底的意思
　　　是：「καλòν」和動詞「καλέω」（稱呼）有關，而且他指出只有合乎知
　　　性內容的稱呼配稱爲：「καλòν」。因而合乎知性的意義，如前所說，
　　　是和諧的，所以，將「καλòν」解釋爲：「ἁρμονίᾳ」（和諧）。

及「σύμφορα」。

赫　如人所見。

蘇　「多穫」(κερδαλέον)由「穫」(κέρδος)而來，用「νῦ」　　　　b
　　代替「δέλτα」，放到這名詞裡就顯出其意圖。而(它)是
　　善(ἀγαθὸν)，卻依照別的方式來命名。它極欲進入一切之
　　中與之合一，命名它這樣的性質而設立其名詞；「δέλτα」
　　代替「νῦ」放入其中而叫做：「穫」(κέρδος)。

赫　那麼，「合目的」(λυσιτελοῦντα)如何呢？

蘇　赫摩給內斯啊！這看來決不像小販所用的，若入能敷其所
　　出，我想「合目的」不這麼講，而是由於事物之最快速者　　c
　　不許站立，或變動不許有最終站立及停止不動；而指若一
　　達到目的，則它(意指：變動)將解消，因而它(意指：變動)
　　隨行不滅不止，因此，我想這所主張的是：善爲合目的。
　　因而「解消變動即目的」稱爲：「合目的」。「有用」(ὀφέλλειν)
　　只是個外來的名詞，而荷馬也曾多次使用(這樣)「有用」；
　　這由增多及做而得命名。

赫　那些與這些相反的我們要如何呢？　　　　　　　　　　　d

蘇　那些只是現在所說的否定，如我所認爲的，一點也不須要
　　經由那些。

赫　那些什麼樣的？

蘇　「無益」(αξυμφεροντα)、「無用」(ἀνωφελὲς)、「不合
　　目的」(ἀλυσιτελὲς)及「不穫」(ἀκερδές)。

赫　你講得真。

蘇　然而「危險」(βλαβερόν)及「阻礙」(ζημιῶδες)。

赫　是。

蘇　這「危險」講的是「傷及(βλάπτον)流變(ῥοῦν)」；而「　　　e
　　傷及」意爲：「想要抓住」(βουλόμενον ἅπτειν)；「抓住」
　　(ἅπτειν)與聯結同一。想要抓住流變應該是
　　「βουλαπτεροῦν」。我認爲：爲了美化而稱爲：「危險」。

赫　蘇格拉底啊！這些名詞你發揮得很精彩。現在，我覺得你
　　把雅典的律法[283]當做先行討論的題材很對，如你前面所說　418a
　　的名詞「βουλαπτεροῦν」。

蘇　絕非因爲我，赫摩給內斯啊！而是那些名詞的設立者。

赫　你講得真。然而「阻礙」應該是什麼呢？

蘇　「阻礙」究竟應該是什麼呢？且看，赫摩給內斯啊！如我
　　講得真，當我講：因爲增加及減少字母而改變了對名詞的
　　理解，那樣只要稍稍有一點更變時，就造成相反的意義。　　b
　　譬如在「合宜」(δέον)；因爲我已經留意到它，而記起來
　　先前我應該要跟你說的：我們用新的語音去稱呼相同的與
　　相反的而倒轉「合宜」及「阻礙」的意指，因而已不明白
　　其所意指；而舊的(語音)能顯出這兩者的意圖。

赫　你怎麼講呢？

蘇　我問你，你知道我們的舊(語音)常常喜歡用「ἰῶτα」及
　　「δέλτα」，特別是婦人，她們最常保留古老的語音。現　　c
　　在，把「ἰῶτα」變成「εἶ」或「ἦτα」來代替，而「δέλτα」

283 所指的是對阿波羅的歌讚——放在前面被歌頌，其與雅典娜女神之關係不明。參見*Platon Werke, Kratylos*, S. 503, Anm. 72.

改用「ζῆτα」；以爲那樣比較大方。

赫　如何？

蘇　譬如有些很老的人稱日子（ἡμέρα）爲：「ἱμέρα」，另外一
　　些則（稱它爲）：「ἑμέρα」，現在的人（稱它爲）：「ἡμέρα」。

赫　是這樣。

蘇　你知道這古老的名詞僅表示所設立之意；因爲由黑暗見著
　　光使人愉快（ἀσμένοις）且爲人所希求（ἱμείρουσιν），因此　　　d
　　而命名爲「ἱμέρα」。

赫　顯然。

蘇　現在弄得壯麗些，使你一點也看不出來「ἡμέρα」的意圖
　　爲何？像有些人想的：「ἡμέρα」使相聚，它因爲這個原
　　故而命名成這樣。

赫　我想是。

蘇　你知道「軛」（ζυγὸν），老年人稱之爲：「δυογὸν」。

赫　當然。

蘇　這「軛」一點都不清楚，「δυογὸν」由於使兩隻獸同軛以
　　牽引，因而正確地被命名。此外，還有許多也如此。　　　　　e

赫　顯然。

蘇　根據這些，若這麼講，前面這個「δέον」意指與所有關於
　　善的名詞的相反者，因爲儘管「δέον」是善的相，卻顯得
　　是變動的束縛及阻礙；正與「危險」同源。

赫　真的顯然如此，蘇格拉底啊！

蘇　那麼，若不用那些設立的比現在還正確的古老名詞，那麼，
　　我們應意指前面的那些關於善的，如果你像舊的那樣用　　419a

「ἰῶτα」來取代「εἶ」；因爲「行透」(διϊὸν)的意義正不是「合宜」(δέον)而是「善」(ἀγαθὸν)。如其所贊美的。因而設立名詞者他自己並不反對他自己，而「合宜」、「有用」(ὠφέλιμον)、「合目的」、「多穫」、「善」、「有益」，以及「易行」(εὔπορον)[284]顯然爲同一的。亦即那些能貫澈及穿透一切的意指受到讚美，而停止及固著的受抱怨。因而若你用古老的語音，以「δέλτα」來代替「ζῆτα」，則你想設立「阻礙」這個名詞意指「行動受束縛」(ἐπὶ τῷ δοῦντι τὸ ἰόν)，用以命名「阻礙」。[285]

---

284 εὔπορον意爲：好行。
285 〔415A3-419B4〕：「我正……阻礙」──這段文字所討論出的字源學解釋整理如下：

希臘文	譯文	字源學解釋	字源意義
μηχανὴ	工巧	ἄνειν ἐπὶ πολὺ (μήκους)	帶得多
κακία	惡	κακῶς ἰὸν	以惡而行
δειλία	懦弱	δεσμὸς οὖν ὁ λίαν καὶ ὁ μέγιστος	心靈有束縛及阻礙
ἀρετή	品德	εὐπορία	易行
		ἀειρείτη (ἀεὶ ῥέον)	永遠流動
		αἱρετὴ	先取得
αἰσχρὸν	醜	ἀεισχοροῦν	永遠受到束縛的流動
καλὸν	美	καλεῖν διάνοια = ἁρμονία（筆者依據文意而補出）	以理智而稱呼＝和諧
συμφέρον	有益	συμπεριφέρεσθαι	跟隨繞著而變動
κερδαλέον	多穫	κέρδος, κεράννυται ἐς πάντα = ἀγαθὸν	獲及進入一切＝善
λυσιτελοῦν	合目的	τὸ γὰρ τῆς φορᾶς λύον τὸ τέλος	解消變動(即)目的
ὠφέλιμον	有用	αὔξειν καὶ ποιεῖν	增多及做

b

題解1.264：聲音所表示及其心靈之先行條件

赫 那麼，什麼是「樂」（ἡδονὴ）、「苦」（λύπη）、「隨心所欲」（ἐπιθυμία）呢？蘇格拉底啊！

蘇 這我覺得不很難，赫摩給內斯啊！「樂」想來是求取享受（ὄνησις）而有此行爲之名詞——將「δέλτα」拿掉，由於用「樂」（ἡδονὴ）代替「ἡονῆς」來稱呼。「苦」看來是由身 c
體的解消而得其名，在其中，身體有所感受。「無趣」（ἀνία）意即：「阻礙行動」。「痛」（ἀλγηδών），我認爲是個外來的（名詞），由「ἀλγεινοῦ」而得名。「悲」（ὀδύνη）看來是由於掉入「苦」中而得名。大家都明白「病」（ἀχθηδών）這名詞是表示負擔變動的重量。「愉快」（χαρὰ）顯然是心 d
靈流動無礙易行而得名。「滿足」（τέρψις）由「足夠」（τερπνὸν），而「足夠」由心靈緩行如風之徐來而得名；正確地應稱爲：「ἔρπνουν」，以時間之故而變作：「足

ἀ（或 ἀν）+名詞	非	ἀπόφησιν	否定
βλαβερόν	危險	τὸ βλάπτον τὸν ῥοῦν βουλαπτεροῦν	傷及流動 想要抓住流動
βλάπτον	傷及	βουλόμενον ἅπτειν	想要抓住
ζημιῶδες	阻礙	ἐπὶ τῷ δοῦντι τὸ ἰόν	行動受束縛
ἡμέρα	日子	ἀσμένοις τοῖς ἀνθρώποις καὶ ἱμείρουσιν ἐκ τοῦ σκότους τὸ φῶς ἐγίγνετο	「因爲……希求」

夠」（τερπνòν）。「善思」（εὐφροσύνη）[286]先不須要述及
其來源，因爲所有的（人）都明白，它是由於心靈善於追隨
事物運動而得名；正確應該稱爲：「εὐφεροσύνη」。
「ἐπιθυμία」（心所欲）並不難，這名詞這麼稱呼顯然是因
爲它是驅使心靈的能力。「心」（θυμòς）乃由心靈的速變　　e
（θύσεως）與活力（ζέσεως）而有此名詞。「渴望」（ἵμερος）
顯然由驅使心靈變動而得名，因爲它流動而且與事物反方　420a
向，因此，心靈附著於變動而稱爲著迷（ἐπισπᾳ σφόδρα），
離開了有所這些性質稱爲：「渴望」。再者，「希求」（πόθος）
的稱呼意指：非由**在旁**而由外面進來及離開，從「渴望」
命名那時候，它已經到達其旁而稱爲：「渴望」，而離開
的這一個自己稱爲：「希求」。「行入」（ἔρως），它是由
外而入且不與它所有的變動爲伍，卻首先爲眼睛所攝取，　　b
因爲這個緣故，舊的（說法）由走入而稱爲：「ἔσρος」——
因爲我們用「οὖ」來代替「ὄμεγα」——現在，由於把「οὖ」
變換爲「ὄμεγα」而稱爲：「行入」。此外，你該講，什
麼是我們要看的呢？

赫　「意見」（δόξα）以及諸乎此類，你認爲如何呢？

蘇　「意見」或者是由「追隨（求）」而得名，心靈使之追求（理）
知，事物如（其）所有而行，或者由「以弓射」（而得名）。然
而後者顯然更好些，而且「想法」（οἴησις）與此相一致。　　c
「想法」即以心靈及於事物，如萬有中每一個之所以是，

286　εὐφροσύνη意爲：心靈善取變動。

是以明指出其所向，正如「意向」（βουλή）的意指如何投射（βολῇ），及「意圖」（βουλεύεσθαι）。所有的這一切意見顯然都是取象於「投射」。另外，如那些相反的「非意向」（ἀβουλία）顯然是未達（ἀτυχία）、因為其所投，所意及所思不中且不達。

赫　這些，蘇格拉底啊！我想已經導引出太多了。　　　　　　　d

蘇　正是，關於神的已經終結了。我還想再把「必須」（ἀνάγκη）說完，因為它是與（前面的）這些同行，以及「隨意」（ἑκούσιον）。這「隨意」並非違背其所圖謀，而是如我所講的：以這名詞表示其所圖謀之進行依其意（βούλη）而生。「必須」是違背其所意圖，即為：錯誤、無知，因　　e而取象於通過窄路，那裡路難、岐嶇、不平、不利於行。或許因此之故而稱為：「ἀναγκαῖον」，因為取象於通過窄路（τῇ διὰ τοῦ ἄγκους ἀπεικασθὲν πορείᾳ）。如若尚有餘力，則我們不應退縮；你不退縮，那麼問吧！

赫　那我問最大及最美的，「真」（ἀλήθεια），「假」（ψεῦδες）　421a，「是」（ὄν）[287]，以及這個我們現在所談論的：「名詞」（ὄνομα），何而有這名詞。

蘇　你把探索（μαίεσθαι）稱為什麼？

赫　我（叫它）「尋求」（ζητεῖν）。

蘇　「名詞」（ὄνομα）這個名詞顯然是由一個語句（λόγος）組合，是講：「這是某個有，尋求時會遇見」（ὅτι τοῦτ' ἔστιν

---

287 ὄν意即：有。

ὄν, οὗ τυγχάνει ζήτημα)。你會知道的容易些，若我們講
「ὀνομαστόν」；因爲這裡明白地講：「這是某個有，依
它而探求」（τοῦτο εἶναι ὂν οὗ μάσμα ἐστίν）。「眞」和
這個對其它的顯然（是）組合而成的；因爲這句話說：由如
神之有者顯然是變動，「眞」即：是如神般地行走。「假」
是相反於變動，因爲我們發現：靜止及必須靜止會挨罵，
它取象於「睡著」（καθεύδουσι）；卻加進了「ψεῖ」以隱藏
這名詞的意圖。「是」和「本質」（οὐσία）與「眞」所講得
一樣，只是「ἰῶτα」已經 拿掉了；因爲它意指「行走」
（ἰόν），而「不是」（οὐκ ὄν）卻如一些人這麼叫它，即：「不
行走」（οὐκ ἰόν）。[288]

b

c

288　〔419b5-421c2〕：「那麼……不行走。」——這段文字所討論出的字
源學解釋整理如下：

希臘文	譯文	字源學解釋	字源意義
ἡδονή	樂	πρὸς τὴν ὄνησιν	求取享受
λύπη	苦	ἀπὸ τῆς διαλύσεως τοῦ σώματος	身體的解消
ἀνία	無趣	τὸ ἐμποδίζον τοῦ ἰέναι	阻礙行動
ἀλγηδών	痛	ἀλγεινοῦ	受傷
ὀδύνη	悲	ἐνδύσεως τῆς λύπης	掉入苦中
χαρὰ	愉快	διαχύσει καὶ εὐπορίᾳ	流動無礙易行
τέρψις	滿足	τερπνὸν	足夠
εὐφροσύνη	善思	εὐφεροσύνη	善於思維變動
ἐπιθυμία	心所欲	ἐπὶ τὸν θυμὸν ἰούσῃ δυνάμει	驅使心靈的能力
θυμὸς	心	θύσεως καὶ ζέσεως	速度及活力
ἵμερος	渴望	ῥεῖ καὶ ἐφιέμενος	流動而且與事物反方向

題解1.3：追問字母的正確性
〔原始的名詞〕

赫 我覺得，蘇格拉底啊！你這樣非常勇敢地通過困難。但是 421c3，若有人追問「行走」、「流動」(ῥέον)及「固定」(δοῦν)，這些名詞，它們有什麼樣的正確性呢？

蘇 你講看看，我們怎麼回答他呢？肯定嗎？

赫 當然如此。

蘇 有一個前面我已經用過的，看起來很適合用來回答他（所問）的。[289]

πόθος	希求	τοῦ ἄλλοθί που ὄντος καὶ ἀπόντος, ἀπογενομένου	由他處進來及離開——離開者稱為：「πόθος」
ἔρως	行入	ἐσρεῖν	行入
δόξα	意見	διώξει	追隨（求）
βουλή	意圖	ψυχὴ διώκουσα τὸ εἰδέναι βολῇ	心靈追求知投射、擲
ἑκούσιον	隨意	εἶκον τῷ ἰόντι	圖謀之進行
ἀναγκαῖον	必然	τῇ διὰ τοῦ ἄγκους ἀπεικασθὲν πορείᾳ	取象於通過狹路
ὄνομα	名詞	τοῦτο εἶναι ὂν οὗ μάσμα ἐστίν	這是某個有，依它而探求
ψεῦδες	假	καθ-εύδουσι = ψ-εύδουσι	睡著（相反於變動）
ἀλήθεια	真	ὡς θεία οὖσα ἄλη	是如神般地行走
ὄν, οὐσία	是，恆是	οὐκ ἰόν	不行走，與真同義

赫　這個是什麼樣的呢？

蘇　這麼講吧！凡我們不理解的是外來的名詞。或許在它們之　　　d
中，有些真的如此，而另外那些，若是最古的名詞，我們
無法知道。由於這些名詞已經完全改變了，以致於絲毫不
足以驚奇：那些名詞幾乎與外來的名詞沒有分別。

赫　你講得一點也不離常軌[290]。

蘇　我所講只如(我)所見那樣。我想決不允許以遁詞來脫離論
難，反而要試著解釋這些(名詞)。我們且仔細考慮，若有
人一直追問那些所構成的述詞(動詞)($\acute{\rho}\acute{\eta}\mu\alpha\tau\alpha$)而且不斷　　　e
地追問述詞的來源，他不停地這麼做，那麼，回答的人豈
不最後必定無話可講麼？

赫　我想是。

蘇　因而當他不能再講時，他不講是對的吧！而他停止於那些　　422a
名詞上，那些豈不就是話語及名詞的本源($\sigma\tau\omicron\iota\chi\varepsilon\tilde{\iota}\alpha$)[291]？
因為到這裡再也沒法指明這些是由其它的名詞組合而成，
若其如此地有。譬如我們現在說：「$\grave{\alpha}\gamma\alpha\theta\grave{\omicron}\nu$」是由
「$\grave{\alpha}\gamma\alpha\sigma\tau\omicron\tilde{\upsilon}$」及「$\theta\omicron\omicron\tilde{\upsilon}$」組合而成[292]，而我們又說「$\theta\omicron\grave{\omicron}\nu$」
是由別的，而這些別的又從其它的，然而我們最後得到一　　　b
個不再由其它的名詞而產生的，那樣，我們就可以正確地

290　意即：很合理。

291　$\sigma\tau\omicron\iota\chi\varepsilon\tilde{\iota}\alpha$，這裡所指的是字母。本源($\sigma\tau\omicron\iota\chi\varepsilon\tilde{\iota}\alpha$)這個字難以正確地翻
譯。在語言的分解上可以指涉為「字母」，在對自然的分解上可以指
涉「不再分割者」、基本粒子。在日晷中，指涉日影的長度。

292　請比較412c。

說：我們已經得到名詞的本源。我們不再能將這個導引別
的名詞去。

赫　我認為你講的很對。

蘇　那麼，你現在追問名詞的本源何指，則我們將須要用其它
的方式來研究它的正確性究竟是什麼？

赫　顯然如此。

蘇　顯然只能如此，赫摩給內斯啊！至少前面所說的那一切似
乎都應歸納到這兒來，若它所有的都如我所想的那樣地有
，那麼，請和我共同研究我所說的有沒有錯誤，以及原始
名詞的正確性究竟應該如何？　　　　　　　　　　　　c

赫　儘管說，我將盡我所有的力量和你共同研究。[293]

題解1.31：名詞是對被命名事物的本質模仿

蘇　這麼樣，所有的名詞，無論是原始的還是後來的（名詞），
只有一種正確性，它既是名詞，將不異於其它的（名詞），
我這麼想，你也樣這麼認為嗎？[294]

---

293 〔421c3-422c6〕：「我覺得……共同研究。」──這段文字談論的目
的在於分解名詞的組成份子，也就是將名詞分解成原始的名詞或字
母。藉由這樣的分解進而討論所謂原始名詞的意義。

294 若名詞與後來的名詞所擁有的正確性只有一種，則後來的名詞之正確
性，必須建立在原始的名詞上面，因為後來的名詞由原始的名詞所組
成。然而這在實際運用上會產生困難，因為我們無法避免語言意義和
對象之間的不一致，儘管語言的意義不必然產生變化，而其實際指涉
則隨著運用而有所不同。

赫　誠然。

蘇　但是，我們所經歷過的那些名詞，其正確性正如每一個事　　d
　　物所呈現爲何而爲何。

赫　怎麼不呢？

蘇　那麼，所有原始的（正確性）不應比後來的少，如果它們都
　　是名詞的話。

赫　誠然。

蘇　如其所示，那些後來的是由這些原始的而產生。

赫　顯然如此。

蘇　好啊！那麼這些原始的在尙未成爲其它的基礎時，是用什
　　麼樣方式使我們明瞭事物，若它們的確也是名詞的話？請　　e
　　回答我這個問題。假使我們既沒有聲音也沒有舌頭而想互
　　相表達事物，則我們豈不像啞巴一樣，試著用手及頭，或
　　者身體的其它部分來表示？

赫　哪有別的呢？蘇格拉底啊！

蘇　我想，若我們想要表示上面的及輕的，則我們將以手指天　　423a
　　，爲了模仿事物的本性。若表示下面的及重的，則將指地。
　　若我們想要表示奔馬或其它的動物，你知道，我們會用儘
　　量我們的身體及姿勢去模仿它們。

赫　我想必然如你所說地那樣做。

蘇　因此，我想至少產生一種用身體的表達，正如所示，身體　　b
　　模仿那它所要表達的。

赫　是。

蘇　那麼，若我們想要用聲音及口舌來表達，則每一個所表達

的，對我們而言，豈不是由那些已發生的，若藉由那些而產生某個模仿？

赫　我想必然的。

〔名詞的最初定義〕

蘇　因此，正如所示，名詞是用音來模仿其所模仿的，而且命名那個被模仿者而用音來模仿。

赫　我想是。

蘇　以宙斯爲證，然而我尚未講得很完美，好友啊！　　　　c

赫　怎麼呢？

蘇　若是那樣，我們也必須同意去模仿那些羊、雞及其它動物的叫聲，若我們用所模仿的來命名。

赫　你講得真。

蘇　那麼，你認爲這樣好嗎？

赫　我不認爲。然而名詞是什麼樣的模仿呢？

蘇　首先，我想它不能像我們用音樂所做對事物的模仿，儘管　　d
我們用聲音來模仿，也不能像音樂的模仿，因爲我們若如此模仿，我想我們將無法命名。我主張如此：事物各自有聲音及形狀，而且大部分也有顏色麼？

赫　當然。

蘇　那麼，我認爲：若某人模仿這些，不得不有關於這模仿的命名技術，因爲這一個是音樂的，另一個是繪圖的（技術），豈不是嗎？

赫　是。

蘇　這個是什麼呢？你不認爲每一個(事物)有其本質，正如其　　　e
　　顏色以及我們剛才所說的嗎？首先，每一事物其自身豈不
　　是有相同的顏色及聲音？而且其它的一切也如此地被評量
　　爲合於其所是嗎？

赫　至少我認爲(如此)。

〔名詞的第二定義〕

蘇　那麼，如何呢？若有人能用字母及音節(συλλαβαῖς)來模
　　仿每一個(事物)的本質，那樣他豈不如其所是(ὃ ἔστιν)[295]
　　地表達了每一個(事物)？不是嗎？

赫　誠然如此。　　　　　　　　　　　　　　　　　　　424a

蘇　你怎麼稱呼這個呢？正如你稱呼前一個叫音樂的，而後一
　　個叫繪圖的？這個叫什麼呢？

赫　蘇格拉底啊！我想這如我們長久以來所尋找的,他是個「有
　　命名技術的人」(ὀνομαστικός)。[296]

---

295 ὃ ἔστιν在這裡所指的是：相(εἶδος)。

296 〔422c7-424a6〕：「這麼樣……的人。」——這一段討論可以分為三
　　個段落：第一個段落由422c7至423b2，蘇格拉底認為尚未以語言來表
　　達之前存在著一前語言的情境，在這個情境裡，人們用行動和姿勢來
　　表達對於命名對象的模仿。第二個段落由423b3-e6，這個段落用聲音的
　　模仿來說明事物的本質與命名的關係，若無法以音形成模仿，則無命
　　名之可能。第三個段落由423e6至424a6，進一步肯定命名者以每一類事
　　物之所是作為模仿的對象而將有意義的音帶入名詞之中來表達事物的
　　本質。

題解1.32名詞形成的先行(條件)

蘇 那麼,如果這是真的,則我們必須研究那些名詞,那些你
所追問的:「河流」(ῥοῆς)、「走動」(ἰέναι)及「固持」
(σχέσεως),看看它們是否用字母及音節掌握了事物而模 b
仿了(其所是),或者沒有?

赫 誠然如此。

蘇 讓我們看看,是否只有這些是原始的名詞,或者還有許多
其它的。

赫 至少,我想還有別的。

〔方法之接續〕

蘇 應該這麼想;那麼,模仿者開始用什麼區分方式來模仿呢?
豈不正由於那用音節及字母的模仿符合本質,最正確地確
定原始字母的意義,正如那些從事音律的人,先確定原始 c
字母的功能,然後地(確定)音節,這樣然後才能研究音律,
在此之前,則否?

赫 是。

蘇 因此,首先,我們須要確定母音(的意義),然後,依照知
之相,才是其它的無聲子音及非母音——因爲那些令人敬
畏的人對這些(事)如此認爲——而無聲子音也並不是沒有

聲音[297]？而且那些有聲音的，它們自身彼此之間也同樣地
有差異的相吧？若我們將這個弄好之後，我們還得像名詞　　　d
一樣，把所有的拿到面前來看看：是否有某個（東西）所有
的都能帶入其中，就像字母一樣，由它（即字母）便能認得
其自身，或者，如同在字母中，以同樣的方式，在它們之
中有相[298]。如果這一切我們都已經認識了，則我們必須知
道依照類似性把每一個放在一起，或者，必須一個接著一
個，或者，多個混爲一個，就好像畫家要模仿某物，有時　　　e
只上粉紅色，然後另外地再上別的顏色，而後將其它的許
多顏色放在一起，就好像他們先上肉色或者其它這類顏
色——我想，就如每一幅畫的須要來上（顏色）——同樣
地，我們依事物來造字母，有時候一對一，有時候，若我
們認爲必要的話，合而爲多，所造成的叫作音節，再把音　425a
節連結起來，由此而構成名詞（ὀνόματα）及動詞
（ῥήματα），再由名詞及動詞把它合成爲某個又大又美又完
整的，在繪畫中是畫像，而在命名學（ὀνομαστική）或演說
術（ῥητορική）中是言語（λόγος），或者是某種技術。我們

---

297 譬如連續音，如r或m。

298 這裡明顯存在著一個未被討論的命名困境，如果這樣的命名擁有合乎
本性的名詞正確性的話。這個困境是出自於分解活動，因爲若一方面
將名詞分解成原始的名詞或字母，而另一方面又將事物分解成基本的
粒子或那些類似者，則音的結合所形成的名詞，必然指涉某對象而無
法組合出與對象的本質完全相合的名詞。然而辯證論者一方面雖然承
認這種關係而進行這樣的研究，而另一方面卻不允許研究者唯名地理
解事物的本質，因而我們可以由432a4以下看到對於這樣觀點的條件限
制及討論。

不必再多(說)，而只要把所說的找出來。因此，把這些合
起來就像那些舊的合起來一樣。如果我們想要知道，我們　　　b
只要把所有的這些合乎規矩地考察。無論原始的名詞及後
來的(名詞)都依此方式而如此分類，或者不是，都應該如
此來看。

赫　確實如此，以宙斯為證，蘇格拉底啊！

題解1.33單音所陳述的價值

蘇　那麼，如何呢？你自己相信這些這麼樣區分嗎？然而我卻
不如此。

赫　對我而言，我還須要許多。

蘇　讓我們這樣，或者你想要這樣，我們盡我們所能的來從事，
即使關於這些我們所能知道的極少，猶如前面所說的那些　　　c
一小部分關於神的，我們並不知道真理而只知道人們對祂
們的意見。現在，我們在還沒到那兒之前，我們先自己解
釋：若事情基本上應該這樣來區分，則無論是由別人或者
由我們都應該這麼區分，祇能如人所說的，依照我們的能
力來從事它？你認為這樣，或者，這你怎麼講呢？

赫　我認為誠然如此。

蘇　我認為這顯得很可笑，赫摩給內斯啊！用文字及音節會產生　　　d
能夠對事物做說明的模仿。然而我們只能這樣做，我們才越
接近原始名詞的真理，因為若不欲像悲劇作家們那樣一遭遇

到困難，就去拿神當工具而逃到那裡去[299]。這兒我們也用遁詞這麼說：那些原始的名詞為神所設立，因此而為正確。此外，我們還有更好的說明嗎？或者那一個：它們之中，有 　　e
些是從外國人那兒接收來的，外國人比我們古老得多？或者
這個：以他們那樣古老也不能解釋那些外國文字究竟如何？ 　426a
因為這所有的都是推託的話，而且對那些不願意仔細說明原始名詞的人（τῷ μὴ ἐθέλοντι λόγον διδόναι）又非常合理，
好像它們造得對。因而若由於某個緣故不了解原始名詞的
正確性，那麼也不可能知道那些後來的，後者必須藉由前
者來解釋，而前者他卻一點也不曉得。那麼，很顯然地，
誰主張他是關於這方面的專家，他必定能完全無誤地說明 　　b
原始的名詞，或者，他知道得很：關於那些後來的（名詞）
他只講了空話。或者你認為有其它的？

赫　絕無其它的，蘇格拉底啊！

蘇　現在，我所注意到的那些關於原始的名詞的（想法）讓我覺
　　得十分粗劣而可笑。這些我將傳達給你，若你願意的話，
　　而若你有得到比較好的也試著傳達給我。

赫　我將這麼做。那麼，你只管說。[300]

---

299 Deus ex Machina，特別為Euripides所使用，在一戲劇的結尾出現一個神來解決一個無出路的困境。亞理斯多德在其*Poetica*,1454a32-b1講：「這很顯然，一行為之終結必須來自於傳說(μύθος)自身，而不應溯因於工具，如在*Medea*那齣戲中那樣。」（根據Méridier的譯文翻譯，pp. 114-5, note 3.）

300 〔425b6-426b9〕：「那麼……只管說。」——這段話是個方法上的反省，目的在於肯定研究原始名詞或字母的意義是作為研究名詞有合乎

〔不同的字母之價值〕

蘇　現在，首先我覺得「ῥῶ」是一切變動的工具，「變動」一
　　詞我們還沒講它爲何而有這個名詞；然而這個很顯然想指：
　　「ἴεσις」，因爲我們已不用「ῆτα」，卻用舊的「εῖ」。（這　　　　c
　　字）的來源是「κίειν」——是個外來名詞——它是「ἰέναι」[301]。
　　假使有某人想在我們現在所使用的音中找到它的舊名詞，須
　　正確地稱它爲「ἴεσις」。現在，由這外來字「κίειν」改變了
　　「ῆτα」，而且把它加在「νῦ」上面而稱爲「κίνησις」[302]　　　　d
　　——與「ἴεσις」相比必須叫做「κιείνησιν」——靜止（στάσις）
　　只是想否定「ἰέναι」爲了美化（音）而命名爲靜止（στάσις）。
　　然而「ῥῶ」這個字母，如我所說，顯然是很適合用來表示
　　變動的工具，由於它與動作相類似，因此，它往往如此被使
　　用。首先，在（這些字）「ῥεῖν」[303]，「ῥοῆ」[304]藉由這個字
　　母而模仿；或者在「τρόμῳ」[305]，或者在「τρέχει」[306]，　　　　e
　　以及在這一類的動詞裡：譬如：「κρούειν」[307]、「θραύειν」

本性的正確性之保障，否則前面的那些關於字源學的談論將缺乏可靠
的根據。
301　ἰέναι意即：行動。
302　κίνησις意即：變動。
303　ῥεῖν意即：流動。
304　ῥοῆ意即：流。
305　τρόμῳ意即：顫抖。
306　τρέχει意即：生，不熟。
307　κρούειν意即：打。

308、「ἐρείκειν」309、「θρύπτειν」310、「κερματίζειν」
311、「ῥυμβεῖν」312，所有的這些，一大部分都用「ῥῶ」
而造成。因爲，我想，他看到：舌頭幾乎不停留而且一直
動，因而我認爲他把這個運用在那上面。而「ἰῶτα」用在
其它所有薄而細的，它很容易能穿透一切；因而用「ἰῶτα」
來模仿而有「ἰέναι」313及「ἵεσθαι」314；另外藉由「φεῖ」　　427a
、「ψεῖ」、「σῖγμα」，以及「ζῆτα」，由於這些是氣音
字母，由這些的模仿而得其名詞，譬如：「冷」(ψυχρὸν)
、「熱」(ζέον)、「搖」(σείεσθαι)，皆以所有的搖動。此
外，若模仿增漲，造名詞者似乎大抵也用這一類的字母。相
反地，對於「結合」(δεσμοῦ)及「靜止」(στάσεως)的模仿，
他顯然是用「δέλτα」及「ταῦ」這種唇舌合併的音所具有
的特性315。同樣地，他察覺在「λάβδα」裡，舌頭滑動得　　b
最厲害而模仿(這特性)去命名如：「脫」(λεια)、「滑動」
(ὀλισθάνειν)、「油滑」(λιπαρὸν)及「黏」(κολλῶδες)
以及其它所有這一類的。此外，又加入「γάμμα」的特性
來幫助舌頭滑動，因而模仿得到「韌」(γλίσχρον)、「甜」

308　θραύειν意即：碎。
309　ἐρείκειν意即：拆。
310　θρύπτειν意即：毀。
311　κερματίζειν意即：彎。
312　ῥυμβεῖν意即：轉。
313　ἰέναι意即：行。
314　ἵεσθαι意即：澆。
315　「δύναμις」——這裡把這個字譯成「特性」。

（γλυκύ）及「稠」（γλοιῶδες）。他覺得「νῦ」是向內的音
，因而命名「在內」（ἔνδον）及「內在」（ἐντὸς），並用這
些字母來做模仿工作。他賦予「ἄλφα」爲「大」（μεγάλῳ），
而「ἦτα」爲「長」（μήκει），因爲這些字母大。另外，他
用「οὖ」來表示「圓」而命名爲「γογγύλον」，這名詞
特別有許多「οὖ」放在一起。並且立規矩的人也像這樣用
字母[316]及音節而指意每一個事物而且設立法律者創造名
詞，出乎這些也同樣地[317]用模仿的，把剩下來的一起設立
起來。赫摩給內斯啊！我覺得這就是他所要名詞的正確性
，如果克拉梯樓斯所認爲的不異於此的話。[318]

---

316 W刊本作「某指意及」（σήμαιον τι καὶ）。

317 BT刊本不作：「也同樣地」（ἤδη），而作：「相」（εἴδη）。

318 〔426b10-427d3〕：「現在……的話」——這段文字所討論出的字源學
解釋整理如下：

希臘文	譯文	字源學解釋	字源意義
κιέειν（κίνησις）	變動	ἰέναι	行（動）
στάσις	靜止	ἀπόφασις τοῦ ἰέναι	否定行（動）
ῥῶ（ῥ）	字母	τὴν γλῶτταν ἐν τούτῳ ἥκιστα μένουσαν, μάλιστα δὲ σειομένην	舌頭幾乎不停且一直動
ἰῶτα（ἰ）	字母	ἰέναι, ἵεσθαι	行
φεῖ（φ） ψεῖ（ψ） σῖγμα（σ） ζῆτα（ύ）	字母	σείεσθαι	搖（動）
δέλτα（δ）	字母	συμπιέσεως τῆς γλώττης	唇合併
ταῦ（τ）	字母	ἀπερείσεως τῆς γλώττης	唇緊合
λάβδα（λ）	字母	ὀλισθάνει μάλιστα	滑動最厲害

題解 2. 蘇格拉底與克拉梯樓斯的對話
　　〔蘇格拉底與克拉梯樓斯之進場、引論〕

赫　蘇格拉底啊！至少(實際上)我曾經多次與克拉梯樓斯一起
　　從事許多事情，如我一開始所說的[319]，他主張名詞的正確
　　性而對它是如何卻一點也不說清楚，因而我無法知道他是
　　否[320]有意或無意地每次對這些(事情)都講得不清楚。現　　　　　e
　　在，克拉梯樓斯啊！(你要)反過來跟蘇格拉底講，你是否
　　同意蘇格拉底關於名詞正確性(的看法)，或者你有些更好
　　的要說。若(你)有的話，請說，以便於就學於蘇格拉底，
　　或者教我們兩個[321]。

克　那麼怎麼呢？[322]赫摩給內斯啊！你認為(它)是任何如此容
　　易就能很快地學而且教的事情，這非如此的大，人們豈不
　　認為這是極大的？[323]

νῦ(ν)	字母	τὸ εἴσω αἰσθόμενος τῆς φωνῆς	音之向內行者
ἄλφα(ᾰ)	字母	μεγάλῳ	大
ἦτα(ή)	字母	μήκει	長
οὖ(ο)	字母	γογγύλον	圓

319 這裡顯然是指383a-384a。
320 「是否」：這是W刊本的讀法，B刊本作「如前者」(ἃ πρότερον)。
321 「我們兩個」所指的就是赫摩給內斯和蘇格拉底。
322 BT刊本作：「δὲ」，而Wb刊本作：「δαῖ」是加強語氣，因而譯文加
　　上「那麼」。
323 「極大的」：BTW刊本以及其他手抄本都作：「對極大的極大」(μεγίστοις
　　μέγιστον)。

赫　以宙斯爲證，我不這麼（認爲）。然而對我顯然赫西歐得講　428a
　　得美妙[324]：

　　若你把某個一點點加在一點點上面[325]，那樣是有利的。

　　如果你只能爲我們做一點點，請別退縮，且爲蘇格拉底，
　　也爲我做好這事，我想這樣才對。[326]

蘇　然而我自己對這些卻一點也不十分肯定，克拉梯樓斯啊！
　　正如我已經說過，我想我將與赫摩給內斯一起研究，因此，
　　由於這個（人）的緣故，請快點說罷，若你有某某更好的　　b
　　，那麼我會接受。若你的確[327]有某某比這些更好的要說，
　　我不驚異，因爲我認爲：（你）不但留意過這些而且又從別
　　人那裡學習。然若你將要講某某[328]更好的，就把我收錄爲
　　跟你學名詞正確性的學生之一吧！

克　然而現在，蘇格拉底啊！正如你所講的，我的確在這方面

---

324 此語句出自Hesiod，《工作與時間》，361-362："Εἴ γὰρ κεν καὶ σμικρὸν ἐπὶ σμικρῷ καταθεῖο, καὶ θαμὰ τοῦτ' ἔρδοις, τάχα κεν μέγα καὶ τὸ γένοιτο." 參見Hesiod, *Hesiodi Opera* Ⅰ, Oxford University Press, 1970, p. 65.

325 「一點點上面」：TW刊本作：「σμικρῷ」，而B刊本作第二格（所有格）「σμικροῦ」。

326 〔427d3-428a5〕：「蘇格拉底啊……才對。」——赫摩給內斯與克拉梯樓斯的這段對話極短，其對話的目的只是完成一請求，即：要求克拉梯樓斯講出他自己的意見，附帶地說明克拉梯樓斯對於自己學說的重視。

327 「的確」：BW刊本作「任何」（τι）。

328 「某某」：根據T刊本，B刊本作「哪個」，T刊本則作「那個」。

下過工夫，並且或許(你)將使你做(我的)學生；然而我恐　　c
怕這整個將是相反的，因為我覺得我要跟你說阿齊累斯
(Αχιλλέως/Achilleus)[329] 在里塔伊斯 (Λιταῖς)向艾亞斯
(Αἴας/Aias)[330]所講的(話)。他說：

艾亞斯，苔拉蒙尼之子(Τελαμώνιε)，神明之令官，一切
你所與我言者皆出乎心。[331]

蘇格拉底啊！顯然你很恰當地運用理智使我知道，無論你
傾心於[332]歐伊梯孚容，或者別的姆薩(Μοῦσα/Mousa)[333]，
久已常住在你身中而未察覺。[334]

---

329 阿齊累斯是荷馬《伊利亞得》中的英雄主角，其父為Peleus，其母為
　　Thetis。Thetis為了使阿齊累斯不朽，而將他會腐朽的身體部分塗上不
　　死膏(Ambrosia)，然後在黑夜裡，將他放入火中或沸水中鍛鍊。參見
　　Der Kleine Pauly, Bd. I, S. 46-50.
330 艾亞斯是Salamis的國王及Salamis軍在特洛伊戰役中的將領，他以和特
　　洛伊軍作戰時堅忍僵持而聞名。阿齊累斯死的時候，他替阿齊累斯收
　　屍。由於他沒有分到阿齊累斯的盔甲，而氣憤自殺。參見*Der Kleine
　　Pauly*, Bd. I, S. 153-4.
331 這詩句引自Homer, *Iliad*, II, 9, 644-645.
332 B刊本作「ἐπίπνους」，譯文跟從這個讀法而不跟從其他的讀法，讀作
　　「ἐπιγνούς」。
333 其意義為：「文藝之神」。詳見於406a之註解。
334 〔428a6-c8〕：「然而……而未察覺。」——對於蘇格拉底之請求，克
　　拉梯樓斯提出了兩種不同的態度，前面一種態度是對他自己所學習的
　　內容猶疑不決，關於這一點我們可以由428以下的討論裡發現：克拉梯
　　樓斯有幾個特別的關於名詞正確性的觀點，皆遭到蘇格拉底之反駁，
　　最後他不得不承認其對名詞正確性的主張是錯誤的。第二點是克拉梯
　　樓斯傾心於蘇格拉底的字源學說明。在本篇對話錄裡，蘇格拉底字源

題解2.1：蘇格拉底反對克拉梯樓斯的一個命題
題解2.11：（克拉梯樓斯）命題：只有正確的命名
〔 重談問題〕

蘇 善良的克拉梯樓斯啊！長久以來，我驚異於我自己的智慧　　d
而且不相信它。[335]我想我應該再更仔細地研究它而且我主
張：因為在一切之中，最糟的莫過於由自己而墮落。因為
撒謊者若不稍微離開而一直在旁邊，如何（能使人）不害怕

學的功能是附帶的，其目的是用個別的例子替克拉梯樓斯做一佐證，
這種佐證方式早見於《費都篇》77e ff.及《國家篇》第2卷388b ff.。這
字源學所引起的討論主要有兩方面：一是哲學上的，譬如：哲學術語
的字源問題與哲學思想之間的關係，另一是語言學上的，譬如：語言
是否如蘇格拉底字源學所描述那樣而形成。蘇格拉底字源學對筆者個
人的啟發並不是以上的任何一點，而是：若吾人假定蘇格拉底字源學
為研究的基礎，則本文附錄將得一有力的證據，並且可獲得一比較哲
學的基礎。依照筆者在博士論文中的分析，蘇格拉底字源學的來源有
三：

一、全得之於歐伊梯孚容（Euthyphron）

二、部分得之於歐伊梯孚容，部分為蘇格拉底的智慧所見。

三、全得之於蘇格拉底自身的智慧所見。

筆者在分析了《歐伊梯孚容篇》對話錄之後，得到一結論：《克拉梯
樓斯篇》中，393a至400a應為全得之於歐伊梯孚容的意見，400a至409d
乃蘇格拉底得之於安那撒哥拉斯，歐勒菲神話及赫拉克利圖，其餘關
於「原因」一類的字源應出自蘇格拉底自己，參見Peng, Wen-lin, *Onoma
und Logos —— Interpretation des platonischen Dialogs <Kratylos> mit
einem Exkurs ins Organon des Aristoteles und einem Anhang über die
chinesische Philosophie*, §III. 4.此外，請參見本篇對話錄的行文393-427.
335 參見Plato, *Sokratous Apologia*, 20d1-22e5.

呢？如你所見，而今必須回到前面所講的，努力嘗試，按
照那個詩人那樣，時常觀前顧後[336]。現在，我們來看那我   e
們已經說過的。我們主張，名詞的正確性是這個，正如我
們所指明的：它是像事物一樣[337]。而[338]這個我們主張已講
得很充份了麼？

克 至少我認為非常夠了，蘇格拉底啊！

蘇 那麼，講名詞是為了「教導」(διδασκαλία/didaskalia)嗎？

克 誠然。

蘇 因而我們主張它(意指：教導)是技術而且有工匠？

克 誠然(如此)[339]。

蘇 哪些呢？

克 就如你先前所講的[340]：設立法律者。   429a

蘇 我們是否能主張：有這樣的技術在人之中產生，有如其它
的(技術)？或者不呢？我想這麼講吧！畫家或許是，有些
比較好而有些比較壞？

---

336 參見Homer, *Iliad*, Ⅰ, 341; Ⅲ 109.

337 所謂：「名詞的正確性是像事物一樣」的意義是：名詞作為音的模仿，
而使名詞與其所描述的對象之本質之間存在著類似性。由於設立法律
者用名詞的音模仿了事物的本質，因而用名詞來指涉事物，而意指事
物的本質，亦即從名詞可以獲得一教導。此教導指引我們尋求事物的
本質。在蘇格拉底字源學之中，事物的本質所意指的是事物變化的一
定方式，音的模仿即通過音的特性而模仿事物的變動。這當然是立足
於赫拉克利圖的學說而做出來的字源學解釋。

338 「而」：根據BW刊本譯出，T刊本則無此字。

339 W刊本作：「誠然如此」(πάνυ μὲν οὖν)。

340 參見本對話錄388d-390a。

克　誠然。

蘇　因此，比較好的所做出來的作品——圖畫——比較好而別
　　的(所做出來的作品)比較壞？同樣地，有些建築師房子造
　　得好，其他的(房子造得)比較壞？

克　是。

蘇　因而有些設立法律者所做的作品比較好，別的(設立法律　　　b
　　者所做的作品)比較壞？

克　我不再這麼認為。

蘇　那麼，你不認為那些法律中，有些是較好而有些〔是〕較
　　壞？

克　絕對不。

蘇　你不認為名詞，如人所見，有些設立得較好而有些較壞？

克　絕對不。

蘇　因而所有的名詞都設立得正確囉？

克　正如其是名詞般(地正確)。[341]

341　〔428e4-429b11〕：「那麼，講名詞……名詞般(地正確)。」——這段
　　話是個引導性的對談，目的在導引出克拉梯樓斯的第一個主張，即：
　　只有正確的命名，而且不可能設立不正確的名詞。蘇格拉底「談名詞
　　的正確性是像事物一般」的觀點引導出克拉梯樓斯的第一個奇怪的論
　　點，即：「所有的名詞都設立得正確」。克拉梯樓斯之所以如此是因
　　為他認為「造名詞」作為一種技術，不像其他的技術，造名詞的技術
　　沒有質上的差異；也就是說，克拉梯樓斯主張名詞的正確性並無性質
　　上的好壞或程度上的差異，因而一切名詞皆正確。
　　蘇格拉底的論證可以分成三點來說明：一、名詞因其與事物之間的相
　　應關係而為教導(工具)。二、技術與作品之間存在著質的差異，即：
　　技術有好壞，作品因而也有好壞。三、名詞設立如一作品，亦有好壞—
　　—這點是克拉梯樓斯所不贊同的。這樣的類比顯然有其正確性。但是

蘇 那麼如何？先前已經講過了[342]，我們主張這位赫摩給內斯   c
不應該用這個名詞來命名，若他不配做赫勒梅斯
('Ερμοῦ/Hermes)的後代？或者所設立的的確不正確呢？

克 我認為(他)根本就沒設立(名詞)，而看起來似乎有設立(名
詞)，這名詞卻是屬於別人的，且這人有(如其名詞所意指
的)[343]本性[344]。

蘇 那樣豈不是那些叫他赫摩給內斯的人說錯了麼？因為這豈
不是說：這個被叫做赫摩給內斯，而(他)卻不是(赫摩給內
斯)呢？

克 你怎麼講呢？

蘇 是否你的話整個是講：亦即說假(話)是不可能的？親愛的   d
克拉梯樓斯啊！因為長久以來有人這麼講，無論現在或以
前。

克 因為，蘇格拉底啊！怎麼可能有人講了這個他所講的而他

其引發的問題是：是否應承認質的差異存在於名詞與其所描述的對象
之間。克拉梯樓斯的意見是：事物若未依其本性地設立名詞，則這個
名詞也就無所指涉，因而只是無意義的音。蘇格拉底一方面承認：名
詞之設立必須存在著質的差異，另一方面卻認為：即使命名無法如其
所描述的對象般正確地指涉其本性，但仍然可用來描述它所指涉的對
象。

342 383b-384a; 407e-408b.

343 「其名詞所意指的」乃根據Schanz所添補。

344 「這名詞……本性」依O. Apelt的註解，人們認定這些文句為假，並且
將之刪除，Apelt認為：它們在這裡當然不可取，不過人們如果把句子
改成「既存有且指明」，則有其意義，因為在名詞之中，可以反映出
萬有或其本質。相類似的論據引自421a的(ὀνόμα = τοῦτο εἶναι ὂν οὗ
μάσμα ἐστίν)(名詞乃是某個有，是依它而探求)。

又沒講這「是」（τὸ ὄν/the being）呢？或者這個不是講假
話，講到那些「不是」（τὸ μὴ τὰ ὄντα λέγειν/the not-to-say the
beings）[345]？

蘇 這句話對我及我的年紀而言，陳義過高[346]。朋友啊！同樣
地，請告訴我以下的：你是否認為不可能講假話，而主張
卻（可以）呢？[347]　　　　　　　　　　　　　　　　　　　e

---

345 429c6-d6：「那樣豈不是……那些『不是』」──這一小段話非常不容
易了解，因為它牽涉到一個真假的判準，這個判準在希臘人的詞語表
達上和「是」或「有」（τὸ ὄν）有著密切的關係。如果任何語句所陳述
的是「是」，則這語句為真；相反地，如果任何語句所陳述的是「不
是」，則這語句因其無所對而必然為假──這是一種萬有論優於真假
判斷的看法。但是在這裡克拉梯樓斯顯然誤用了這個觀點，他反過來
從語句的指涉關係出發，做了一個十分奇怪的主張：正因語句用來描
述「是」，因而不與「是」連結的語句不被視為有意義的語句
（λόγος σημαντικός），因而無所指的音對克拉梯樓斯而言沒有意義；
反過來推斷，則只要有所指的語句，必然為絕對的真。因此，假的語
句似乎不可能。這個問題在柏拉圖的晚期對話錄重新加以詳細的討
論，詳見Plato, *Sophistes*, 237b7 ff.，並且比較本篇對話錄388-390。
　這一段話將克拉梯樓斯的基本想法清楚地描繪出來，我們可以將其看
法改寫成以下的幾個論證步驟：一、語句講「是」，則真；語句講「不
是」，則假。二、講「不是」是不可能的；因此，語言只能講「是」
且為真。三、講到不指涉「是」的對象，只是無意義的聲響。
　這幾個論證步驟加起來，可以導引出一個結論：所有的語句及名詞都
是真的；不可能有假的語句及名詞，因為它們若指涉「不是」，則它
們不能是語句及名詞。這一點有點令人訝異，即：赫拉克利圖學派的
後學克拉梯樓斯居然主張巴門尼底斯的學說：「你無法不談論存有。」
（Parmenides, *Frag*. II. H. Diels, *Vorsokratiker.*）
346 根據這段話可以知道：蘇格拉底的年紀要比赫摩給內斯大得多。
347 蘇格拉底的問話涉及不同的語言層次。「不可能講假話」是指克拉梯
樓斯對語言態度上的設定，而「主張卻（可以）」是指克拉梯樓斯實際的
言行中證明「講假話」是可能的。

克　既不認爲也不主張。

蘇　既不講也不說明。就像某人在旅途中碰到你，和你握手而且
　　講：

　　歡迎啊！雅典客！赫摩給內斯，斯密克里昂（Σμ-ικρίωνος/
　　Smikrion）[348]的兒子啊！

　　這人這麼講或這麼主張或這麼叫或這麼稱呼，他這麼做，
　　並不是叫你，而是這位赫摩給內斯吧？或者不叫任何人？

克　我認爲，蘇格拉底啊！這（人）僅僅對他自己發出聲音。

蘇　那麼，這樣我也滿意。如若有人這麼發出聲音，他發出的　430a
　　聲音是真的還是假的呢？或者其中某個真而另一個假呢？
　　因爲我只要這個就夠了。

克　我認爲這（人）只發出點聲響，他自說自話地動，就好像某
　　人打鼓，必有聲響。[349]

題解2.12第一駁論：繪畫的類比

348　所指的即赫摩給內斯的父親Hipponikos，參見*Platon Werke, Kratylos*, S.
　　539, Anm. 85.

349　〔429b12-430a5〕：「那麼如何……聲響」──蘇格拉底與克拉梯樓斯
　　的這一段對話說明了克拉梯樓斯的觀點何以成立。克拉梯樓斯的論點
　　由以下幾個部分組成：一、名詞與所命名的對象必須正確地相對應，
　　否則所命名的對象並未（適當地）得到命名；二、未得到恰當命名的對
　　象的名詞另有相應於此名詞本性的對象。由以上的兩點可以知道克拉
　　梯樓斯的根本主張是：名詞與命名對象之間必須存在著合乎事物本性
　　的關係，此關係使名詞皆有合乎本性的正確性。

〔名詞乃一模仿而不能為精確之模仿〕

蘇　現在且看，我們是否（意見）有什麼出入，克拉梯樓斯啊！
　　然而你豈不認為某一個是名詞，還有那個別的，這名詞是
　　它的？

克　我認為。

蘇　那麼，你也同意名詞是對事物的某一種模仿？　　　　　　b

克　完全對極了。

蘇　那麼，你主張畫是用別的方式對事物的一種模仿？

克　是。

蘇　且看——或者不明白你所講的究竟是什麼，你還是可能講
　　得對——是否能分：畫及名詞這兩者都是模仿，對事物的
　　模仿，或者不呢？

克　是。　　　　　　　　　　　　　　　　　　　　　　　　c

蘇　首先，我們這麼看；某人用男人的像來對應男人，女人的
　　像來對應女人，並且其它的也如此。

克　誠然如此。

蘇　然而還有相反的，男人的像來對應女人，或女人的像來對
　　應男人？

克　也有這樣的。

蘇　那麼，是兩種都正確呢？還是只有其中之一？

克　其中之一。

蘇　我想只有一個合適而且相似。

克　至少我也這麼想。

蘇　爲了你我的友誼，爲了避免言語上爭執，你且接受我所講 　d
　　的。朋友啊！也就是我所謂關於這兩個的模仿：畫以及名詞
　　的對應正確（διανομὴν ἐπ᾽ ἀμφοτέροις μὲν τοῖς μιμήμασιν,
　　τοῖς τε ζῴοις καὶ τοῖς ὀνόμασιν, ὀρθήν）；而且關於名詞
　　的（模仿）也是既正確又真實，而其它不相似卻加進來的爲
　　不正確，它對應於名詞爲假？

克　然而，蘇格拉底啊！若在畫中不是這同樣的，則不是正確
　　的對應，在名詞卻不然，它們永遠必然爲真。

蘇　你怎麼講呢？這個和那個有什麼分別呢？人是否能去對一　430e3
　　個男人這麼說：「這是你的畫像。」並且給他看，若相合，
　　是那個人自己的像，即使相合，女人也可以？我所謂的「給
　　他看」是指：呈現在視覺之中。

克　誠然。

蘇　怎麼呢？人是否也能去對那個人這麼說：「這是你的名字
　　（詞）」呢？名詞的確像畫一樣，也是一種模仿；我也這麼
　　主張。人是否也能去對那個人這麼說：「這是你的名字　　431a
　　（詞）」，讓它呈現在聽覺之中，若相合，則這是那人的模
　　仿，所說的即指那人，若它也與人種中的女人相合，那麼，
　　他所指是女人？你不認爲這是如此嗎？而也也往往如此發
　　生呢？[350]

350　〔430a6-431a5〕：「現在……發生呢？」──蘇格拉底以畫爲例，他
　　　認爲：名詞是事物的合乎本性之模仿，而畫用別的方式來模仿事物，
　　　就模仿這回事而言，名詞和畫與其模仿對象的關係是相類似的。此外，
　　　蘇格拉底先用一個比較判準，這個判準在畫的類比上爲克拉梯樓斯所

克　我想我同意你。蘇格拉底啊！的確是如此。

蘇　你做得好，朋友啊！如果這的確如此，那麼，你現在一點
都不須要再爲此爭執。如果有某一個這樣的對應在，則我　　b
們要稱呼這兩個其中之一爲眞而另外一個爲假。如果這的
確如此，則名詞也有不正確的對應，並且也不是此創造的。
若名詞與動詞都是如此設立，那麼，語句(λόγοι)也必然
是，因爲在我看來語句不過是這兩者的結合(σύνθεσις)。　c
或者，你怎麼認爲呢？克拉梯樓斯啊！

克　這樣，我想你講得很好。

蘇　那麼，我們若拿畫與原始的名詞相比較，在有些畫之中，
所上的顏色及圖像完全適合，但是並非全部，而是：有些
應該去掉而有些應該添進去，有些多點而有些少點。或者
不是？

克　是的。

蘇　那麼，誰再製造所有的，他即做出美的圖與像，誰或多或
少，他做出來不好的圖與像？

克　是。　　　　　　　　　　　　　　　　　　　　　　d

蘇　誰用音節及字母來模仿事物的本質呢？豈不是用同樣的，

接受，而在名詞上卻不爲克拉梯樓斯所接受。或許因爲男人與女人之
於畫是一個明顯的分別，而這個分別用於名詞則不然，因爲克拉梯樓
斯並不將名詞對應於名詞的約定意義，而只承認名詞指涉合乎本性的
事物。若名詞造得不合乎意義，則名詞成爲無意義的音而已。蘇格拉
底試圖用模仿關係的正確對應來說服克拉梯樓斯，因爲克拉梯樓斯的
名詞意義不依據指涉對象來決定，而相反地指涉對象依附於合乎本性
的名詞而爲人所言說。

或者，若把所有適合的再現而如其像美——這是名詞——
有時候應該去掉或添進去，則它雖然是再現的像，卻不美？
因此，有些名詞的確造得好，而有些名詞造得壞？

克　大概吧。

蘇　因此，大概在命名也有好的工匠，也有壞的？　　　　　　　　e

克　是。

蘇　而這人的名字（詞）是設立法律者（νομοθέτης）。

克　是。

蘇　那麼，以宙斯為證，或許有如其它的技術一樣，設立法律
　　者也有些好的，有些壞的，正如我們前面已經同意了。

克　正是。然而你看，蘇格拉底啊！這些字母：「ἄλφα」，「βῆτα」
　　以及其它的，由此而得的名詞合於書寫的技術
　　（τῇ γραμματικῇ τέχνῃ），如果我們把某個拿掉或加上去　　432a
　　或互調位置，那樣我們雖寫了名詞，不僅不正確而且完全
　　沒有寫，同時它也恰是另一個，若覺得（它）為某個的話。[351]

351　〔430e3-432a4〕：「你怎麼講呢？……的話。」——蘇格拉底試圖從
　　模仿的分析去分辨正確和不正確的名詞：如他和赫摩給內斯談論裡所
　　做的類比，他將造名詞當作技術來看待，而以性質上的好壞來說服克
　　拉梯樓斯，使他同意有設立不正確的名詞。和上一段（見上註）做比較，
　　我們可以發現克拉梯樓斯一方面作了一定程度上的退讓，但是另一方
　　面卻表達出他的反對意見。他認為：若有合於書寫技術的名詞增加或
　　減少字母或調換字母的位置，那麼一方面他沒有寫（那個名詞）而且寫
　　了另一個其他的名詞，例如：將「καλόν」的「όν」去掉而加入「εω」
　　（參見本篇對話錄416b6 ff.）。則其指涉的意義由「美」轉變為「稱呼」；
　　或者將「όν」抽掉而不加任何音進去，則「καλ」究竟是什麼意義呢？
　　它並無所意指（請比較Aristoteles, De Interpretatione, II, 16a20 ff.）。因
　　此，克拉梯樓斯雖然主張名詞有合乎本性的正確性，但是他並不就本

題解 2.13：第二駁論：模仿並不完全
〔模仿不與對象等同〕

蘇　若如此看，並非因為我們沒有好好地看。

克　怎麼呢？

蘇　或許，你所說的令人覺得這一切必須出於數，或者不呢？
　　就像：隨便一個你要的數，如果你加或減某個（數），那馬　　　b
　　上變成另一個（數），這是某一種正確性與所有相像的（正確
　　性）並不相同，而相反地，它全然無法一次就全部地給造像
　　者，若它是像。且看我所講的對否。假使這兒有兩個東西，
　　譬如是你及你的像，如果某神不祇像畫工那樣依照你的形
　　色來仿像而且也造得如其它內在的，正如你所有的，軟度　　　c
　　、溫度以及動作、心靈、理智等等，一如所有在你身上的；
　　一言以蔽之，一切如你所有的，而把這樣的一個像立在你
　　面前，那時候，這是克拉梯樓斯及克拉梯樓斯的像呢？還
　　是有兩個克拉梯樓斯呢？

克　我想，蘇格拉底啊！是有兩個克拉梯樓斯。

蘇　那麼，你看到，親愛的啊！必須另外考察像的正確性以及我
　　們剛才所說的，如果有增加或減少某個，則必然不是像。　　　d

性與命名之間的關係來決定名詞的正確與否，而將名詞當成工具，他
認為：表達出名詞的語音足以構成其意義，而不涉及所指涉的對象。
因此，他根本不承認有設立不正確的名詞；所謂「設立不正確的名詞」，
對他而言，要不然根本不是名詞而只是無意義的音，否則即為運用上
的不正確，因為在這樣的情形下，這名詞別有所指。所以，無論哪種
情況，名詞不可能是假的。

或者你不感覺有很多東西所有的而它們的像卻沒有？

克　我想是。

蘇　克拉梯樓斯啊！至少將覺得名詞很可笑，若一切完完全全地相似，名詞即是被命名者。因而一切將重倍，而無法說出兩者之一究竟是其自身呢？還是它的名詞？

克　你講得真。

〔一好而穩固之名詞的諸條件〕

蘇　那麼，讓自己勇敢一點，正直的人啊！承認名詞有些部分設立得好，有些部分不(好)，而且不必有事物所有的一切　　e
　　——即它所有的一切和它的名詞一樣——而讓那些不適合的字母也放進來。若字母如此，則名詞在語句中亦然，若名詞如此，則語句在語句中也有如此不合乎事物地放進來，而事物幾乎不被命名也不被說，一事物之中有基型（τύπος），語句只是針對它，就像在字母的名詞裡，若你還　433a　記得前面我和赫摩給內斯所講的。[352]

克　我且記得。

蘇　那很好。因為只要這個在其中，即使不完全相合，卻足以指明事物，若完全則好，若太少則壞。好友啊！讓我們這麼說，以免受罰，有如那些夜裡在愛琴海（Aiγίνη）中遊走

352　參見393e。

找路的人[353]；我們也像這樣；後來會在事物上找到真理，　　b
或者尋到另一個名詞的正確性，並且不同意名詞藉由音節
及字母而表明事物。因為若你既這樣又那樣說，則你與你
自己不能相一致。

克　那樣，我想你講得很合理，蘇格拉底啊！我這麼認為。[354]

---

353 這段話究竟影射誰的講法，我們並不清楚，參見 *Platonis Scripta Graece
　　Omnia*, Vol. IV, p. 311, note:〔ὥσπερ...... ὁδοῦ〕.

354 〔432a5-433b7〕:「若如此看……這麼認為。」──在這一段討論裡，
　　蘇格拉底終於說服克拉梯樓斯接受他的想法。他的論證可以歸納成以
　　下的幾點:

　一、克拉梯樓斯的講法類似於數；因為數可以通過增減而使自己變成
　　　一與自己不同的數，而數即無法維持自身的同一性，因為別的數的
　　　加入或減少。名詞則不然，正如在他和赫摩給內斯的談話中已經指
　　　出:音的增減可以不影響名詞設立的正確性(本篇對話錄414c4
　　　ff.)。

　二、蘇格拉底嚴格地區分仿本和基型之間的不同，仿本與基型之間不
　　　可能完全相等同，否則一切存有將加倍。命名只以事物中的基型作
　　　為對象，而無法將事物所有的一切都帶入名詞之中。因而名詞與其
　　　所描述的對象之間存在著不完全的類似性。

　三、由於名詞不是對於事物的完全模仿，因而不能完全精確地等同於
　　　所描述的對象，從而可以推斷出名詞作為一種模仿，擁有模仿程度
　　　上的差異，因而必然存在著模仿上的好壞，若同一類事物有許多名
　　　詞，則這些名詞必有好壞之別，而不能說沒有設立不好的名詞(假
　　　的名詞)。

　從這些論證看來，蘇格拉底並沒有完全成功地說服克拉梯樓斯放棄他
　的主張(這和我們在亞里斯多德《物理學以後諸篇》(*Metaphysica*)IV -
　5, 1010a12那裡所談論的克拉梯樓斯顯然很不一樣。在那裡，克拉梯樓
　斯根本放棄言說)。從本篇對話錄428d開始，所討論的是正確的命名，
　克拉梯樓斯主張只有正確的名詞而不存在著不正確的名詞，蘇格拉底
　的駁論只得到了一個消極的結果，即:名詞的設立有表達事物之基型

題解 2.2：蘇格拉底限定克拉梯樓斯的基本主張
題解 2.2.1：名詞像事物乃因其音所表示之值

蘇　那麼，我們現在已經同意這個了，接著我們看這個：若名
　　詞，我們說，設立得好，必須要有其相合的字母吧？

克　是。

蘇　它相類似於事物？　　　　　　　　　　　　　　　　　c

克　當然。

蘇　那麼，那些設立得好的是這麼設立的，若某個設立得不好，
　　它或許有很多適合的字母及相似處，但又有一些不適合
　　的，因此而不好，不是造得好的名詞。我們這麼主張，或
　　者有別的呢？

克　我想我們不需要爭執，蘇格拉底啊！我不喜歡這個主張：
　　它是名詞，但是設立得不好。

蘇　你是否喜歡這個（主張）：名詞是用以表明事物的言表　　d
　　（δήλωμα）？

克　我確然。

上的好壞，或許我們換句話來說，名詞的正確性有程度上的差異，而
此種正確性上的程度差異乃起自於名詞與所指涉對象之間存在著一種
模仿關係。真正所謂「不正確」只出現於名詞的使用上，由於使用時，
將名詞使用於不當的對象上而產生名詞不正確地使用。因此，若由語
用論的觀點來看，名詞設立的好與壞，當然可以進一步去談論名詞是
否正確地運用於所描述的對象上面，但是「不正確的名詞」不是因為
模仿的程度差別所造成，而是這種程度上的差別在語言使用上造成合
宜或不合宜的效果所致的緣故。

蘇　然而名詞之中，有些是由原始的（名詞）組合起來的而另外
　　一些是原始的（名詞），你不認爲這樣講得好嗎？

克　我認爲。

蘇　然而原始的（名詞）若能做爲某事物的言表，你有比這樣更
　　好的方式來做爲它的言表，若它頂多只能這麼樣做，像它　　　　e
　　所必須表達的那樣？或者你喜歡赫摩給內斯[355]所說的這個
　　方式以及其它許多（人說的），名詞是共同設定的，而對於
　　共同設定者而言，他們先認得事物，並且其名詞的正確性
　　是共同設定的，無論某人是否如現在所設立的來共同設
　　定，或者相反地把大叫做小而把小叫做大？你是否喜歡這
　　個方式呢？

克　相比之下，這全然不相同，蘇格拉底啊！藉著相類似者所　　434a
　　指明的是某人所想言表的，而其它的卻不及於此。

蘇　你講得好。所以，今若名詞與事物是相類似的，則字母必
　　然和事物的本性相類似，由那些（字母），某人組成原始的
　　名詞？而我講下面這點：是否有某人能如我們已經講過
　　的，模仿萬有中的某個物而作相類似的畫[356]，若所用的顏　　　b
　　色在本性上卻不相類似，卻由所用的顏色組成所畫的；這
　　畫模仿那些而成，或者不可能呢？

克　不可能。

蘇　因此，同樣地，名詞亦不得不與某個相類似，若非有那些

355　參見384d ff.
356　請比較432b-c.

原始已在的（名詞），（它們）擁有某種相似性，由之而共同設立名詞的話，那些所有的模仿就是名詞？應該由什麼組合而成的呢？是字母嗎？

克　是。[357]

題解 2.22：共同設立對名詞的意義
〔在名詞之設立中有一約定的部分〕

蘇　因此，現在你也贊同我先前與赫摩給內斯所談的話。且看，
　　你認為我們這麼主張很好（麼）：「ῥῶ」是指動，變以及硬
　　或者不對呢[358]？

克　我認為很好。

c

---

357 〔433b8-434b8〕：「那麼……是。」──在這一段討論裡，克拉梯樓斯堅持所有的名詞皆造得好而沒有性質上的差異，蘇格拉底提出以下的幾點論證的步驟，用來說服克拉梯樓斯，即：一、名詞由原始的名詞或字母所組成。二、名詞是使用者所共同設立的言表。三、共同設立的言表與所描述的對象或事物之間存在著某種模仿的類似性。
　　除了以上的三點之外，顯然必須加上另外一些談論才能使整個論證完滿，而這些談論並不出現在下面的討論而出現而出現在第二個駁論，即：名詞的模仿並不完全。然而那裡的論證效力，如筆者所分析地，並非全然地為克拉梯樓斯所同意，而且其效力所及只是指出：名詞的設立有性質的差異性，只能說，有好的和壞的名詞之分別，而所謂正確和不正確並不存在於命名上，而只存在於使用上。在下面那段談論裡，我們並沒有讀到這個論證的完成，反而在下一段討論，蘇格拉底只用語用論的觀點來說明具有差異性的言表之所以擁有正確性的另一種理由，即：共同設立及習慣。

358 請比較426d f.

蘇　而「λάβδα」[359]，以及我們剛才說的？[360]

克　是。

蘇　你也知道我們稱爲：「硬」（σκληρότης），而艾雷特里艾斯人（Ἐρετριῆς）叫它「σκληροτήρα」。[361]

克　當然。

蘇　因而是否「ρῶ」與「σῖγμα」兩個顯得指同一個，一個在他們用「ρῶ」而在我們用「σῖγμα」結尾來表達，或者我們不用任何別的來表達呢？

克　用這兩個來表達。　　　　　　　　　　　　　　　　d

蘇　是否「ρῶ」與「σῖγμα」這兩個指相類似的，或者不呢？

克　指相類似的。

蘇　那麼，完全地相類似嗎？

克　或許對動做指涉。[362]

蘇　而「λάβδα」放進來嗎？豈不相反地的指：硬（σκληρότητος）嗎？

克　這或許放進來得不正確[363]，蘇格拉底啊！就好像剛才你對赫摩給內斯所說的，若須要的話，可把字母拿出來或添進去，我想這很正確。現在或許必須用「ρῶ」代替「λάβδα」

---

359 λάβδα意為：滑及軟。

360 請比較427b.

361 這是伊翁尼亞（Ionia）地方語言的發音方式，他們用「ρ」來代替在最後的「σ」。請比較Méridier, p. 128, note 2.

362 在434c那裡，蘇格拉底以「σ」這個音所表達的是動搖的意義。

363 在434c那裡，將「λ」解釋成「滑」和「軟」，而此處解釋為「硬」。

來講。[364]

蘇 你講得好。然而如何呢？如我們現在所說的，若某人說   e
「σκληρόν」，我們無法互相了解。現在你也不知道我所
說的？[365]

克 我誠然（知道），藉由習慣（ἔθος），最親愛的啊！

蘇 那麼，你認爲你所講的習慣與你所講的共同設立
（συνθήκης）有什麼分別呢？或者你所講的習慣與我（所講
的習慣）爲某某其他的；若我發這個音時，我所心知[366]的是

---

364 克拉梯樓斯的想法是用「σκληρός」來代替「σκρηρός」，因為這樣的
話，就可以避免蘇格拉底所說的困難：一個原始的名詞自身有兩個相
反的意義（Ambivalent Significance）。

365 〔434c1-e3〕：「因此，現在……所說的？」──在這段對話裡，蘇格
拉底用「σκληρότης」當作一個例子，來說明克拉梯樓斯自動承認：名
詞有某種合於習慣及共同設立的正確性，因為「σκληρότης」這個詞語
所包含的原始名詞（即：λάβδα）剛好和這個名詞的意義相反。因此，
克拉梯樓斯不得不說：藉由習慣而使這個詞語擁有相反於原始名詞的
意義。

366 「我所心知」是「διανοοῦμαι」的翻譯，只是從漢譯，不太容易理解
這個翻譯的真正意涵。為了避免讀者誤解，筆者借柏拉圖在《國家篇》
的知識分類加以解釋。在《國家篇》裡，蘇格拉底用線段的比喻來說
明知識的種類，他先將知識分成知性的種類（τὸ μὲν νοητὸν γένου）和
可見的種類（τὸ δ'αὖ ὁράτου），正如一線段被分成兩個不等的部分，
然後將這兩個部分依據相同的比例關係又分成不等的兩個部分。在這
四個知識分類之中，第一類是圖像（εἰκονάς）認知，包含：暗影（σκίας）、
現象（φαντάσματα）……等等。第二類是關於於我們周遭的生靈、一
切的植物及人造物，即：意見（δόξα）。第三類是從有預設的條件而導
引出的理論知識，如：幾何學以及其他相關的理論知識，這種知識就
是我們這裡所翻譯「心知」的對象，這種知識的特徵是它可以出現於
可見的種類而其真理的判準是知性而不是視覺（或感覺）。詳見於Plato,
Politeia VI, 509c1-511e7.

那個，而你所認得的爲我心知的那個麼？你不這麼講嗎？

克　是。　　　　　　　　　　　　　　　　　　　　　　　　　435a

蘇　因此，若你認得我所發的音，你即由我而得知其言表？

克　是。

蘇　我的確藉由我所心知的不類似而發音，如若「λάβδα」與
　　你所說的「σκληρότητι」（硬）不相類似。如果這麼樣，則
　　你自己所共同設定的以及你這兒所產生名詞正確性的共同
　　設定有什麼不同，無論相類似或不相類似的字母依照習慣
　　及共同設定都有所指明涉及的？而且若習慣決非共同設定　　　b
　　367，則不能講：「相類似是言表(δήλωμα)」──（這主張）
　　是正確的，而是習慣。因爲，正如所示，那個既指類似的
　　與不類似的。如果我們同意這點，克拉梯樓斯啊！──由
　　於我把你的沉默當做贊同──必須一起認定共同設定及習
　　慣用於言表，藉此我們講我們所想的。368因而，好人啊！
　　若你想走進數裡而想由那裡將名詞的相類似加在每一個數　　　c

367　習慣是起於多次行為或練習的結果，而共同設定則出自於相互間的同
　　　意。就行為看來，相同的行為由不同的開始點決定。行為是相同的，
　　　但是開始點是不同的。

368　〔435a5-b6〕：「我的確……所想的。」──在這段話之中，蘇格拉底
　　　明白地反過來贊同語言約定論的想法。他並不認定語言自然論和語言
　　　約定論之間的論點是矛盾的，而指出語言約定論與語言自然論在什麼
　　　樣的辯論條件下是正確的。這段話可以分析成以下的幾點：一、語音
　　　正確雖然以其本性的模仿的意指，用來表達事物的本性，但是其意指
　　　可能相反。二、因為意指的相反而使名詞語指涉對象之間產生相反的
　　　指涉關係。三、相反的指涉關係無法由其合於本性的關係來決定，而
　　　必須依使用習慣和共同設定來決定名詞與指涉對象之間的關係。

中 369，如果你不讓任何你所同意以及共同設定者
（τι τὴν σὴν ὁμολογίαν καὶ συνθήκην）主宰名詞的正確性
？我也很樂意如此：名詞盡其可能與事物相類似。但是並
非如此地真，而如赫摩給內斯所能的：這種指涉能力是屬
於類似性370，此外，必須要有一般的共同設定在名詞的正
確性中當輔佐。由於最好的可能或許是說：說全部或者大
部分類似之處而這又相應合，而相反的最壞。再者，請告
訴我關於這個，名詞有什麼能力（意義）371以及我們主張它
們如何造得好呢？372

　　　　　　　　　　　　　　　　　　　　　　　　　　d

題解 2.3：名詞的運用
題解 2.31：克拉梯樓斯的主張：
　　　　　誰了解名詞，則他也了解事物
　　　　　〔名詞之自身功能〕

---

369 同指的名詞之間存在著一差異性，這差異性即：數有其精確性，不須
　　經約定即獲得單一的意義（這點和現代的想法有些不同，現代數學建立
　　了不同的數學系統，因而反省其系統的成立條件，並且依其系統的適
　　用性決定數理的關係──這顯然是一種約定），但是名詞並不包含指涉
　　的精確性，因而必然透過習慣與共同設定來決定其名詞與指涉對象的
　　聯繫。

370 比較414c。

371 請參考P. Natorp, *Platos Ideenlehre*, S.17.根據P. Natorp對於「δύναμις」
　　的翻譯，譯文應該意指括號中的「意義」。

372 〔435b6-d3〕：「因而……造得好呢？」──在這裡，蘇格拉底一方面
　　承認了類似性存在於大部分的命名之中，而主張共同設定與習慣是一
　　種輔助的工具。即使名詞可以普遍地且合乎本性地運用於其所描述的
　　對象，依然有賴於共同設立及同意，才能真正地連結起來。

克　我想至少教導[373]，蘇格拉底啊！而這是十分簡單（意即無條
　　件）：誰了解名詞，則他就了解事物。

蘇　或許吧，克拉梯樓斯啊！你這麼樣主張；若某人如其所是
　　地知道名詞，即全如事物所是那樣，則他將知道事物，由　　　　e
　　於它與名詞相類似，因而只是這一種所有的彼此之間相類
　　似的技術。我想依照這個而主張：誰了解名詞，則他也了
　　解事物。[374]

克　你講得全然真確。

蘇　等一下，讓我們看看，你現在所講的方式究竟是那一種對
　　事物的教導（知）方式，而是否有別的，這個卻比較好呢？
　　或者沒有別的而只有這個。你認爲是哪種呢？

克　我這麼認爲，決無某個其它的而只有這個，並且是唯一最好的。　436a

蘇　是否萬有是以同一種方式被發現，而發現這個名詞的人也
　　已發現名詞是從何（而來），或者尋找和發現用不同的方
　　式，而學習用這個（方式）呢？

克　當然尋找和發現完全用同一方式。[375]

373　參見388b7 ff.

374　蘇格拉底根據克拉梯樓斯的主張加以解釋。這個解釋可以分為以下的
　　幾點來看：一、名詞與事物（其所描述的對象）之間存在著類似性，並
　　且這相類似性使兩者的認知內容等同。二、認知可以推移，對於名詞
　　的認知可以推移其認知的內容到其所描述的對象上。三、推移的內容
　　是相互類似而且等同的。加以說明第三者之間的差異性。

375　〔435d4-436a8〕：「我想至少……同一方式。」──在本篇對話錄388b，
　　蘇格拉底確定名詞是一教導工具，克拉梯樓斯從這個主張導出一個命
　　題：誰了解名詞，則他也了解事物。這個命題預設了一個先行條件，
　　即：名詞表現出事物的本質，因而事物之本質可以用名詞的教導而獲

題解 2.32：考慮反對語言創造者的先行：
　　　　　「是」(存有)是變動的還是靜止的？
　　　　　〔名詞有欺騙之危險〕

蘇　且看，讓我們考慮，克拉梯樓斯啊！若某人跟隨名詞來尋　　b
　　找事物，所考察的正如每個所願意的，那麼你豈不留意是
　　否有點會犯錯的危險呢？

克　怎麼呢？

蘇　顯然，那個第一個設立名詞者如其想像事物是如何而這麼
　　樣設立名詞，如我們所主張，不是嗎？

克　是。

蘇　如果那人所想的不正確而如其所想的來設立(名詞)，那麼
　　我們跟從他，我們的遭遇將如何呢？豈有異於犯錯呢？

克　然而這絕不可能，蘇格拉底啊！設立名詞者必然是以知　　c
　　(識)來設立；若不然，則如我以前所已經講了，那不應該
　　是名詞[376]。最好的證明將是：設立(名詞)者不會破壞真理，
　　因為他並不這樣地同意所有的一切。或者你沒考慮到自己
　　所講的：所有的名詞依照這樣而且對著這樣的而形成的

得。蘇格拉底現在重新檢討名詞的設立之方式是否與學習名詞的方式
相同。若像克拉梯樓斯所同意的，兩種方式是相同，則這個主張似乎
無可懷疑。然而即使這兩種方式是相同的，命名者所認知的名詞及其
所教導的事物內容之間尚存在著不一致的情形，因而依據名詞而了解
事物的人，從名詞所學習到的內容並無法全然符應事物自身的內容。

376 請比較429b-e。克拉梯樓斯再度重申他已遭受蘇格拉底駁斥的主張。

麼？[377]

蘇 但是，善良的克拉梯樓斯啊！這不是辯護的理由。因為如果設立(名詞)的人一開始就錯[378]而其它的跟著這樣而設立，則必然合於此而毫不矛盾，就好像在幾何圖形裡，有時候一開始有細緻且不易發現的錯誤時，其餘許多卻由此所導引出來的，且相互同意。因而每個人在每個事物開始時，必須精確計算，並且檢查其所放置的是否正確[379]。那

d

---

377 〔436a4-c6〕：「且看⋯⋯形成的麼？」——這一段話清楚地呈現出克拉梯樓斯對造名詞者的看法。克拉梯樓斯認為：在語言、思想、對象之間，設立名詞的人以其知識足以決定三者之間有適當的對應關係。他試圖將這種正確關係建立在知識上，這點遭到蘇格拉底的反對。蘇格拉底主張這樣的說法必須加以限制，不可以越過其理論原則的限制之外，去做出獨斷的主張。若最先設立名詞的人依據不正確的理解而設立名詞，則從如此設立出來的名詞無法理解事物，但是克拉梯樓斯不承認名詞可能設立得不正確，因為設立名詞的人一方面擁有知識，另一方面不會破壞真理。

378 這裡有兩個不同的討論側面必須加以說明。第一個側面是由一個錯誤的開始點，是否必定得到錯誤的結論。如果就純論理（rein logisch）看來，顯然錯誤的開始點(前提)可以導引出正確的結論。但是如果不是純論理的，而是萬有論的（ontologisch），則其連結的理由顯然存在，因而不容易發現前提的矛盾。第二個側面是由假設的開始，必須先確定其合理與否，才能決定整個理論導引的正確與否。這個側面以其論理之假設是否得以實際地證實當作先決條件。若這些先決條件不能滿足，則這個理論自身並不充分。蘇格拉底在下面舉幾何學當作例子，他所考慮的是原始名詞的設立與後來的名詞之間的衍生關係，若原始名詞的設立並不是一開始就完全正確的話，那麼後來的名詞之設立儘管可以造得和原始的名詞一致而其中仍然難以避免一開始已經犯的錯誤。因而這裡的談論是關於第一個側面，即：萬有論的與論理的之間的連結問題。

379 〔436c7-d6〕：「但是⋯⋯是否正確。」——O. Apelt引用一經院派（Scholastik）的規則來講這裡的看法，那規則講：「不應該和沒有定立

個檢查夠了,其餘的顯然從那個而來。不如此我將驚異,
假如名詞與其自身相一致。因此,我們再研究我們前面所　　　e
經歷的。如我們所主張的:所有的「行」(ἰόντος),「動」
(φερομένου)及「流」(ῥέοντός)等名詞對我們的意指爲:
「本質」。此外,你想這樣地表明什麼別的呢?

克　對極了,而且意義也正確。　　　　　　　　　　　　　437a

〔名詞能夠指涉靜止如同其能指涉變動〕

蘇　首先,我們就從它們之中再拿這個名詞「ἐπιστήμη」[380](知
識)來考察,這個名詞來看看,如它是雙重指涉的;似乎先
意指:我們的心靈與事物同在一處靜止,或四處遊動,而
更正確的是:這名詞正如現在所說的,把它的開頭那個ε去
掉,讀若「πεϊστήμη」(即以「ἰῶτα」來代替「εἶ」)。[381]

原則的人爭論。」藉以來突顯這個論證的重要性,因為這裡所談論的
是對原則確立之前的情境。原則尚未確立之前,應當追問原則的正當
性是否存在於原則中。若有正確性,則這樣的原則才能當作原則來使
用。這是設立原則之前應該考慮的原則。參見O. Apelt, a. a. O.,S. 150,
Anm. 185.。從這裡可以顯示出蘇格拉底的辯證術所確立的意見之條件
和其反對意見之條件的差異。蘇格拉底一方面認定在一定的原則下,
如其字源學那樣有一些可靠的說明可能,但是另一方面,這種說明可
能並不是絕對可靠,因而衍生出來一些可以使用,但是可能不易發現
錯誤的名詞,蘇格拉底為了使克拉梯樓斯信服,不得不重新由實際的
例子出發,說明名詞與事物本質描述之間的不一致或不精確。

380　在412a已經解釋過了。

381　〔437a2-b1〕:「**首先……讀若**。」──相似的字源學參見Aristoteles,
Problemata, 596b40; O. Apelt, *a. a. O.*, S. 150, Anm. 187. 請比較 Méridier,

如若「恆定不變」(βέβαιον)這是對某個穩固及站立的模仿
而並不屬於動。若「集」(ἱστορία，歷史)也的確意指：　　　　b
「使流變站立」(ἵστησι τὸν ῥοῦν)，（那也不動）。且
「πιστὸν」(信念)完全地意指：「站立」。若「記憶」(μνήμη)
顯示全然只停留在心靈裡的[382]，那就不動。如果你願意，
「忽視」(ἁμαρτία)及「並動」(συμφορά)[383]，若某人跟
隨這些名詞，則他會發覺「洞見」(συνέσει)這名詞，「知
識(ἐπιστήμη)以及一切其它關於嚴格的名詞也顯得同樣
地極好。此外「無學」(ἀμαθία)及「無縛」(ἀκολασία)　　　c
大致也顯得如此。前一個因為與神同時行走而顯得「無
學」，另一個「無縛」顯然全然地跟隨事物。若這樣，那
些我們所認為最壞的名詞顯然極類似於最好的。我相信，
如若有人願意從事，他還可以找到更多別的，由這些應該
相信：設立名詞的人不只意指事物的行(ἰόντα)或動
(φερόμενα)，而且也(意指)：「停留」(μένοντα)。[384]

---

op. cit., p. 182, note 1.然而參照本對話錄410a，那裡用完全相反的學說
作為基礎來解釋相同的字。其意義表示出蘇格拉底對於語言態度上的
一種不信任，也就是我們不能只經由語言來決定我們所理解的對象，
因為語言在解釋上脫離了實際的指涉對象之後，可以有模稜兩可的解
釋。

382 這個解釋在亞理斯多德那裡可以得到印證。參見Aristoteles, *Topica* Ⅳ,
4, 125b6; O. Apelt, *a. a. O.,* S. 150, Anm. 188.

383 συμφορά意即：利益。

384 〔437a2-c7〕：「首先……停留。」——這一段話的主要意旨在於指出：
字源學的意義是兩行(雙涉)的(Amphibolie)。蘇格拉底一方面借用赫拉
克利圖的學說去說明名詞正確性的意義，這意義在於名詞是一種對於
事物內容的模仿。蘇格拉底先用字源學說明許多希臘字的構造都是模

克　但是，蘇格拉底啊！你瞧他大部分用那樣來意指。　　　　　d

蘇　這怎麼呢？克拉梯樓斯啊！我們要像用石子來投票一樣地
　　數名詞，在其中才是正確的嗎？這兩者之中，名詞顯得意
　　指那個較多，那個就應該是真的麼？

克　並不如此。[385]

〔名詞之創作者已不能確立其（名詞）於原因之認識中〕
題解 2.33：須有別條通往事物之路

蘇　決然不，親愛的！且我們就讓它這麼樣吧[386]！我們再重新　438a

仿事物的變動方式而形成的；但是在這裡他指出另外還有一些希臘字
並不是模仿指涉對象的變動而構成的，反而是模仿靜止而構成的。關
於蘇格拉底字源學的真實性，學者有不少不同的看法。有些人認為這
個字源學混雜著嚴肅及嘲弄，如：O. Apelt，另外有些人認為這個字源
學合乎當時希臘人自身的解釋，柏拉圖將它整理，並且有系統地將它
排列在一起構成《克拉梯樓斯篇》的中心部分，如：K. Gaiser。在這裡，
譯者贊同Gutherie對於這個對話錄的一般評斷，讀者應該注意的是一個
辯證論者如何進行其精神性質的遊戲，在這遊戲中，各種不同的觀點
可以並列交互地出現在對話之中。這也是理解對話錄的一大困難，因
為讀者往往難以確定哪一個意見才是柏拉圖的意見。

385 〔437a2-d7〕：「首先……並不如此。」──這一段談論以幾個字義作
　　為實例，藉以說明這些字的意義無法用赫拉克利圖的學說來解釋，因
　　為造得最好的與最壞的名詞之來源是相同的。另外，蘇格拉底加了一
　　個附帶的論證，即不因眾人贊成而得其真確性。

386 Fr. Schleiermacher根據Venetus 185之刊本而在腳註裡添加這一段話。這
　　段話在Venetus 185的集子裡並不放在對話本文的位置，而是夾註，
　　Schanz和Burnet在校刊的時候，都把這段話刪除掉，參見O. Apelt, a. a.
　　O., S. 150, Anm.170. 請比較Méridier, op. cit., p. 133. 在W抄本有這一段
　　文字：

回到我們出發的這裡，因為在前面，如你還記得，是那麼
講：設立名詞的人必定如其所設立地，以其所知來設立名
詞[387]。你還認為是這樣的，或者不呢？[388]

克　還認為。

蘇　你也主張設立原始（名詞）者以其知而設立麼？

克　以其知。

蘇　他用什麼樣的名詞來認知或發現事物，若原始的（名詞）的　　　b
　　確還不在的話，相反地，我們豈不主張不可能認知或發現

　　蘇：然而讓我們提起這一點，你是否也在這與我們一致或者不呢？且
　　　　講，那些在不同的地方，希臘或外邦都好，在不同時所確立的名
　　　　詞者，我們先前並未同意：這些人是設立法律者，以及其技術能
　　　　如此，合於立法之能力？
　　克：全然如此。
　　蘇：因此，請告訴我，當最初的設立法律者確立最初的名詞時，他們
　　　　認得事物，為了它們（事物）而設立它們（名詞），或者他們不認得
　　　　它們呢（事物）？
　　克：依我之見，他們認得它們（事物）。
　　蘇：若不認得它們（事物），親愛的朋友呀！他們幾乎不能確立它們（名
　　　　詞）。
　　克：決然不。

387 請比較436b-c。

388 〔438a1-b3〕：「決然不……如其所是麼」——這一段談論可以分成三
　　點來說：一、設立名詞者以其所知而設立名詞。二、名詞未存在時，
　　設立名詞必須先有其所知，否則無法依其知而設立名詞。三、若以名
　　詞之認知才能發現事物，則在尚未命名時，吾人將不能有知。由這三
　　點構成了一個克拉梯樓斯的理論困境，因為克拉梯樓斯主張：誰了解
　　名詞，則了解名詞所描述的對象。然而若克拉梯樓斯不承認在名詞未
　　設立之前，對事物一無所知，則原始的名詞及其所衍生的名詞都不可
　　能產生，因為第三點和第二點可以導出一個命名上的困境。

事物[389]，而只能認知名詞或發現它們，如其所是麼？[390]

克　你顯然對我說了某某(值得注意的)[391]，蘇格拉底啊！

蘇　我們講：他們用什麼方式知道而設立名詞，或者設立法律者在任何一個名詞尚未設置及認知之前，假若不是認知事物而只由名詞的話？

克　我想到關於這些的最真確的主張，蘇格拉底啊！那是某個大於人的力量，他來為事物設立原始的名詞，因而它們必然是正確的。　　　　　　　　　　　　　　　　　　　c

蘇　那麼，想看看，若他是半仙或是神[392]，他所設立的之間怎麼會互相相反(意即矛盾)呢？或者，你認為我們先前沒有主張什麼？

克　然而它們之中或許有相異的名詞。

蘇　哪個呢？至善的人啊！指向靜止或指向變動呢？因為依照剛才所說的那麼多，不能判定。

克　那樣不公正，蘇格拉底啊！　　　　　　　　　　　　　　d

蘇　若為名詞起爭執，而且一些(人)主張與其自身相類似的為真，另一些(人)卻說我依某個來判斷的，或依照什麼來做

389　比較435d-e。

390　這個問題原本只是追問名詞是否在思想上完全能夠表達事物的內容。後來卻產生思想與語言之間的張力(pendence)。語言在近代成為思想的工具，卻同時宰制了思想的形式及內容。

391　〔值得注意的〕：根據O. Apelt的譯文所添加的，目的在行文的順暢及輔助理解文義。參見O. Apelt, *a. a. O.*, S. 127.

392　在當時，這個見解應該是個流行的想法，在《法篇》(*Nómoi*) I., 624a1 ff.，柏拉圖重複了這樣的見解。除此之外，參考O. Apelt, *a. a. O.*, Anm. 16, 48, 194.

呢？豈不是不再依照這些而用其他不同的名詞。因爲根本
沒有(別的名詞)，而顯然要找別的來代替這些名詞，用它，
(則)我們不須要名詞也能顯示出，兩者之中何者是真的，
因爲它表明出萬有的真(假)。

克　我想如此。³⁹³　　　　　　　　　　　　　　　　　　e

蘇　因而，如所示，克拉梯樓斯啊！不用名詞也能認知萬有，
如果它們是如此有的話。

克　顯然。

蘇　你還期待用什麼別的來認知它們呢？因而不由別的，明確
且最公正地由它們相互(之間)，若它們大概(是)同種
(συγγενῆ)，則由它們自身呢？因爲對那些(萬有)互異的
及差別的，其所意指的也只是互異的及差別的，而不是那
些。³⁹⁴

克　我想你講得真確。

蘇　然及於宙斯³⁹⁵。我們豈不多同意設立得好的名詞與所名者　439a

393　〔438b4-438e1〕：「你顯然……我想如此。」──這段討論裡，蘇格
拉底的論點可以分成以下四點：一、若設立法律者無所知且名詞尚未
設立，則他將不可能設立正確的名詞──克拉梯樓斯持相反的意見：
有大於人之力量的存在者足以造出正確的原始名詞。二、若有這樣大
於人之力量的存在者，如半仙或神，則他不應該造出互相矛盾的命名。
三、　若造出互相相反的名詞，則無人無法判定其所表明的意義以及其
真(假)。四、　必須找出另一表明萬有之真(假)的途徑，則不須要名詞
也能夠認知萬有。

394　〔438e5-9〕：「你還期待……不是那些。」──這一段譯文不太容易
理解，它的意思是：如果名詞與萬有之間有差異，則必須由萬有自身
來認知萬有，而不能用與萬有互異且有差別的(名詞)來認知萬有。

395　Méridier, op. cit., p. 135註一云：〔然及於〕(Ἔχε δή)此詞常見於柏拉

相似，而且是事物的圖像？

克　是。

蘇　如果某人只由名詞就認知事物，而且也能由它們自己，那
　　麼，哪一種認知較好且精確呢？由圖像來認知它，看是否
　　造得好以及其與真實相像與否，或者由其真實來認知它及
　　其圖像，看是否造得合宜？

克　我想必須由其真實。

蘇　須要用什麼方式來認知或發現萬有，這大概不是由你我所
　　能知[396]。但這已經夠了，我們同意不由名詞，而由其自身
　　來認知它們比由名詞要好得多。

克　顯然，蘇格拉底啊！[397]

題解 2.34 萬有(是)只有靜止才能言說

圖，其意指：在推斷之中有少許間歇，其目的在於稱此而引起對話者
的注意，因而他的譯文為「un instant」。

396 Méridier之意見認為：柏拉圖只要在一個特殊的觀點上取得對問題界限
的認識，然而他已反省到他所必須面臨的處境。

397 〔438e2-439b8〕：「因而……蘇格拉底啊！」——這段討論必須參考
432a3以下那段類比才能了解柏拉圖的意圖。不過，這段討論是個關
鍵，它使克拉梯樓斯放棄他的命題：「誰了解名詞，誰就了解事物。」
其論證的步驟分析如下：一、另一種異於以名詞的方式來認識萬有之
辦法是：從萬有自身和其間的同種與相異或差別來認知萬有。二、若
將萬有視為圖像，則由圖像與名詞之間的相像的程度來決定造名詞是
否造得合宜。三、人無法知道用什麼方式足以認定或發現萬有——這
一點似乎和我們所分析出來的第一點相違，不過蘇格拉底似乎在第一
點裡暗示了另一條路徑，而我們在上面439c可以更進一步地知道，所
謂的「另一條路」其實就是指：假設有自在的諸相作為知道萬有的先
決條件。

蘇　再者，我們現在考察這個，豈不是有許多這樣的名詞有同　　　c
　　樣的傾向要欺騙我們；事實上，若有些設立它們的人這麼
　　想爲萬有設立（名詞），彷彿一切永遠流行且變動，因爲顯
　　然我和這些人都如此認爲；另一方面，若碰巧的話，不這
　　麼做，則他們自己如此地掉進漩渦之中，失去理智，卻要
　　拉我們進去。因爲你看，驚人的克拉梯樓斯啊！我所做許
　　多次的夢。我們是否主張有某個自在的美、善以及萬有的　　　d
　　每一個一等等[398]，或者不呢？

克　至少我想是，蘇格拉底啊！

蘇　因此，我們現在考察這個，若不是某個臉美，或者某個像
　　這類的，以及[399]所有看起來變動的。而是那自在的美，我
　　們主張：它豈不永遠是而且如其所是？

克　必然。

蘇　因而我們且（如此地）將它正確地說出來，若永遠不經意地
　　消逝，則首先那個「是」是如其所然地（是）；或者豈不必
　　然在我們說話的同時變成另一個，溜走了而且不再那樣地
　　是？

克　必然。

蘇　那麼，某個從來不這樣地是者如何是（可能）呢？因爲若某　　　e

398　這是辯證論者（διαλεκτικός）反對一偏之見時，最重要的預設條件，藉
　　著這樣的預設條件，蘇格拉底將名詞或語言的效力（δύναμις）限定在一
　　相對的範圍中。

399　O. Apelt根據Heindorf的讀法，將一般刊本中的「以及」（καὶ），讀作「因
　　而」（καὶ γάρ），譯者不認爲其行文之前後有這樣意義上的連結。因此，
　　讀如一般的讀法。參見O. Apelt, a. a. O., S. 151, Anm. 130.

時同樣這麼是，在那段時間中顯然一點也不變動。若永遠同樣地這麼有而且自在的是(即是相)，則這怎麼能夠變動或位移[400]呢？沒有任何由它的相而行出麼？

克　絕不。[401]

〔赫拉克利圖之學說必須重新檢查〕

蘇　那麼，它也不曾能為任何人所認知。同時因為在(要)認知　440a
　　者去到的時候，已變為其它的及相異的，因而也不能認知它究竟是什麼，或者它如何有。那麼，沒有任何認知(γνῶσις)能被認知，若認知決然無有。

克　正是如你所講的。

蘇　那麼根本不能主張有認知，克拉梯樓斯啊！若所有的事物都在轉變且無一停止。因為若它如此，認知，屬於認知的「是」不變動，則認知乃永恒的而且應是認知。且若認知　　b

---

400 變動或位移是萬有變化時的兩種不同方式，前者指的是性質上的，後者指的是空間上的。

401 〔439 b10-e6〕：「再者，我們……絕不。」──這段文字在文意上和翻譯上均有困難。蘇格拉底首先用赫拉克利圖的學說來作隱喻，然而提出他自己的主張(這不是歷史上的蘇格拉底的意見，參見Aristoteles, *Metaphysica*, A6, 987b1 ff. Vgl. M41, 1078b18 ff; *Magna Monalia*, A1, 1182a15 ff.)這個主張就是假設自在的相來從事知識研究，而不用在感覺中變化的事物作為知識研究的對象。由於蘇格拉底認為他所假設的自在的相不可能設立於變動之中，因而他用變動的時間分析來加以否定自在的相有變動的可能。由於λόγος不能完全保有其對變動萬有的描述效力，因而不允許任何變動或位移干擾了「相」的獨立自在性，亦即相與變動事物之間存在著一種分離。

的相自身（αὐτὸ τὸ εἶδος μεταπίπτει τῆς γνώσεως）變動，則變動進入認知的另一個相，且不再是認知，若永遠變動，則永遠沒有認知，且出乎同樣的話，既無認知者，亦無所認知者。然而若永遠有認知者，以及所認知者，則有善（的相）、美（的相）以及萬有的每一個一……等等，則我想這些自相類似的萬有，如我們現在所講的，既不流動也不變化。這個是否這麼樣地有呢，或者像那些赫拉克利圖的門人以及[402]其它許多人所講的，可能並不容易研究，然而一個有理智的人決不轉向而用其心靈去照料名詞，而那些所設立的，肯定彷彿知道某某，藉以判斷自己及其它所有的，彷彿根本沒有健康的，而一切有如會碎的陶器；完全地認為：人如此苦病於流動，事物這麼形成，一切事物因循環及流動而有。或許的確這麼樣有，克拉梯樓斯啊！或許不。必須勇敢地而且好好地考察，不要輕易相信。此外，因為你還年輕，還有時間，你考察時，若有發現，請分享給我。[403]

c

d

---

402 Méridier, *op. cit.*, p.137註一云：特別指哲人們及著名的普羅塔勾拉斯。

403 〔440a1-d7〕：「那麼……請分享給我。」──這一段話在幾個不同的研究面向上，主張：「自在的相」與變動事物必須嚴格區分開來，這些研究面向逑之如下：一、自在的相不由認知而得，因為認知是一種變動而所欲認知的「相」是一種「是」，是一自在且不變動的萬有。二、美、善等等相不因認知者與所認知者而有，為自在的而且不在變動中。

加上前面〔439b10-e6〕的註所作的分析，可以歸結出：蘇格拉底認為自在的相不與流變相結合。最後，蘇格拉底顯然並沒有完全肯定自己的態度，反而請求克拉梯樓斯留心於判定赫拉克利圖學說的意義。

克　我將這麼做，然而我知道得好，蘇格拉底啊！至今我沒有
　　事不經考慮，而由我的考察及行事，我顯然越來越像赫拉　　　　　e
　　克利圖所說的那麼行事。[404]

蘇　那麼下一次吧！教我這些吧！朋友啊！在你再來的時候。
　　現在，你已準備好，到鄉野去，這位赫摩給內斯與你同行。

克　就是這樣，蘇格拉底啊！那麼你自己也試著探究這個(問
　　題)吧！

404　克拉梯樓斯的哲學立場可以從這裡和428c得知，他顯然是赫拉克利圖
　　的門人，此外，根據亞理斯多德在*Metaphysica*上的記載，柏拉圖從遊
　　於克拉梯樓斯，從而學到赫拉克利圖的學說(A6, 987a32)。克拉梯樓斯
　　最後超越了赫拉克利圖的哲學，他認為：人連一次都無法踏入河流中
　　(C3, 1010a12 ff.)。

附錄：

亞里斯多德在命名問題上反對柏拉圖嗎？

彭文林撰

§1、前 言

　　將亞里斯多德當做柏拉圖的反對者，藉著這樣的見解來說明這兩人的哲學，並且用以解釋他們兩者之間的關係——這似乎已經形成一學派意見；即使由發生方法(genetische Methode)出發，這種意見也只有遭受到部分的懷疑。有些解釋者不但認為亞里斯多德對相論(Ideenlehre)的批評主要針對柏拉圖而立論(即反對「分離相」(ἰδέαι χώρισται)的存有)，這些反對的言論可以明確地由亞里斯多德的著作中找到，而且認為：在那裡，亞里斯多德在命名問題的解決上也對柏拉圖做了批評[1]。

　　這批評所針對的是什麼呢？或者只是亞里斯多德在柏拉圖學園中討論情形的記載，甚至只有一部分留傳下來而已。柏拉圖哲學與此相關之處我們可以由其《巴曼尼得斯篇》(Parmenides)的自我批評即可知道；在那篇對話錄裡，柏拉圖自身所主張：「相與個別事物分離」，在年老的巴曼尼得斯口中受到了回駁。關於以下這個問題：「亞里斯多德是否在命名問題上與其師柏拉圖的意見相左？」至今尚未有充份令人滿意的答案，來幫助本文的研究。

　　G. Grote在他的*Plato and the other Companions of Socrates*一書中這麼講：「亞里斯多德在他的《解釋論》(*De Interpretatione*)

1　參見 *Brandis Scholia in Aristotelem, Aristotelis Opera*, Vol. III. 108a, Nota 2.。

的學說中，毫無理由地假設此問題爲由於共同的設定，而反對柏拉圖的《克拉梯樓斯篇》(*Kratylos*)[2]。」I. Düring主張：「亞里斯多德在各種不同的情況，反對柏拉圖，他持著這個基本看法：無論是自然世界或者是精神文化世界中，我們經驗的一切都是一漫長持續發展的結果。在其語言哲學中，亞里斯多德也有如此的基本主張。形式上，他幾乎接受柏拉圖在《克拉梯樓斯篇》，《苔艾苔投斯篇》(*Theaitetos*)及《哲人篇》(*Sophistes*)中所說的一切，然而他也像反對分離的相一樣，反對把語言窄化在萬有論上[3]。」吾人不能如G. Grote那樣簡簡單單地相信：亞里斯多德毫無理由地在命名的問題上反對柏拉圖的主張，因爲那是絲毫不可能證明的假說；因而我們必須先研究柏拉圖究竟在《克拉梯樓斯篇》中有甚麼主張，以及亞里斯多德所謂的「依共同的約定」(κατὰ συνθήκην)所指爲何，然後才能在這個觀點上正確地解釋柏拉圖與亞里斯多德之間的關係。

這些解釋者將其命題的根據建築在以下的四個論証上：

---

2 G. Grote, *Plato and the other Companions of Socrates*, Vol. II, S. 502, footnote b. "Aristotle assumes the question in favour of 'thesei' in his Treatise *De Interpretatione*, without any reasoning, against the Platonic *Cratylus*."

3 I. Düring, *Aristoteles*, S. 65-66.: "Gegen Platon vertritt Aristoteles in verschiedenen Zusammenhang die Grundansicht, dass sowohl in der Welt der Natur als in der geistigen Kultur alles, was wir erleben, das Ergebnis eines langsam fortschrreitenden Prozesses ist. Auch in seiner Sprachphilosophie hat Aristoteles diese Grundansicht. Er akzeptierte formell fast alles, was Platon von der Sprache im Kratylos, Theaitetos und Sophistes gesagt hatte, aber so wie er die Abgesondertheit, d.h. den Chorismos der Ideen ablehnt, lehnt er auch die ontologische Verankerung der Sprache ab."

一、G. Grote認為——若句子(λóγος)或真或假,則句子的
最小的部分(亦即名詞,ὄνομα)必定也有真或假——柏
拉圖這樣的看法乃依一錯誤的類比而証明為合理。由
此而觀之,吾人可説:亞里斯多德在這一點上批評柏
拉圖,因為他主張:名詞「依共同的約定」既非假,
亦非真[4]。

二、蘇格拉底主張:「因而名詞是一教學的器具且區分本
質[5]。」;而亞里斯多德的主張正與此相反,他説:「然
而每一句子皆指明某某,此誠非依一自然器具的方式
而得,正如以上所説的:「依共同的約定」[6]。」因而
G. Grote及I. Düring把這看成其命題的証明。

三、藉著Ammonios對亞里斯多德的註解(這裡所指的是
Ammonios所寫的 *Eἰς τὸ περὶ Ἑρμηνείας*,即《解釋論
注》),G. Grote猜想:柏拉圖所謂「合乎本性」(φύσει)
的意義是指事物所有恆定的本質(τινα βεβαιότητα
τῆς οὐσίας)[7]。亞里斯多德相反地主張:所謂的「合乎
本性」的意義是指「語言或命名對人而言,在種類上
是自然的(languages or naming in genere, is natural to

---

4 G. Grote, a. a. O., Vol. II, S. 502, footnote d. und I. Düring, a. a. O.. S. 66.
5 Platon, *Kratylos*, 388b13-c1.: ‘Ὄνομα ἄρα διδασκαλικόν τί ἐστιν
ὄργανον καὶ διακριτικὸν τῆς οὐσίας᾿
6 Aristoteles, *De Interpretatione* 17a1-2.: "Ἔστι δὲ λόγος ἅπας μὲν
σημαντικός, ουχ᾿ὡς ὄργανον δε, αλλ᾿ ὡς προείρηται, κἀτά συνθήκην."
7 Platon, *Kratylos*, 386e1.

man）」[8]。

四、關於柏拉圖所説「σημαίνειν」（構成意義）一詞的字義，
I. Düring認為：在柏拉圖對話錄中的講法是——一詞語
意指某某或具有一個意義（此即「σημαίνειν」之義），
因而此詞也就為人所認識，並且也指明其真實如此；
「σημαίνειν」在亞里斯多德的《解釋論》中，其意義
為：「述詞形容的一致性」（"Einstimmigkeit der
Bedeutung"）。因此，在語言的理論中，「描述真實」
（"die Wirklichkeit der Bezeichnung"）與否是柏拉圖與亞
里斯多德之間的最重要的差異。

§2. 在《克拉梯樓斯篇》中，蘇格拉底對命名問題的態度

關於柏拉圖在《克拉梯樓斯篇》中所説的一切主張，只能
用假設的方式重新做解釋[9]，因為柏拉圖的主張總是依對話情境
而有所不同。這裡我們先將蘇格拉底在《克拉梯樓斯篇》中的
主張以假設式列舉出來如下：

8　G. Grote, *a. a. O.,* S. 510, footnote z.

9　Peng, Wen-lin, *Onoma und Logos — Interpretation des platonischen Dialogs
　　<Kratylos> mit einem Exkurs ins <Organon> des Aristoteles und einem
　　Anhang über die chinesische Philosophie*, Dissertation, Tübingen, 1993,
　　S.6-7.

一、若名詞的正確性(ὀνομάτων ὀρθότητα)只基於約定
　　及共同使用,則吾人不能有一堅實的判準,而所獲得
　　的真假判準僅僅是相對的。這樣使蘇格拉底將此命題
　　引至普羅塔勾拉斯(Protagoras)所立的句義:「人是萬
　　有的權衡」[10]。然而名詞必須是句子最小的部分也將
　　如句子那樣為真或為假。

二、若真的句子(λόγος ἀληθὲς)及其真的部分──名詞
　　(ὄνομα)存在,則在事物自身之中必有一恆存的本
　　質,因為有些人比較深思熟慮(φρονίμους),而另一些
　　人較不深思熟慮(ἄφρονας);並且不是所有的事物對
　　於所有的人皆同時且一直以同樣的方式出現,亦非每
　　一事物對於每一個人皆以特殊的方式存有。因此,每
　　一事物必須有其自有且永恆不變的本質,這本質並不
　　依附於吾人[11]。

三、若事物依其自身所有的種類與方式而運行,且命名
　　(ὀνομάζειν)乃一關乎事物的行為,則此行為在事物命
　　名與所以命名的本性中,應與事物相一致。所以,名
　　詞是一教導與分辨事物本質的工具[12]。

四、若名詞是一教導與分辨事物本質的工具,命名者與名
　　詞之間的關係猶如紡織師與紡織機的關係,則必定有
　　一傑出的命名者, 他能使名詞成為相的仿本

10　Platon, *Kratylos*, 385a-386a.
11　Platon, *Kratylos*, 386d-e.
12　Platon, *Kratylos*, 387a-388c.

(μίμημα τοῦ εἴδου)[13]。

五、若命名有好壞的分別，則一定也有傑出的使用者做為命名的檢查者，我們稱之為辯證論者(διαλεκτικός)，因為這樣的人曉得如何問問題及回答問題，而且知道命名的正確性[14]。

六、若由本質而來，命名與事物相應，則原始的名詞(此處所指的是：字母)自身有其意義；其音的特徵代表即其意義，這些音可以描述事物的特徵及本質。因而名詞是所描述事物本質的仿本。在這樣的意義之下，「名詞的正確性」意指仿本(μίμημα，在音中代表事物)及事物本質之間的同一性[15]。

七、若名詞果真皆為真，則名詞將不可能有好壞，而時時只是正確且真。因此，我們將不可能說出任何假話。若有人果真能說出任何假話，則他所說的不過是一堆雜音，這雜音完全無意義[16]。用畫圖的類比(Analogie der Malerei)已獲得證明：無論是畫家或命名者所做出來的模仿，彼此之間，必須有較好或較壞之分。然而這個論證並不能令克拉梯樓斯信服[17]。

八、若字母以及名詞(ὄνομα)不僅只是合於音之模仿的符號而已，並且也同時含有許多意義，則必須在語言使

13　Platon, *Kratylos*, 388c-390a.
14　Platon, *Kratylos*, 390b-e.
15　Platon, *Kratylos*, 391a-427d.
16　Platon, *Kratylos*, 428d-432a.
17　Platon, *Kratylos*, 430b-432a.

用中賦予歧義的解釋，藉以將名詞的指涉範圍做一規
定。這也是為何以音做為模仿的不同語言
（phonomimetische Sprachen）如此之多且能如此之多的
原因（以音做為模仿的語言，其差異性的來源不盡相
同，僅管在其中的每一個音都有其自己的意義，乃因
其音在語言的建構中並不扮演決定性的角色[18]）。

九、若命名者在命名時，只是用部分的方式，模仿事物本
質而命名，並且依這種方式，或者是藉由約定俗成，
則一名詞不能與事物的本質及「相」相應合，而且也
不能藉此名即獲得事物的本質及相方面的知識，故欲
認識事物的本質及相，必須由其它的途徑始得。因為
在此條件下，對事物得認識與由名詞所描述的知識並
不相同[19]。

十、若認識之知（γνῶσις）為可認知，則此知不應隨時流
變，而必須時時為同一且靜止[20]。

§3. 亞里斯多德在《解釋論》中論名詞

在《解釋論》中，亞里斯多德首先設立定義（θέσθαι），解
釋何謂名詞（ὄνομα）、動詞（ῥῆμα）及句子（λόγος）。他給了四
個積極及兩個消極的論述，條列如下：

18　Platon, *Kratylos*, 432a-434b.
19　Platon, *Kratylos*, 434f-437d.
20　Platon, *Kratylos*, 439d-440e.

一、音由聲而成，心靈的音所代表的表像及字書皆為音的
　　符號[21]。

二、正如心中之思想時而無眞假，在語言中亦如此；而時
　　必然為其中兩者之一（亦即有眞假），在句子之中也是
　　如此[22]。

三、因此，名詞為音，依約定而意指某某，不與時間相繫，
　　其部分就其自身而言，不構成意義[23]。

四、「共同約定」一詞的意義是說：無一名詞乃出乎本性
　　而有，而是只在其一成為符號之後才有[24]。

五、「非人」不是名詞，……。而可能是「不定名詞」(ὄνομα
　　ἀόριστον)[25]。

六、「Φίλωνος」及「Φίλωνι」……等不是名詞，而是名
　　詞的格(πτῶσις ὀνόματος)[26]。

　　第五條及第六條僅僅只是名詞所指涉範圍的限制，這限制
對我們解釋此爭論並無任何幫助，因為它們不是在§I中的爭論
焦點。因此，我們沒有討論這兩點的必要，所以我們在此僅須
解釋前面那四點：
　　一、亞里斯多德在對名詞做了說明之後，用「對一切不同」

21　Aristoteles, *De Interpretatione*, 16a4-6.
22　Aristoteles, *De Interpretatione*, 16a10.
23　Aristoteles, *De Interpretatione*, 16a20.
24　Aristoteles, *De Interpretatione*, 16a27.
25　Aristoteles, *De Interpretatione*, 16a30.
26　Aristoteles, *De Interpretatione*, 16b1-2.

（οὐδε πᾶσι τα ἀυτὰ）與「對一切相同」（τ' ἀυτὰ πᾶσι）做爲判準，而確定在文法（γράμματα），語音（φωνάι），感受（παθήματα）及事物（πράγματα）之間有一差異，這個差異在亞里斯多德註釋者Ammonios的《解釋論注》（《Eἰς τὸ περὶ Ἑρμηνείας》）一書中，被當成區分「合乎本性」（φύσει）與「合乎約定」（θέσει）的根據[27]。在這裡的主張是：亞里斯多德自己將這個分別當做一個衡量的判準來看待。若Ammonios在這裡所說的真，則吾人即能確定，亞里斯多德不僅在「依據約定」（κατὰ συνθήκην）的意義下承認名詞有一正確性，並且也在「合乎本性」（φύσει）的意義下承認名詞有另一種正確性。

　　二、亞里斯多德主張：若名詞、動詞和句子都是在心靈中的思想（νόημα），則它們可能有時候既無真且無假，而有時候有真或假。它們的真假，正如他所解釋的，取決於其語音之間的能否結合及分離（若其語音不能結合及分離，而實際上卻將之結合或分離，則即形成所謂的「假」；若其語音能結合及分離，而實際上也將之結合或分離，則即形成所謂的「真」）。然而這樣的主張卻不能理解爲：名詞與其所描述事物的本質相一致時，此一致性作爲真假的判準，而必須這樣來理解：名詞與動詞在心靈中的分解與結合必有真假，此真假的產生正如其在語音中。由此可以證明：亞里斯多德並非無條件地堅持這種主張：名詞既不真且不假（οὔτε ψευδὸς οὔτε ἀληθὲς）[28]，而是在這樣的一個條件下：名詞無真假是「依據約定」的意義而有。

27　*Brandis Scholia in Aristoteles, Aristotelis Opera*, Vol. 3, 100a20-30.

28　Aristoteles, *De Interpretatione*, 16a16.

　　三、在這一段話裡，亞里斯多德解釋：若名詞當做有意義的語音(φωνή σημαντική)來使用，對於所有使用相同語言者而言，它一方面不具有時間性，由於他們在語言的使用中共同承認這一點。而另一方面，若此名詞已經脫離了其所在原有的名詞，則將不允許名詞的部分保有其原有的意義。亞里斯多德舉了兩個例子來證明他的主張──名詞自己當做整體，藉著其各個部分的組合而得其意義，然而也可能影響其它的意義。若一名詞的各個部分之間互相獨立而形成其自身的意義，則名詞將失去其意義，這樣的情況下，名詞只有通過「依據約定而成有意義的音」(φωνή σημαντική κατὰ συνθήκην)才有可能如此。

　　四、這樣的說法是一個命題的否定，這個命題即：命名乃合乎事物的本質而有。這個說法決然只有在一條件下才有可能；這條件即：「依據約定」。因此，反過來講，我們也可以主張：亞里斯多德也同樣支持這樣的命題：名詞的正確性合乎本性本質。這正意指：若在命名的過程中，他只承認有一約定俗成意義的名詞正確性，則他也將不須要談及名詞的本性，因為這裡所指涉的僅是某個事物，此事物有其自有而不是無，而其有必然受肯定為有。

　　由以上的討論可以得知，亞里斯多德所討論的句子及名詞，乃遷就「依據約定」，其所欲建立的不是辯證意義的(Dialektischen)，而屬於分析的(Analytischen)，因而他不再停留在柏拉圖的辯證層次而立論。在這裡我大膽地主張：亞里斯多德自身已不再注意《克拉梯樓斯篇》所討論的爭辯，僅管他和柏拉圖一樣承認名詞有不同樣的正確性。

§4. 解釋其間是否有諍論

一、在§1.中的第一點裡，G. Grote認爲：

(一)蘇格拉底的類比應該只是一個錯誤，因爲蘇格拉底對於純粹論理的(das rein Logische)與萬有論的(das Ontologische)之間的區分並沒有任何認識。這裡我們可以用§3.中的第二個主張來解釋這個問題，亦即：若句子及其最小的單位——名詞——不僅僅是在語言構造中指明句子及名詞的意義，則必然與所描述事物的本質之間有一關係；若名詞及句子與所描述事物之間無本質的關係，則G. Grote對於蘇格拉底的批評才能有效。除此之外，我們也可以用第六個和第九個主張來指明：柏拉圖不僅只承認名詞有「合乎本性」的正確性，而且也承認有「合乎約定」的正確性。若名詞在意義上只解釋爲「合乎本性」，則其自身將也不能是真也不能是假，因爲僅僅出乎字母的規定不能得到萬有(ὄντα)及事物(πράγματα)的本質的模仿。藉著社會中，人與人之間的共同約定，那些通過音所描述的(事物)最多只能藉著聲音與字母來描述。

(二)從§3.的第一個解釋中，我們可以知道，亞里斯多德承認兩種不同的名詞正確性。並且在§3.的第一個解釋中，我嘗試著指明：亞里斯多德對「合於本性」的正確性之否定只有在一個條件下才有可能，此條件即：通過「依據約定而成有意義的音」。換句話說，若名詞在語音及文字中可以任意地定義，則此名詞乃依習俗律法(νόμῳ)而形成；若名詞所描述的與心靈之像、感取之像及事物等等的所成性相符合，則它可以是：造

得「合乎本性」。

　　或許有人會這樣懷疑，亞里斯多德在《範疇篇》(*Kategoriai*)中主張：「每一個所命名的概念在其自身及對其自身而言，皆無肯定及否定，而肯定及否定乃經由其結合而產生。」[29]今若名詞每一次所描述者皆應爲範疇，則用「依據約定而成有意義的聲音」就不足以解釋，因此而造成的論爭。

　　因而在這裡我將「συμπλοκή」(共置)這個概念帶入我們的討論中，做爲解答此問題之鑰。依亞里斯多德的解釋，我們可以知道：若一範疇獨存而不與其它範疇相結合，則此範疇並沒有真假可言；相反地，若一範疇其它範疇相結合，則此範疇即有真假。這也就是說，範疇之真假只存於一句子中，而句子正是表達兩個或兩個以上的連結關係。恰當地說，範疇(κατηγόριαι)所意指的只是純語言的，亦即某一事物爲另一個別的所描述，正如前者在句子之中一樣。由此可以獲得以下的結論：若名詞與任何一個範疇相結合而有真或假，則它必然存於一句子之中。因而現在所應追問的是：句子的結構是否爲出乎純粹的語言運用，或是合於所描述事物的本性。若句子的結構必須滿足這兩個條件，則詞語(λεγόμενον)與萬有(ὄντα)之間的關係也必須如此來理解。因此，藉著對於「συμπλοκή」這個概念的解釋，可以消除「合乎本性」與「合乎約定」之間的緊張對立。若詞語不與任何一個範疇相結合，則它將自明地無真且無假。

29　Aristoteles, *Kategoriai*, Kap. IV, 2a2-4.

此外，若G. Grote要堅持其命題，則他必須證明，亞里斯多德主張：名詞在句子之中既非真也非假，因爲柏拉圖的命題是：若句子有真或有假，則名詞只在句子中，所以，它必然也有真假。若名詞僅僅是單獨而不存於句子的「συμπλοκή」中，柏拉圖也可以像亞里斯多德那樣主張：若名詞在句子之中，不與其它的賓詞相連結，則名詞既非真也非假。

二、在這裡，若我們想要反對I. Düring及G. Grote在§2.所說的第二個論證而只做一詞語爭執，則我們只要簡單地說：柏拉圖將名詞看成一種教導的器具，而亞里斯多德將名詞放在句子之中觀察，因此否定了這樣的主張。

這也就是說，G. Grote的命題將會遭到回駁，因爲他對於柏拉圖與亞里斯多德所說之句子裡的主詞（ὑποκείμενον）之不同，並未給與適當的注意。因此，依我看來，若有人將柏拉圖所說句子裡的主詞（亦即指名詞）與亞里斯多德所說的主詞（亦即指句子）相等同，這只是一個純然的誤會，因爲前者只是後者的一部分而已。這樣的解釋背後隱藏著必須要注意的疑慮，這疑慮即追問：吾人是否能將「ὡς ὄργανον δέ」（乃工具）這一詞語等同於「合乎本性」，在那裡，柏拉圖使用這個詞語的時候只是用一個「類推的例子」（ἀνάλογον）來解釋而已。[30]若吾人雖僅僅以某些符號（Symbole）對事物做命名，這些符號同樣地能如文字（Zeichen）一樣，切合事物的本質。因此，以此種方式，名詞也能夠做爲一種教導的器具，用以分辨及歸類事物的本

---

30 Platon, *Kratylos*, 387a ff.

質。

根據§2.的第三、四與八這三項的主張，可總括出柏拉圖的企圖是：基本上，柏拉圖至少認為命名的正確性存於事物的本性之中，然而卻不是全然地建立在其中，而只是部分地合於萬有以及事物的模仿而成。這一類字詞組成的基子（στοιχεῖα）並不藉由模仿而得，因此，從之而得的命名正確性亦非由合於對事物本性之模仿而來，所以，此類基子必須與亞里斯多德所謂的「依據約定」做一對照。若吾人特別小心地注意與這個術語有關的上下文（Syntax）而對「依據約定」一詞做解釋，則依筆者個人的淺見，可以獲得以下幾個特點：

（一）名詞的意義不應當片面地解釋，因為它經由一個語詞所有的兩個部分結合而獲得另一個指涉可能。因此，名詞所指涉的不再是像它的部分一樣，指涉同一對象，例如：「Κάλλιππος」所指涉的是一個人（其意義為「良駒」，正如在我們的語言中，我們喜歡用「家駒」作為子女的名字一樣），而「κάλος ἵππος」所指涉的是一匹「良駒」（不僅僅其意義為「良駒」，而且其所指涉的也是第一類本質中的個別主體）[31]。

（二）名詞是一種符號（σύμβολον），這符號與禽獸所發出來的聲音不同；禽獸所發出來的聲音無意義，而符號是一種「有意義的聲音」[32]。

---

31 Aristoteles, *De Interpretatione*, 16a19-21.
32 Aristoteles, *De Interpretatione*, 16a27-29.

（三）名詞的否定不能當成名詞來看。它應視為不定的名詞[33]。

（四）名詞的各個變化（Deklinationen），除了主格（Nominativ）之外，都不是名詞，而是名詞的格（ὀνόματος πτῶσει）[34]。

以上這四點是亞里斯多德在《解釋論》（De Interpretatione）第二章之中論述「依據約定」一詞時，所使用其意義解釋的時機。依據這樣的解釋看來，關於這個命題——亞里斯多德的語言哲學在命名問題（ὄνομα-Problematik）上，與柏拉圖的語言哲學不一致——所做解釋上的第二個論證將變得無效。

三、G. Grote說：「柏拉圖將命名與砍切、燒灼相與為類，亞里斯多德拒絕這種比喻。他說：砍切與燒灼對所有的事物都相同，或者是自然如此的；而命名並非對所有的事物都相同，因而並非自然如此的。[35]」

這樣的主張乃源於Ammonios在《解釋論注》的說法。Ammonios在《解釋論注》中主張：「亞里斯多德主張：這四類之中，有兩類是「合乎本性」的，而其餘的兩類是「合乎約定」的；事物與思想是「合乎本性」的，而聲音與文字是「合乎約定」的。他區分「合乎本性」與「合乎約定」時，採取了以下的標準：他說：「那些對於一切都相同的萬有是『合乎本性』，

---

33 Aristoteles, *De Interpretatione*, 16a30-33.
34 Aristoteles, *De Interpretatione*, 16a33-b1.
35 G. Grote, *a. a. O.*, S. 510, footnote z..

而其餘對於一切不相同的萬有並非『合乎本性』的，而是『合乎約定』。」[36]Ammonios所知道關於「合乎本性」與「合乎約定」之間的區分判準從何而來，我們已不得而知，然而由《解釋論》一書中看來，若運用對一切相同（πᾶσι τά αὐτά）與對一切不相同（οὐδε πᾶσι τά αὐτά）做為分類的判準，則所謂亞里斯多德主張語言乃「合乎約定」，其意乃在於區分文字、聲音、感覺，以及其相類似者、事物等。

首先我們試著尋找柏拉圖與亞里斯多德對「合乎本性」與「合乎約定」這兩個詞的定義，因為G. Grote對這兩個詞並未給與充份且清楚的定義。在這種情況，若對這兩個概念並無清楚明白的定義，則其主張既不能被贊成，也不能反對。

（一）關於柏拉圖的主張：根據§2.之中的第三、五及六這三個主張，柏拉圖在《克拉梯樓斯篇》中能主張事物有其自身的本質（οὐσία），而且依其身所有的特定方式而活動，這個特定方式是獨立於我們人類的意見（δόχα）之外。因此，若名詞依據事物的本質而形成，則名詞僅僅是事物的仿本，或者影像以及言表（δήλωμα）。

在《克拉梯樓斯篇》中，蘇格拉底所做的字源學研究佔有的篇幅超過此對話錄的一半，其目的只是在證明：設立法律者（νομοθέτος）依據相（εἶδος）而使用語音與字節，藉此依據事物的本質而創立名詞。因此，柏拉圖所謂的「合乎本性」是指：名詞乃一仿本，此仿本合乎事物及萬有的本質與本性。因此，

36 *Aristotelis opera*, Vol. III. = *Brandis Scholia in Aristotlem*, 100a24-30，

我們必須反對G. Grote主張，因為柏拉圖僅將命名活動視為一人
類實踐活動（πραξις），這命名活動只藉由工匠、工技與工具之
間的關係類比來解釋。就此而言，G. Grote混淆了事物與實踐活
動之間的關係，因而產生這樣的誤解。若命名與砍切、燒灼皆
僅為實踐活動，則它們必將排除在Ammonios的註解所做的分類
之外。在這一個層面上，它們既不能是「合乎本性」，也不能
是「合乎約定」。

　　(二)關於亞里斯多德的主張：在亞里斯多德那裡，我們不
能像在柏拉圖那裡一樣，很簡單地就找到一個名詞「合乎本性」
的定義，因為亞里斯多德極顯然地要發展一純粹理論的聯句法
（einen rein theoretischen 'συλλογισμός'，或者譯為三段論），其
目的是為了以聯句法做為工具，用以分別辯證術（Dialektik）與
分析術（Analytik）。當然，亞里斯多德在《解釋論》中說：「『合
乎約定』一詞的意義是指：每有任何一名詞自然即如此，而唯
有在它變為符號之後才如此。」[37]對這樣的說法我們可以做以
下的說明：名詞在「合乎本性」的意義下是符號上的，因而並
不由乎自然而有，因為禽獸也同樣能出乎本性地吼叫或發出聲
音。由這種亞里斯多德所謂「合乎本性」的意義而言，G. Grote
所主張的命題正不能與之相一致。因此，這裡我們發現：柏拉
圖與亞里斯多德將其關於這問題的思考活動置於不同的層面而
做說明。他們的意見無法比較，正如量的範疇與質的範疇不能
比較一樣。

---

37 Aristoteles, *De Interpretatione*, 16a27.

（四）I. Düring的主張建立在這樣的基礎上——柏拉圖代表「合乎本性」的意見，而相反地，亞里斯多德代表「依據約定」的意見。依據筆者在§4.的第六、八及九條對蘇格拉底主張的解釋，柏拉圖代表這樣的立場：名詞不僅爲一對真實本質（die wahre Wirklichkeit）的描述，亦即爲「合乎本性」，同時，在共同的語言運用中，也含有描述的一致性（Eindeutigkeit der Bestimmung），亦即爲「合乎約定」。

依據§I. 2.中的第一及第四個主張，我們可以主張，亞里斯多德企圖藉由其定義的手段，建立一語言哲學，這語言哲學乃純粹論理的且獨立於萬有論之外（rein logisch und unabhängig vom Ontologischen）的知識。因此，柏拉圖與亞里斯多德對於命名問題之主張，其分別不存於「合乎本性」及「合乎約定」這兩個命題之間的對立，這樣的對立是因爲I. Düring在他的解釋中，將真實本質與描述的一致性對立起來的緣故，而存於是否作純粹論理的對象（das rein Logische）與萬有論的對象（das Ontologische）區分中，因爲在柏拉圖對此問題的處理中，尚未存在著純粹論理的與萬有論的區分，而亞里斯多德卻是帶著意圖地將者兩者分別開來。

若吾人循字逐句地檢查I. Düring的主張，則我們可以發現，「σημαίνειν」（構成意義）一詞的意義[38]是：若有人將某個關於 X 的意義解釋出一個意義來，則他不能用這個詞語而必須

---

38 請比較Platon, *Kratylos*, 396b6, 405c8, 408c2, 411d9, 413e2, 414b10, 415a5, a6, c3, d1, 417e1, 418b1, e6, 419a3, a8, 422e4, 427c5, c8 及Aristoteles, *De Interpretatione*, 16a6, a22, b8, b33.

用另一個詞語，甚至用一個完整的句子來說明。關於所謂「描述的一致性」的意義，I. Düring所根據的文獻是：「在Κάλλιππος一字中，這裡的『馬』（ἵππος 為Κάλλιππος的一部分）並不像『良馬』κάλος ἵππος）一詞中的『馬』一樣，依其自身即能獨立地構成意義。」[39]依據我們的解釋，在這個句子中，「σημαίνειν」一詞僅僅指涉負面的意義而已；也就是說，X的意義不能由Y而獲得解釋。

§5. 論名詞的正確性

若名詞一語的字源學解釋，如蘇格拉底在《克拉梯樓斯篇》中所說明，意為：「τοῦτο εἶναι ὂν οὗ μάσμα ἐστίν」（此乃一萬有，依之以尋求）[40]，則必有一名詞的正確性存在，因為名詞必有一關於萬有及事物本質上的指涉，萬有及事物藉它而描述，並且藉以和其它的區分開來。若名詞並無這樣的指涉，則它將不含思想的內容，且只能藉由純粹的語言使用而產生，因而它僅應為「合乎約定」而已。

是否有一名詞的正確性存在——這個問題長久以來即困擾著柏拉圖與亞里斯多德的註釋者，其間爭論不決。在他們之中，有些人主張，亞里斯多德反對柏拉圖，因而同意名詞的正確性是合乎約定而已，因為亞里斯多德說：「因而名詞是音，它合乎約定地形成其意義，不與時間相連結。[41]」若吾人將這個命

39　Aristoteles, *De Interpretatione*, 16a22.
40　Platon, *Kratylos*, 421a10-b1.
41　Aristoteles, *De Interpretatione*, 16a20.

題極端化，則吾人將發現，甚至人們可以主張：名詞的正確性根本不存在，因爲若在社會中，語言僅爲使用時共同約定的情況下，名詞隨時可以改變。若人們提出這樣的問題，而且嘗試解決這個問題，則他們不能僅由柏拉圖與亞里斯多德的理論出發來討論這個問題，而更必須由一基礎的方式，將問題鋪陳開來。因此，在這裡用以下的問題來重新釐清問題，顯然極有意義，藉著這樣的幫助，將使問題的解釋能完全終結：

一、名詞自身究竟為何？
二、名詞由何及在何之中組成？
三、名詞依何基礎而形成？
四、名詞有那些正確性？

關於第一個問題，我們可以在柏拉圖與亞里斯多德的著作中找到許多答案，例如：柏拉圖說：「那麼，你能在句子找到一個比名詞還更小的部分嗎？不，這一個是最小的（部分）。」[42]或者，「此乃一萬有，依之以尋求。」[43]亞里斯多德則說：「名詞爲聲，依此而形成音，爲符號，乃在心靈中之表象，且爲文字，乃聲之符號。」[44]或者，「因而名詞是音，它合乎約定地形成其意義，不與時間相連結；並且其部分亦不個別地形成意

---

42 Platon, *Kratylos*, 385c7-8.
43 Platon, *Kratylos*, 421a10-b1.
44 Aristoteles, *De Interpretatione*, 16a4-6.

義。」[45]

第二個問題的回答們可以分成三個部分來回答：

一、若名詞出現在語言之中，則它必須改寫於聲音中（ἐν φωνή），然後依據聲音將名詞改寫成文字（γραφόμενα）（這裡我們必須將依形狀模仿而成的語言——即中文——排除於依聲音模仿而成的語言——即印歐語言之外，因為前者並非依聲音模仿而成的）。

二、若吾人先觀察名詞如何誕生，則吾人將發現，其誕生與知識的誕生相同，因為命名這一行為所擁有的對象與知識的對象為同一個，並且其間的關係也正好相同。藉著名詞吾人將萬有與事物帶到語言中，因而萬有與事物的性質及其存有在語言中不完全地確定。事物藉由感覺（αἰσθήσις）進入知性（νοῦς）中而轉化成為所感覺者（παθήματα）及思想（νόημα）。因而能將萬有與事物轉化成聲音（φωνή）、符號（σύμβολον）以及文字中。名詞由這樣的兩個轉化過程而形成。

三、若名詞如上面這兩條所述的那樣而形成，則名詞在語言的構成中，必然存於音的組合中，並且合於音地轉為文字。因此，在最佳的情況下，名詞僅僅是所感覺者及思想（νοήματα）的仿本。這就是說：若名詞藉著聲音及字母而為事物傳遞的媒介，這聲音及字母在語言使用上僅僅奠基於人與人之間共同的認定，則名詞僅僅擁有一種合乎約定的正確性；若名詞指引我們在心靈中知道所感覺者及思想——這兩者是事物在心靈之中

---

45 Aristoteles, *De Interpretatione*, 16a20.

的代表者，它們對吾人而言，顯然一直如此穩固而不變動，在這樣的情況下，名詞擁有一種合乎本性的正確性。簡言之，若在聲音、文字、所感覺者及思想之中，並沒有一介乎名詞與依此名詞所描述者之間的模仿關係，則在語言中，絕無一名詞的絕對無條件的正確性。

第三個問題的解答可以這麼討論：名詞形成的理由是它當作一媒介來使用，將其所描述的萬有與事物轉化在心靈之中，使所感覺者及思想與之相應合，因為名詞為了描述其所欲描述者而形成，在心靈之中，它是萬有與事物的代表者；若沒有它，則吾人根本不能對萬有與事物做思考。

這四個問題答案之中，以第四個問題的答案最為複雜，因為它含有許多不同樣相的可能性。若吾人將它依第二個問題的第二個及第三個答案來分析，亦即以名詞與其所指涉為考量而嘗試著將其回答的可能性陳述出來，則至少可以得到五個不同的組合，條列之如下：

一、名詞—聲音—萬有與事物

二、名詞—文字—萬有與事物

三、名詞—所感覺者—萬有與事物

四、名詞—思想—萬有與事物

五、名詞—語句—萬有與事物

從以上的組合，我們可以明白：「名詞正確性」的意義存於名詞及萬有與事物之間的擺錘關係中，亦即其間的相互依存

關係。若從遠於這五個組合的方向而論，名詞只因純粹語言活動上定義而有，且這定義與萬有事物之間並無任何本質上的關連而是通過語言使用而有效用，則它將無真假可言，因為這樣的名詞與萬有及事物之間的並無相互依存關係。

由以上的討論可知，名詞正確性必須這麼樣決定：所描述及所說明的詞語必須與所描述及所說明的對象相符合[46]。這相符合性不僅存於事物的本性中，同樣地也存於人類所使用的聲音、文字、感覺對象、思想之中，因為它是所有這些的相互依存者。

---

46 Platon, *Kratylos*, 428e.

參考書目

中文部分

1981　《古希臘羅馬哲學資料選輯》（台北，仰哲出版社）。

苗力田主編

1992　《古希臘哲學》（北京，中國人民大學出版社）。

陳　康

1979　《柏拉圖巴曼尼得斯篇譯著》（台北，問學出版社）。

江日新、關子尹編

1987　《陳康哲學論文集》（台北，聯經出版事業公司）。

柏拉圖

1962　楊瑞麟譯，《柏拉圖對話錄》（高雄，則中）。

1966　胡宏述譯，《柏拉圖對話錄》（台北，正文）。

　　　景昌極譯，《柏拉圖五大對話錄》（台北，台灣商務）。

1970　吳錦堂譯，《饗宴》（台北，協志工業叢書）。

1974　張東蓀譯，《柏拉圖對話錄六種》（台北，先知）。

1975　酈行健譯，《波羅塔哥拉》（台北，中國文化大學出版部）。

1980　侯健譯，《理想國》（台北，聯經）。

1986　朱光潛譯，《柏拉圖文藝對話集》（板橋市，蒲公英）。

1996　彭文林譯注，《歐伊梯孚容篇（*Euthyphron*）譯注》（台中，明目書社）。

外文部分

I.各種原典之版本、註解、翻譯及工具書（字典）

B. Jowett

　　1970　The Dialogues of Plato(London).

Fr. Astius censuit

　　1835　Lexicon Platonicum(Leipzig).

hrg. von Gunther Eigler

　　1973　*Platon Werke in 8 Bde Griechisch und Deutsch*, Wissen-schaftliche Buchgesellschaft Darmstadt .

von Georgivus Pasquali

　　1907　Procli Diadochii in Platonis Cratylum Commentaria (Leipzig).

　　1988　*Platon Sämtliche Dialoge*, hrg. von O. Apelt, Felix Meiner Verlag(Hamburg).

Immanuel Bekker recensuit enotavitque

　　　　Platonis Scripta Graece Omnia, Vol. I-IX(London), MDCCCXXVI.

　　1987　*Platonis Opera*, Burnet Bd. I-V, (Oxford), 18th impression.

J. Hunziker & ex recensione Fr. Dubneri

　　　　Platonis Opera, Fermin-Didot, MDCCCLXXII.

Meridier, L.

　　1931　Cratyle, Les Belles Lettres(Paris).

II. 參考資料

Abramczik, I.,

1929　Zum Problem der Sprachphilosophie im platonischen Kraty-los(Diss. Breslau).

Adam, Frz

1975　Observations crit. In Plat. Crat. Gpr(Wongrowitz).

Alberti, E.

1856　Die Sprachphilosophie vor Pl. Philol. XI.

1867　Ist der dem Platon zugeschriebene Dialog Kratylos ächt(Rhein. Mus. 22,), S. 477-499.

1866　Über die Frage nach der Echtheit oder Unechtheit der dem Pl. zugeschriebenen Dialge Sophistes, Politikos u. Krat. -- Ist der dem Pl. zugeschriebene Dial. Krat. Echt? Rhein. M. 21.

Allan, D. J.

1954　The Problem of Cratylus, Amer. Journ. Philol. 75, pp. 251-267, 271-287.

Amado-Lévy-Valensi, E.

1956　Le problème du Cratyle, *Rev. Philos. France Etrang.* 81(146), pp. 16-27.

Anagnastopoulos, G.

1973　The significance of Plato's Cratylus, *Rev. Meta.*,1973-1974(27), pp. 318-45.

Apelt, O.

1891　Beiträge zur Geschichte der griechischen Philosophie, 3-66(Leipzig).

1905　Zu Plat. U. Pl. Gpr. Jena.

1922　*Platons Dialog Kratylos*(übersetzt und erläutert)(Leipzig),

（Platon/Sämtliche Dialoge II; Philosophische Bibliothek 174）.

Arnim, H. v.

1914　Pls. Jugenddialoge(Lpz).

1929　Die sprachliche Forschung als Grundlage der Chronologie der platonischen Dialoge und der ＜Kratylos＞（Wien）, （SB Akad. d. Wiss. Wien 210, 4）.

Arnold, A.

1836　Pls. Werke II（Erfurt）.

Ast, Fr.

1816　Platons Leben und Schriften(Leipzig), S. 251-275.

Baldinger

1973　Zum Einfluß der Sprache auf die Vorstellungen des Menschen/Volksetymologie und semantische Parallelver-schiebung(Heidelberg)(Sitz. ber. d. Heid. Akad. d. Wiss., phil.-hist. Kl., 1973, 2).

Barlen, K.

1881　Antisthenes und Plato(Progr. Neuwied).

Barwick, K.

1957　Proleme der stoischen Sprachlehre und Rhetorik(Berlin) （Abhandl. d. Sächs. Akad. d. Wiss. Leipzig, phil.-hist. Kl. 49, 3 ）.

Benfey, Th.

1866　Über die Aufgabe des Platonischen. Dialogs Kratylos. Abhandl. d. königl. Ges. Der Wissenschaften zu Göttingen Bd. X II , （1864-1866) histor. philos. Kl.(Gött), S. 189-330.

Billia, L. M.

1905　Vétilles d'un lecteue de Plat. I. Cratylus. Arch. F. gesch. D. Phil. 18.

Boeckh, A.

1866　Von dem Übergange der Buchstaben in einander. Ein Beitrag zur Philosophie der Sprache. Kleine Schriften 3(Lpz)1866.

Bollack, J.

1972　L'en-deça infini/L'aporie du Cratyle, Poétique 11, pp. 309-314.

1973　Vom System der Geschichte zur Geschichte der Systeme, in : Geschichte/Ereignis und Erzählung, hrsg. v. R. Koselleck u. W.-D. Stempel(Müchen),S. 11-28 (hier 15).

Boyancé, P.

1941　La ＜doctrine d'Euthyphron＞ dans le Cratyle, Revue des Etudes Grecques 54, pp. 141-175.

Brandis, Ch. A.

1844　Handbuch der Geschichte der griechisch-römischen Philosophie, II. Teil 1, Abt(Berlin), S. 284-293.

Bröcker, W.

1964　Platos Gespräche(Frankfurt), (2 Aufl. 1967), 331-343

Brumbaugh, R.

1957/58　Plato's Cratylus: The Order of Etymologies, Review of Metaphysica 11, pp. 502-510.

Bubner, R.

1967　〈 Zur Platonischen Problematik von Logos und Schein 〉, in: H.-G. Gadamer (Hrsg.), Das problem der Sprache（ Deutscher Kongreß für Philosophie 8, Heidelburg 1966), S. 129-139.

1973　Dialektik und Wissenschaft, Suhrkamp（Frankfurt）, a. M.

1980　Zur Sache der Dialektik（Reclam Stuttgart）.

Buccellato, M.

1953　II ＜ Cratilo ＞ e l'interesse dottrinale della questione onomatologica, Rivista Critica di Storia della Filosofia 8, 14-35（auch in︰ La retorica sofistica negli scritti di Platone, Milano, 1954, pp. 137-158）.

Büchner

1936　Platons Kratylos und die moderne Sprachphilosophie （Berlin）（jetzt in: Studien zur römischen Literatur/ Ⅶ. Griechisches und Griechsch-Römisches, Wiesbaden, 1968, S. 79-110）.

Burkert, W.

1970　La genèse des choses et des mots/Le papyrus de Derveni entre Anaxagore et Cratyle, Les Etudes Philosophiques 4, pp. 443-455.

Burnet, J.

1892　Early Greek Philosophy（London）.

1914　Greek Philosophy, Part I（London）, pp.253-272.

Calvert, B.

1970　Forms and Flux in Plato's Cratylus, Phronesis 15, pp. 26-47.

Campbell, L.

1883　The Theaetetus of Plato（Oxford）.

Carillo, Li V.

1959　Platon, Hermogenes y el lenguaje（Lima）.

Cassirer, E.

1964　Philosophie der symbolischen Formen, erster Teil: die

Sprache(Darmstadt).

Celentano, L.

1968　Platone: Cratilo/Introduzione e commento(Neapel).

Chen, C. H.

1940　Das Chorismos-Problem bei Aristoteles(Berlin).

Cherniss, H.

1959　Lustrum 4, 1959 (zum ＜Kratylos＞: 37f. 75-79; Lustrum 5, 1960, S. 588f.).

Classen, C. J.

1929　De grammat. Graecae primordiis. Diss(Bonn).

1959　Sprachliche　Deutung　als　Triebkraft　Platonischen　und Sokratischen Philosophierens(München), (Zetemata 22).

Coseru, E.

1968/69　Die Geschichte der Sprachphilosophie von der Antike bis zur gegenwart/Eine Übersicht, I. Von der Antike bis Leibniz, Vorlesung(Tübingen) (autorisierte Nachschrift).

Crombie, I. M.

1963　An　Examination　of　Plato's　Doctrines,　II,　pp.　475-486 (London)1963.

Cucuel, C.

1886　Quid sibi in dialogo cui Cratylus inscribitur proposuerit Plato, Thèse(Paris).

1890　L'origine du langage dans le Cratyle de Platon, Annales de la Faculté des Lettres de Bordeaux 12(Paris), pp. 299 332.

Demand, N.

1975　The Nomothetes of the Cratylos, Phronesis 20, pp. 106-109.

Demos, R.

1964　Plato's Philosophy of Laguage, Journal of Philosophy 61, pp. 595-610（610-613 Stellungnahme dazu von J. L. Ackrill）.

Denis, J.

1891　Le Cratyle. Faculté des Lettres de Caeu.

Derbolav, J.

1953　Der Dialog "Kratylos" im Rahmen der platonischen Sprach- und Erkenntnisphilosophie（Saarbrücken）.

1973　Platons Sprachphilosophie im ＜ Kratylos ＞ und in den späteren Schriften, Hundertfünfzig Jahre Kratylosforschung, S. 221-308, Darmstadt.

Desmurs, F.

1952　Zur Theorie des ＜Logos＞ bei Platon, Diss. Innsbruck, 1 （masch.-schr.）, S. 40-70.

Deuschle, J.

1852　Die Platonische Sprachphilosophie, Diss. Marburg （Gymnasialprogramm）.

1855　Platons Werke III: Dialektische Gespräche/1. Kratylos, （Stuttgart）, （Griechische Prosaiker in neuen Über-setzungen 251; 7-31 Einleitung und Inhaltsübersicht）.

De Vries, G. J.

1955　〈 Notes on Some Passages of the Cratylus 〉, Mnemosyne IV 8, pp. 290-297.

Diels, H.

1899　Elementum（Leipzig）, 1899.

1910　Die Anfänge der Philologie bei den Griechen, Neue Jahrb. 25, 1910, S.1-25.

Die Fragmente der Vorsokratiker

1989   Weidmann 18(Aufl).

Diès, A.

    Author de Platon, S. 450-452.

Diller, H.

1971   Weltbild und Sprache im Heraklitismus, Das neue Bild der Antike I (Leipzig 1942), S. 303-316 (jetzt in: Kleine Schriften, München, 1971, S. 187-200).

Diog., Laert.

1921   Deutsche Übersetzung "Leben und Meinungen berühmter Philosophen, " übersetzt und erläutert von Otto Apelt(Leipzig).

1972   Vitae Philosophorum, The Loeb Classical Library(Harvard).

Dittrich, E. M.

1841   De Platonis Cratylo(Berlin).

    Prolegomena ad Cratylum Platonis Diss. Berol(Lpz).

Dreykorn, J.

1869   Der Kratylos ein Dialog Platons. Gpr(Zweibrücken).

Dümmler, F.

1881   De Antisthenis logica. Ind. Festschrift des Philol. = Kleine Schriften 1(Lpz, 1901).

1889   Die Vorsehungslehre der Memorabilien und die Physik des Kratylos, in des Verf.(Academica Gießen), S. 96-166.

Düring, I.

1966   Aristoteles/Darstellung und Interpretation seines Denkens (Heidelberg).

Fano, G.

1955   "Il problema dell'origine e della natura del linguaggio nel <

Cratilo＞platonico", Giornale di Metafisica 10, pp. 307-320.

Fehling, D.

1965　Zwei Untersuchungen zur griechischen Sprachphilosophie, （Rhein. Mus.）108, S. 212-229.

Ferrante, D.

1962　Curiosità etimologiche nel ＜Cratilo＞di Platone e nel ＜De lingua Latina＞di Varrone, Giorn. Ital. Filol. 15, pp. 163-171.

1964　Le etimologie nei dialoghi di Platone, Rendiconti dell'Istituto Lombardo, Classe di Lettere, Milano, 98, pp. 162-170.

Fleckeisen, A.

1891　Auslauf über Pls. Krat. 414 D. Jahrb. F. class. Phil. 143.

Fouillée, A.

1904　*La philosophie de la Platon*, I. *Théorie des idées et de l'amour*（Paris）（Absch. VI 5：Rapport des idées au langage）.

Freymann, W.

1930　*Platons Suchen nach Grundlegung aller Philosophie* （Leipzig）, p. 127.

Friedländer, P.

1930　Platon/ II. Die platonischen Schriften: Erste Perio（Berlin, 1 Aufl.）, S. 181-200.

1960　Platon, Bd.2., S.182-201, W. de Gruyter（Berlin）.

Findlay, J. N.

1974　*Plato/The Written and the Unwritten Doctrines*（London）, pp. 213-219.

Gadamer, H.-G.

1964　"Dialektik und Sophistik im Siebenten platonischen Brief"

,Sitzungsber. d. Heidelb. Akad. d. Wiss., phil.-hist. Kl., 2
(15.24).

1967   Das Problem der Sprache/Achter deutscher Kongreß für Phi-
losophie (Heidelberg 1966, Müchen).

1985   Griechische Philosophie I, II und III. J. C. B. Mohr,
(Tübingen).

1960   Wahrheit und Methode/Grundzüge einer philosophischen
Herme-neutik(Tübingen, 2 Aufl., 1965 durch einen Nachtrag
erweitert, 3 Aufl., 1972 mit neuem Nachwort).

Gaiser, K.

1969   Das Platonbild, hrg. von K. Gaiser(Hildesheim).

1974   Name und Sache in Platos <Kratylos>(Heidelberg).

Gauss, H.

1958   Philosophischer Handkommentar zu den Dialogen Platons
II/1(Bern).

Gentinetta, P. M.

1961   Zur Sprachbetratung bei den Sophisten und in der stoisch-
hellenistischen Zeit(Diss. Zürich).

Giordano, D.

1964   Il Cratilo di Platone Vichiana(rassegna di studi classici) 1,
pp. 390-406.

Giussani, C.

1896   La questione del linguaggio secondo Platone e secondo
Epicuro, Memorie dell' Istituto Lombardo di Scienze e
Lettere / Classe di lettre, Scienze Storiche e Morali 20f.
2(Milano), pp. 103-141.

Goldschmidt, V.

1940　Essai sur le "Cratyle"(Paris)(Biblithèque de l'Ecole des Hautes Etudes 279).

1970　Questions platoniciennes(Paris), S. 25.

Gomperz, Th.,

1902　Griechische Denker II, 1. u. 2. Aufl(Leipzig, 1902, 4. Aufl., 1925), S. 438-440.

Les penseurs de la Gréce (trad. Rey), II , p. 588.

Gould, J. B.

1969　Plato about Language/The Cratylus Reconsidered, Apeiron 3, pp. 19-31.

Grote, G.

1888　Plato and the other Companions of Socrates(London), Vol. II, pp. 501-551.

Gundert, F. H.

1974　〈 Fragen an Plato 〉, in： Studia Platonica(Amsterdam), S. 275-301.

Guzzo, A.

1956　〈 La problematica del Cratilo 〉, Filosofia 7, pp. 609-666 (auch in： Il Parlare, Turin 1958).

Haag, E.

1933　Platons Kratylos, Tübingen Beiträge 19, Stuttgart.

Hardie, W. F. R.

1934　A Study in Plato, Oxford.

Hartmann, N.

1965　Platos Seinslogik, W. de Gruyter,

Hayduck, W.

1869　De Cratyli Platonici fine et consilio(Breslau)(Gymnasiaprogramm）.

Heath, D.

1888　〈On Pl. Crat.〉, Journal of Philology 17, 1888.

Hegel, G. W. F.

1986　Vorlesungen über die Geschichte der Philosophie I, Werke in zwanzig Bände, 18. Bd. Suhrkamp Verlag, Frankfurt am Meinz.

Heidegger, M.

1954　Platons Lehre von der Wahrheit, Bern, bes. 42.

Heintel, E.

1951　Sprachphilosophie, Deutsche Philologie im Aufriß, hsg. v. W. Stammler, 3. Lief., Berlin-Bielefeld-München.

1984　Grundriß der Dialektik, Bd. II Zum Logos der Dialektik und zu seiner Logik, Darmstadt.

Hermann, C.

1865　Das Problem der Sprache und seine Entwicklung in der Geschichte, Dresden.

Hermann, K. F.

1839　Geschichte und System der Platonischen Philosophie, Heidelberg, S. 492-498, 652-657.

Hoffmann, E.

1925　Die Sprache und die archaische Logik, Tübingen.

1933　Die Sprache und die archaische Logik, Heidelb. Abh. z. Philosophie u. i. Gsch. 3, Tübingen.〈Mcthexis und Metaxy〉（im Sokrates 1919）.

Hofstätter, P. R.

1949　Vom Leben des Wortes: Das Problem an Platons Dialog

〈Kratylos〉 dargestellt, Wien.

Höttermann, E.

1910　*Pls. Polemik im Euthyphr. und Krat. Ztschr. F. d. Gymnasialwesen* 64.

Horn, F.

1904　*Platonstudien*, Neue Folge﹕Kratylos, Parmenides, Theätetos, Sophist, Staatsmann, Wien, S. 1-67.

Humboldt, W. v.

1949　*Über die Verschiedenheit des menschlichen Sprachbaues*, Darmstadt.

Ijzeren, I. v.

1921　*De Cratylo Heracliteo et de Platonis Cratylo*（Mnemosyne, N. S. XLIX, p.192, note Ⅰ）

Jaeger, W.

1923　*Aristoteles*, Berlin und Leipzig.

1936　*Paideia*, Bde. I, II. Und III, Berlin und Leipzig.

Kahn, Ch. H.

1973　〈Language and Ontology in the Cratylus〉, in: *Exegesis and Argument*, Phronesis Suppl.1, pp. 152-176.

Kapp, E.

1968　〈The Theory of Ideas in Plato's Earlier Dialogues〉, in﹕ *Ausgewählte Schriften*（hrsg. V. H. und I. Diller), Berlin, pp. 55-150（zum Crl bes. 131-142）.

Kiock, A.

1913　*De Crat. indole ac fine*. Diss. Breslau.

Kirchner, H.

1892-1901　*Die verschiedenen Auffassungen des platonischen*

Dialogs Kratylos, I -IV. Gpr. Brieg, S.

Kirk, G.S.

1951　The Problem of Cratylus, Amer. *Journ. Philol.* 72, 225-253.

Klander, C. A.

1847　*De Pl. Crat. Gpr.* Ploen.

Kollér, H.

1954　*Die Mimesis in der Antike*, Bern, 48-57.

Kretzmann, N.

1971　Plato on the Correctness of names, *Amer. Philos. Quart.*, pp. 126-138.

Lanzalaco, A.

1955　II convenzionalismo Platonico del Cratilo, *Acme*, 8, pp. 205-248.

Lehrs, K.

1867　*Platos Kratylus*, Rhein. Mus. 22, S. 436-440.

Leky, M.

1923　Plato als Sprachphilosoph/Würdigung des platonischen Kratylos, *Studien zur Geschichte und Kultur des Altertums*, Bd. 10/3 Paderlonn, pp. 1-87.

Lenormant, Ch.

1861　*Commentaire sur le Cratyle de Platon*, Athenes.

Leroy, M.

1968　*Etymologie et liguistique chez Platon*, Bulletin de l'Académie royale de Belgique, Classe des Lettres et des Sciences Morales et Politiques 54, 121-152.

Lersch, L.

1838　〈 Kratylos Hermogenes. Platon 〉, in: *Die Sprachphilosophie der Alten*, 1.Teil, Bonn, S. 29-36.

Die Sprachphilosophie der Alten. 3 Teile.(Bonn), S. 1838-1841.

Levinson, R. B.

1957/58 〈Language and the Cratylus/Four Questions〉, *Review of Metaphysica* 11, pp. 28-41.

Lorenz, Kuno & J. Mittelstrass

1967 〈On Rational Philosophy of Language: The Programme of Plato's Cratylus reconsidered〉, *Mind* 76 (301), pp. 1-20.

Löwith, K.

1960 〈Die Sprache als Vermittler von Mensch und Welt〉(1959, in: *Gesammelte Abhandlungen*, Stuttgart, 2 Aufl. 1969), 208-227.

Luce, J. V.

1964 〈The Date of the Cratylus〉, *Amer. Journ. Philol.* 85, pp. 136-154.

1965 〈The Theory of Ideas in the Cratylus〉, *Phronesis* 10, pp. 21-36.

1969 〈Plato on Truth and Falsity in Names〉, *Class. Quart* 19, pp. 222-232.

Luckow, R.

1868 *De Pl. Crat. Gpr.* Treptow.

Lutoslawski, W.

1897 *The Origin and Growth of Plato's Logic* (London), pp. 220-232.

Maaß, E.

1924 〈Die Ironie des Sokrates〉(im Sokrates), S. 88 ff.

Mackenzie, M. M.

1986 〈Putting the Cratylus in its place〉, *Class. Quart.* (80), pp. 124-50.

Mannsperger, D.

1969 *Physis bei Platon, Berlin* (zum ＜Kratylos＞ bes. 135-137. 294 f.).

Méridier, L.

1931 *Platon: Cratyle* (Oeuvres complètes V. 2), Paris(4 Aufl., 1969), (7-48 Einleitung).

Meyer, P.

1889 *Quaest. Plat. Gpr.* M.-Gladbach.

Michelis, Fr.

1849 *De enuntiationis natura sive de vi, quam in grammaticam habuit Pl.* Diss. Bonn.

Mondolfo, R.

1954 El problema de Cratilo y la interpretacion de Heraclito, *Annales Filol. Cl.* (Buenos Aires) 6, pp. 157-174.

Il Problema di Cratilo e la interpretazione di Eraclito, *Riv. Critica di Storia della Filosofia* 9, pp. 221-231.

Mueller, J.

1829 〈Oratio de Platonis Cratylo〉, in: *Acta philologorum Monacensium* IV 1, S. 81-120.

Müller, A.

1967 *Platons Philosophie als kritische Distanzierung von der mythischen Dichtung*, Diss. Münster,S. 106-135.

Müller, Jos.

1829 〈Oratio de Pl. Crat.〉 *Acta phiol. Monacens.* IV. Fasc. 1.

Natorp, P.

1921   *Platos Ideenlehre/Eine Einführung in den Idealismus* (1902), 2. durchges. U. um einen metakrit. Anh. Verm. Auflage(Leipzig, nachgedruckt Darmstadt, 1961) 122-129, S. 215-217.

Nehring, A.

1945   *Plato and the Theory of Language.* Traditio 3, , pp. 13-48.

Oehler, K.

1965   Artikel 〈 Sprachphilosophie 〉, in *Lexion der Alten Welt,* Zürich, S. 2870-2873 (auch in *Antike Philosophie und byzantisches Mittelalter,* Müchen, 1969, S. 218-221).

1962   *Die Lehre vom noetischen und dianoetischen Denken bei Platon und Aristoteles,* München (zetemata 29), S. 56-73.

Pagliaro, A.

1950   〈 Eraclito e il Logos 〉 (Fr B 1), *Ricerche Linguistiche* 1, pp. 39-57 (auch in：*Saggi di Critica Semantica,* Messina, 1953, pp. 131-157).

1952   〈 Struttura e pensiero del 〈 Cratilo 〉 di Platone 〉, *Dioniso* 15, 178-198 (auch in: *Nuovi Saggi di Critica Semantica,* Messina, 1956, pp. 47-76).

Peipers, D.

1870   〈 Zu Plato Kratylus 〉, *Philologus* 29, S. 172-179.

Peng, W.-L.

1993   *Onoma und Logos —Interpretation des platonischen Dialogs <Kratylos> mit einem Exkurs ins <Organon> des Aristoteles und einem Anhang über die chinesische Philosophie,* Dissertation, Tübingen.

Perler, D.

1990 *Satztheorien, Texte zur Forschung* Band 57, Lateinisch-Deutsch, hrsg., übers.u. kommentiert von D. Perler, Wissenschaftliche Buchgesellschaft, Darmstadt.

Pfeiffer, R.

1968 *History of Classical Scholarship from the Beginnings to the End of the Hellenistic Age* (Oxford), pp. 59-65 (Deutsch：Geschichte der Klassischen Philologie/Von den Anfängen bis zum Ende des Hellenismus, Hamburg, 1970).

Philippson, R.

1929 〈Platons Kratylos und Demokrit〉, *Philolog. Wochenschr.*, S. 923-927.

Philosophie von Platon bis Nietzsche

1998 *ausgewählt und eingeleitet von Frank-Peter Hansen,* (Berlin).

Platon im kontext, Sämtliche Werke auf CD-ROM, mit den Einleitungen in die Übersetzungen von Friedrich Schleiermacher, 1te Auflage (Berlin).

Prauss, G.

1966 *Platon und der logische Eleatismus* (Berlin), S. 43-65, 125-136.

Procli,

1908 *Diadochi in Platonis Cratylum commentaria.* Ed. G. Pasquali (Lpz).

Raeder, H.

1905 *Platons philosophische Entwicklung* (Leipzig, Nachdruck 1970), S. 146-153, 297-317.

Reed, N. H.

1972 〈Plato on Flux Perception and Language〉, *Proceedings of the Cambridge Philol. Soc.* 18 (198), pp. 65-77.

Richardson, M.

1976 〈True and false animies in Plato's Cratylus〉, *Phronesis* (21), pp. 135-145.

Ritter, C.

1888 *Gedankengang und Grundanschauungen von Platos Theätet in Appendix zu Untersuchungen über Platon* (Stuttgart).

1953 Platon I (Oxford), S.462-276.

Robin, L.

1939 〈Perception et langage d'après le Cratyle de Platon〉, *Journal de psychologie* 36, 613-625 (jetzt in *La pense hellénique des origines à Epicure*, Paris 2nd 1967, pp. 368-383).

1942 Platon, pp. 119-140.

Robinson, R.

1956 〈A Criticism of Plato's Cratylus〉; *Philos. Rev.* 65, 324-341 (jetzt in: *Essays in Greek Philosophy*, Oxford, 1969, pp. 118-138).

1969 〈The Theory of Names in Plato's Cratylus〉, *Revue Internationale de Philosophie* 9, 1955, 221-236 (jetzt in： Essays in Greek Philosophy, Oxford, pp. 100-117).

Rose, L. E.

1964 〈On Hypothesis in the Cratylus as an Indication of the Place of the Dialogue in the Sequence of Dialogues〉, *Phronesis* 9, pp. 114-116

Rosenstock, P. E.

1893　*Platos Kratylos und die Sprachphilosophie der Neuzeit*, I.
　　　 Gpr. (Strasburg in Westpr).
　　　 Platos Kratylos und die Sprachphilosophie der Neuzeit,
　　　 Progr. Ostern, p. 6 et suiv.

Ross, S. D.

1953　*The theory of Plato's idea* (Oxford).

1955　〈The date of Plato's Cratylus〉, *Revue Internat. de Philos.* 9,
　　　 pp. 187-196.

Ryle, G.

1960　〈Letters and Syllables in Plato〉, *Philosophical Review* 69,
　　　 pp. 431-451.

Sachs, E.

1914　*De Theaeteto Atheniensi*.

Sachs, J.

1878　〈Observations on Pl. Crat〉. *Transact. Of the ameri. Philol.
　　　 assoc.* 9.

Sambursky, S.

1959　〈A Democritean Metaphor in Plato's Kratylos〉, *Phronesis*
　　　 4, pp. 1-4 (zu Crl 420 D).

Sease, V. W.

1966　*The Cratylus of Plato and the Doctrine of Akademie*, Diss.
　　　 Univ. (California, Berkely), pp. 174.

Schaarschmidt, C.

1866　*Die Sammlung der pl. Schr. z. Scheidung der echten von den
　　　 unechten untersucht* (Bonn).

Schadewaldt, W.

1970　〈Platon und Kratylos/Ein Hinweis〉, in: *Hellas und*

Hesperien, Zürich 2 Aufl. I , S. 626-632（auch in：
Philomathes/Studies and Essays in Memory of Ph. Merlan,
Den Haag, 1971, S. 3-11）.

Schäublin, Fr.

1891　*Über den Platonischen Dialog Kratylos*, Diss. Basel.

Schleiermacher, F.

1824　*Platons Werke* II 2（Berlin, 3-22 Einleitung, 471-496
Anmerkungen）.

Schmidt, H.

1896　*Platons Kratylus im Zusammenhange dargestellt*, Halle.

Schofield, M.

1972　〈A Displacement in the Text of the Cratylus〉, *Class. Quart.*,
（22）, pp. 246-253（zu Crl 385 B 2-D 1）.

Schuster, P.

1873　〈Heraklit von Ephesus〉. *Acta societ. Philol. Lips.* 3.

Shorey, P.

1933　*What Plato said*, Chicago, 1933（3rd 1957）, S. 259-268,
565-570.

Socher, J.

1820　*Über Pls. Schriften.* Müchen.

Sonntag, Fr.

1954　〈The Platonists Concept of Language〉, *Journal of Philosophy*
51, pp. 823-830.

Sprague, R. K.

1962　*Plato's use of Fallacy A Study of the Euthydemos and Some
Other Dialogues*（London Zetemata 29）, pp. 56-73.

Stallbaum, G.

1835 *Platonis opera omnia V2: Cratylus, Einleitung*, Text und Kommentar Gotha-Erfurt.

Stein, H. v.

1862 *Sieben Bücher z. Gesch. des Pl.* (Göttingen).

Steiner, A.

1916 〈Die Etymologien in Platons Kratylos〉, *Archiv für Geschichte der Philosophie* XXIX, S. 109-132.

Steinthal, H.

1890 *Geschichte der Sprachwissenschaft bei den Griechen und Römern*, Berlin, (nachgedruckt Hildesheim, 1961), S. 79-113.

Steinthart, K.

1851 〈Einleitung zum〈Kratylos〉〉, in: *Platons sämtliche Werke*, übers. v. H. Müller, II. (Leipzig), S. 529-576, 656-669.

Stenzel, J.

〈Artikel Kratylos in Pauly-Wissaowa-Koll〉, *Realenzyklopädie* XI., S. 1660-62.

1921 *Über den Einfluß der griechischen Sprache auf die philosophische Begriffsbildung*, N. Jahrb. f. d. klass. Altertum.

1931 *Studien zur Entwicklung der platonischen Dialektik von Sokrates von Aristoteles bis Aristoteles*, 2. erweit. Aufl. (Leipzig).

1933 *Zahl und Gestalt bei Platon und Aristoteles*, 2. Aufl. (Berlin).

1965 *Kleine Schriften* (Darmstadt).

Stewart, J. A.

1977 *Plato's Doctrine of Ideas* (Oxford), pp. 65-84.

Stewart, M.A.

1965 *Plato's Investigation into Laguage, with special Reference to ⟨Cratylus ⟩*, Philadelphia(Diss. University of Pennsylvania) (Mikrofilm).

Susemihl, F.

1967 *Die genetische Entwicklung der platonischen Philosophie* 1. Bd. Osnabrück, S. 144-177.

Taylor, A. E.

1929 *Plato, The Man and his Work* (London), pp. 75-89.

Thornton, M. T.

1969/70 *Knowledge and Flux in Plato's Cratylus*(438-440), *Dialogue 8*, pp. 581-591.

Ueberweg, Fr.

1951 *Grundriß der Geschichte der Philosophie*, 1.Bd., Tübingen, 13 Aufl.

Unterberger, B.

1935, 1937 *Platons Etymologien im Kratylos*, Jahresbericht des Gymnasiums Carolinum-Augustineum in Graz.

Uphnes, K.G.

1882 *Die Definition des Satzes/Nach den platonischen Dialogen Kratylus, Theaete, Sophistes*, Landsberg (wieder abgedruckt in: K. Uphues, *Sprachtheorie und Metaphysica bei Platon, Aristoteles und in der Scholastik*, hrsg. V. K. Flasch, Frankfurt, 1973).

1973 *Sprachphilosophie bei Platon, Aristoteles und in der Scholastik*(Frankfurt), a. M.

Urban, K.

1882　*Ueber die Erwähnungen der Philosophie des Antisthenes in den platonischen Schriften*, Königsberg.

Urbanek, K.

1912　*Die sprachphilosoph. u. sprachliche Bedeutung des pl. Krat. Gpr. Kruman*（Böhmen）.

Vlastos, G.

1973　*Platonic Studies*（Princeton）.

Warburg, M.

1919/1959　*Platon/Sein Leben und seine Werke*, Ⅰ, Berlin; zum Crl, S. 221-231.

v. Wilamowitz-Möllendorff U.,

1929　*Platon*, 3 Aufl.（Berlin）.

Zwei Fragen zum platon. <Kratylos>, Berlin（Neue Philolog. Unters. 5）.

Weerts, E.

1931　*Plato und der Heraklitismus/Ein Beitrag zum Problem der Historie im platonischen Dialog*, Leipzig,（*Philol. Suppl.* 23, 1）.

Weingartner, R. H.

1970　"Making Sense of the Cratylus", *Phronesis* 15, pp. 5-25.

Wohlrab, M.

1884　"Zu Pls. Krat.", *Jahrb. f. class. Phil.* 129.

Wundt, M.

1949　"Die Zeitfolge der platonischen Dialoge", *Zeitschr. F. philosophische Forschung* Ⅳ / 1.

1935　*Platons Parmenides*（Stuttgart-Berlin）, Tübinger Beiträge zur Alterwissenschaft 25.

Wyller, E. A.

1965　*Der späte Platon/Tübinger*（Vorlesungen 1965, Hamburg, 1970）.

Zeller, E.

1892　*Die Philosophie der Griechen*,I. 2-5（1892）. II 14（1889）.

1922　*Die Philosophie der Griechen*, II. Teil 1., 1-4, S. 406 f., Abt（Leipzig）,（nachgedruckt Darmstadt, 1963）.

Ziteckij, P.

1890　〈Der Dialog des Platon "Kratylos"〉（russ.）, Journal des *Ministeriums der Volksaufklärung* Bd. 272.

Zuccante G.

1930　〈Platone: Cratylo Eracliteo, primo maestro di filosofia〉; altri probabli influssi extra socratici, *Rivista di filosofia* 21, 1930, S. 289 ff.

希臘文中文對照表

A

ἀβουλία （aboulia） 非意向

ἀδικία （adikia） 不義

ἀγαθὸν （agathon） 善

Ἀγαμέμνων （Agamemnon） 阿嘎梅農

ἀγαστὸς κατὰ τὴν ἐπιμονὴν
（agastos kata ten epimonen） 令人驚異地久留

ἀγαστῷ （agastoi） 羨慕

Ἀγις （Agis） 領導者

ἀγνοεῖν （agnoein） 不知道

Ἀειβάλλοντος （Aeiballontos） 永遠投擲者

ἀεὶ βάλλοντος （aeiballontos） 永遠投擲

ἀειθεὴρ （aeitheer） 永遠流動者

ἀεὶ πολῶν （aei polon） 永行

ἀειρείτη （aeireite） 永遠地流動著

αξυμφεροντα （axymphcronta） 無益

ἀὴρ （aer） 空氣

ἀήτας （aetas） 氣息

ἁ θεονόα （ha theonoa） 智慧之神

Ἀθηνᾶ （Athena） 雅典娜
Αἴας （Aias） 艾亞斯
Αἰγίνη （Aigine） 愛琴海
Ἅιδης （Hades） 哈伊得斯，冥府之神
αἰθέρα （aithera） 以太
αἰθέρος （aitheros） 以太，恒行
αἰολεῖν （aiolein） 裝飾
αἰσχρὸν （aischron） 醜
αἴτιος, -ον （aition） 原因
αἱ πράξεις （hai praxeis） 行爲
αἱρετὴ （hairete） 取得
ἀισθήσις （aisthesis） 感覺
ἀκερδές （akerdes） 不穫
Ἀκεσίμβροτος （Akesimbrotos） 大夫，抗死
ἀκόλουθόν （akolouthon） 跟從
ἄκοιτιν （akoitin） 妻子
ἀκολασία （akolasia） 無縛
ἀλγηδών （algedon） 痛
Ἀληθεία （aletheia） 真理，真
ἄλιος （halios） 太陽
ἄλλεσθαι （hallesthai） 跳躍
ἀμαθία （amathia） 無學
ἁμαρτία （hamartia） 忽視
ἀμφιγνοεῖν （amfignoein） 懷疑
ἀναγκαῖον （anagkaion） 必然
ἀνάγκη （anagke） 必須
ἀνάλογον （analogon） 類推的例子

Ἄναξ, ἄναξ （Anax, anax） 亞那克斯，主宰者，守護者

Ἀναξαγόρας （Anaxagoras） 安納克撒勾拉斯

ἀναστρωπή （anastrope） 使眼睛上看

ἀνδρεία, ον （andreia, on） 勇敢

ἄνειν ἐπὶ πολὺ （anein epi poly） 帶得多

ἀνεῦ συνθήκης （aney sunthekes） 不與（動詞）相結合

ἀνὴρ （aner） 男人

ἄνθρο ώφ （anthro hoph） 有鬍鬚臉者

ἄνθρωπος （anthropos） 人

ἀνία （ania） 無趣

ἀνρεία （anreia） 相反地動

ἀντιστρόφη （antitrope） 相互的關係

ἀνωφελὲς （anopheles） 無用

ἁπλοῦ （haplon） 容易

ἁπλοῦν （haployn） 單一

Ἀπόλλω （Apollo） 阿波羅，日神

ἀπολούοντος （apoloyontos） 洗淨

Ἀπολούων （apoloyon） 阿波羅，洗淨

ἀπορία （aporia） 無法行動

ἀπὸ ταύτης τῆς φύσεως τῆς τοῦ θεῖν

（apo tautes tes physeos tes tou thein） 由這個行走的本性

ἄπτειν （haptein） 抓住

ἀρετὴ （arete） 品德

Ἄρης （Ares） 阿雷，戰神

ἁρμονία （harmonia） 和諧

ἄρρατον （arraton） 不動搖

ἄρρεν （arren） 男子氣慨

Ἄρτεμις （Artemis） 阿勒苔密斯，死亡女神、弓神

Ἀρχέπολίς （Archepolis） 治城者

ἀσμένοις （hasmenos） 愉快

ἄστρα （astra） 星

ἀστραπῆς （astrapes） 閃光

Ἀστυάναξ （Astyanax） 阿梯亞那克斯，城邦的主宰者，守護者

ἀτειρὲς （ateires） 不可信賴

ἀτηρὰ （atera） 暴虐又令人無法忍耐

ἄτρεστον （atreston） 無畏

Ἀτρεὺς （Atreys） 阿特瑞烏斯

ἀτυχία （atychia） 未達

αὖ （ay） 再

αὖ （au） 相反地

αὐτὸ ὃ ἔστιν κερκὶς （auto ho estin kerkis） 它自己是機杼

αὐτὸ τὸ εἶδος μεταπίπτει τῆς γνώσεως
（auto to eidos metapiptei tes gnoseos） 認知的相自身

Ἀφροδίτη （Aphrodite） 阿孚容第苔，女愛神、女美神

ἄφρονας（aphronas） 不深思熟慮

ἀχθηδών （achthedon） 病

Ἀχιλλέως （Achilles） 阿齊累斯

B

βασιλεὺς （basileus） 國王

βασιλικὰ （basilika） 統治者

Βατίειά （Batieia） 巴提耶以亞

βέβαιον （bebaion） 恆定不變

βλαβερόν （blaberon） 危險

βλάπτον（blapton）傷及
βολῆ（bole）投射
βουλεύεσθαι（bouleuesthai）意圖
βουλή（boule）意向
βουλόμενον ἅπτειν（boulomenon haptein）想要抓住

Γ

Γαῖα（Gaia）該亞，地
γεννήτειρα（genneteira）生育者
γένους（genous）種
γλίσχρον（glisthron）韌
γλοιῶδες（gloiodes）稠
γλυκὺ（gluky）甜
γνώμη（gnome）認識
γνῶσις（gnosis）認知
γογγύλον（goggylon）圓
γονή（gone）育子
γράμματα（grammata）文法
γραφόμενα（graphomena）文字
γυνὴ（gyne）女人

Δ

δαίμονάς（daimonas）如神者
δαίμων（daimon）已學得之有知
δειλία（deilia）懦弱
δέον（deon）合宜
δεσμοῦ（desmou）結合

δήλωμα（deloma）言表

Δημήτηρ（Demeter）得梅特拉，養育女神

δημιουργῶν（demiougon）工匠

δημοσίᾳ（demosia）公共的

Δία（Dia）帝亞（宙斯之別名）

διαϊόν（diaion）穿透一切

διαλεκτικός（dialektikos）辯證論者

διάνοια（dianoia）知性之見，理智

διανοοῦμαι（dianooumai）我所心知

διὰ τὴν <ἐκ> τοῦ ἀφροῦ γένεσιν（dia ten <ek> tou aphroy genesin）由海波而生

διὰ τοῦ ὄντος ἰέναι παντός（dia tou ontos ienai pantos）通過萬物

διαττώμενον（diattomenon）湧

διδασκαλίας（didaskalias）教導

Διθυραμβῶδές（Dithyrambodes）抒情詩歌隊所唱出來的詩歌

διϊὸν（diion）行透

Διὶ φίλος（Dii philos）宙斯所愛

δίκαιον（dikaion）正義

δικαιοσύνη（dikaiosyne）正義之心相

Διόνυσός（Dionysos）戴奧尼索斯，酒神

Διὸς（Dios）宙斯

διότι（dioti）因由

δὶς ἐς τὸν αὐτὸν ποταμὸν οὐκ ἂν ἐμβαίης（dis es ton auton potamon ouk an embaies）無法兩次踏入同一條河裡

δοῦν（doun）固定

δόξα（doxa）意見

δράχμον（drachmon）德拉赫蒙

δύναμις（dynamis）特性，能力

Δωρικος（Dorikos）都里寇斯

E

ἐγώ（ego）我

ἕξιν νοῦ（hexin nous）擁有知性

ἔθος（ethos）習慣

εἶδος, -η（eidos）相

εἰκονάς（eikonas）圖像

εἶναι（einai）動詞to be

εἶναι καί（einai kai）便是

εἴρειν（eirein）擅說，說

Εἰρέμης（Eiremes）發明語言者

εἰς ξύλον δεῖ τιθέναι（eis xylondei tithenai）才能用木頭製造

ἔνδον（endon）在內

ἐντός（entos）內在

ἐν ἑαυτῷ ἐτάζον（en eayto etazon）在自己之中分序

ἐνιαυτὸς（eniaytos）年時

ἑκούσιον（ekoysion）隨意

Ἔκτορος（Hektoros）赫克投勒

ἕκτωρ（hektor）佔據者，赫克投勒

Ἑλλάδα（Ellada）希臘

ἐμήσατό（emesato）發明

ἕνα αρθρον ἐχέω ἔπος（ena arthron echeo epos）有語之音調者

ἐν φωνῇ（en phone）於聲音中

ἐπιθυμία（epithymia）心所欲，隨心所欲

ἐπισπᾷ σφόδρα（epispa sphodra）著迷

ἐπιστήμη （episteme）知識

ἐπὶ τῇ τοῦ δικαίου （epi te toy dikaioy）合於正義之心智

ἐπὶ τῷ δοῦντι τὸ ἰόν （epi to doynti to ion）行動受束縛

ἐρατή τις （erate tis）某所愛

ἐρείκειν （ereikein）拆

Ἐρετριῆς （Eretries）艾雷特里艾斯人

Ἑρμῆς （Hermes）赫勒梅斯，傳譯之神

Ἑρμοῦ （Hermoy）赫勒梅斯

ἔρως （eros）行入

ἐρωτητικοὶ （erotetikoi）好問者

ἔρωτος （erotos）愛

ἔστι （esti）是（動詞現在式）

Ἑστίας （Hestias）赫斯惕亞，爐火女神

ἐσύθη （esythe）揚

ἔτος （etos）年

Εὐθύφρον （Euthyphron）歐伊梯孚容

Εὐπόλεμος （Eypolemos）善戰者

εὐπορία （eyporia）易行

εὔπορον （eyporon）易行，好行

Εὐτυχίδης （Eytychides）耶伊梯希得斯

εὐφροσύνη （eyphrosyne）善思，心靈善取變動

ἔχει λόγον （echei logon）很有道理

Z

ζέον （zeon）熱

ζέσεως （zeseos）活力

Ζεύς （Zeus）宙斯

ζημιῶδες （zemiodes） 阻礙

Ζῆν （Zen） 車恩

Ζῆνα （Zena） 車那

ζυγὸν （zygon） 軛

H

ἤδη （ede） 也同樣地

ἡδονὴ （hedone） 樂

ἠθικων （ethikon） 倫理學的

Ἠθονόη （Ethonoe） 常智

ἠθούμενον （ethoymenon） 滴

ἡμέρα （emera） 日子

ἥμερόν （emeron） 溫文

Ἥρα （Hera） 赫拉，神之王后

Ἡράκλειτος （Herakleitos） 赫拉克利圖

Ἑρμογένης （Hermogenes） 赫摩給內斯

ἥρωας, ἥρως （eroas, eros） 英雄

Ἡσιόδου （Hesiod） 赫西歐得

Ἥφαίστος （Hephaistos） 赫發伊斯投斯，火神、工匠的神

ἦν （en） 已是（動詞過去式）

ἢ περὶ ὀνομάτων ὀρθότητος
（e peri onomaton orthotetos） 關於名詞的正確性

Θ

θάλλειν （thallein） 茂盛，發育

θεῖν （thein） 趕快

Θεονόη （Theonoe） 神智

θεοὺς （theoys） 神，諸神們
Θεόφιλον （Theophilon） 愛神者，神之友，提歐非龍
θέσει ἢ νόμῳ（thesei e nomoi） 合於設定或合於律法
θέσθαι （thesthai） 定義
θεωρητικῶν （theoretikon） 理論學的
Θετταλοὶ （Thettaloi） 苔它勞人
θηλὴ （thele） 乳
θῆλυ （thely） 婦人
θραύειν （thrayein） 碎
θρύπτειν （thryptein） 毀
Θυέστην （Thyesten） 提斯得斯
θυμὸς （thymos） 心
θύσεως （thyseos） 速變

I

Ἰατροκλῆς （Iatrokleis） 藥稱
ἰδέαι χώρισται（ideai choristai） 分離相
ἰδίᾳ （idia） 私下的
ἵεσθαι （hiesthai） 澆
ἰέναι （ienai） 行，走動，行動
ἵμερος （himeros） 渴望
ἱμείρουσιν （imeiroysin） 希求
ἰόν, ἰόντα, ἰόντος （ion, ionta, iontos） 行走
Ἱπποδαμεία （Hippodameia） 赫波達梅亞
Ἱππόνικος （Hipponikos） 希波尼苦斯
Ἶρις （Iris） 伊理斯，女的傳譯之神
ἵστησι τὸν ῥοῦν （histesi ton royn） 使流變站立

ἱστορία 集，歷史（historia）

K

καθαρτικῶν （kathartikon） 淨化的

καθεύδουσι （katheydoysi） 睡著

καὶ （kai） 以及

κακία （kakia） 惡

Καλλίας （Kallias） 咖里亞斯

καλὸν （kalon） 美

κατὰ συνθήκην （kata syntheken） 相互約定，合於約定，共同設立

κατὰ συμπλοκήν （kata symploken） （名詞與動詞） 的綜合

καταβάλλοντες （kataballontes） 證誤

κατὰ γὰρ τὸν αὐτὸν λόγον

（kata gar ton ayton logon） 用同樣的話

κατὰ συνθήκην（kata syntheken） 依共同的約定

κατὰ φύσιν （kata physin） 合乎本性

κατηγόριαι（kategoriai） 範疇

κατόπτρῳ （katoptro） 鏡子

κερδαλέον, -α （kerdaleon） 多穫

κέρδος （kerdos） 穫

κερματίζειν （kermatixein） 彎

κίνησις （kinesis） 變動

κολλῶδες （kollodes） 黏

κόσμῳ θεντές （kosmo thentes） 次序的建立者

Κράτυλος （Kratylos） 克拉梯樓斯

Κρόνος （Kronos） 克羅諾斯

κρούειν （kroyein） 打

κυμίνδιδος （kymindidos） 夜梟
κύνας （kynas） 犬

Λ

λάβδα （labda） 滑及軟
Λακωνικῷ （Lakoniko） 斯巴達
λέγειν （legein） 說話
λεγόμενον （legomenon） 詞語
λεῖα （leia） 脫
λεῖον （leion） 柔順
Λητώ （Leto） 勒投，化育之神
λιπαρὸν （liparon） 油滑
Λιταῖς （Litais） 里塔伊斯
λογική （logike） 論理的
λὸγον διδόναι （logon didonai） 給予合理的論說
λόγος （logos） 語句
λόγος ἀληθὲς （logos alethes） 真的句子
λύπη （lype） 苦
λυσιτελοῦντα （lysiteloynta） 合目的

Μ

μαίεσθαι （maiesthai） 探索
μεγάλῳ （megalo） 大
μειοῦσθαι （meioysthai） 蝕晦
μεὶς （meis） 月份
μένοντα （menonta） 停留
μήκει （mekei） 長

μηχανή （mechane） 工巧

μηχανήσασθαί （mechanesasthai） 發現

μίμημα （mimema） 仿本

μίμημα τοῦ εἴδου （mimema tou eidou） 相的仿本

μνήμη （mneme） 記憶

Μνησίθεον （Mnesitheon） 思神者

μοῦσα （mousa） 教導

Μοῦσα, Μούσας （Mousa, Mousas） 姆薩，文藝諸神

Μυρτίλου （Myrtilous） 彌勒梯樓斯

μύθος （mythos） 傳說

μῶσθαι （mosthai） 沉思

N

νόημα, -τα （noema, -ta） 思想

νόησις （noesis） 理性活動

νομοθέτης （nomothetes） 設立法律者（命名者）

νόμος, -ῳ （nomos） 法律

νοῦν ἔχειν （noun echein） 有理智

νοῦς （nous） 心靈，知性，離開變動及經驗的知識能力

νωμᾶν （noman） 心知

νώμησις （nomesis） 心知

Ξ

Ξάνθον （Xanthon） 克桑統

O

ὀδύνη （odyne） 悲

ὃ ἔστιν （ho estin） 如其所是

οἴησις （oiesis） 想法

οἷον κόρονους τις ὢν διὰ τὸ ἑαυτὸν ὁρᾶν
（hoion koronous tis on dia to eayton oran） 經由自觀而如某淨化之理性

ὀλισθάνειν （olisthanein） 滑動

ὁ μὲν ἀληθής （ho men alethes） 這真的

ὁμολογία （homologia） 同意

ὁμόκοιτιν （homokoitin） 同眠者

ὁμοπολοῦντος （homopoloyntos） 同行者

ὄν （on） 是，恆是，有

ὄνησις （onesis） 享受

ὄνομα （onoma） 名詞

ὄνομα ἀόριστον （onoma aoriston） 不定名詞

ὀνομάζειν （onomazein） 命名

ὀνόματα （onomata） 名詞

ὀνομαστική （onomastike） 命名學

ὀνομαστικός （onomastikos） 有命名技術的人

ὀνόματος πτώσει （onomatos ptosei） 名詞的格

ὀνοματουργοῦ （onomatoyrgoy） 專門命名者

ὀνομάτων ὀρθότητα （onomaton orthoteta） 名詞的正確性

ὁ νομοθέτης （ho nomothetes） 設立法律者

ὄντα （onta） 萬有

ὁ πᾶν （ho pan） 一切

Ὀρέστης （Orestes） 歐瑞斯苔斯

Ὀρφέα （Orphea） 歐爾菲亞

Ὀρφεῖ （Orphei） 歐爾菲

ὀρχεῖν （orchein） 搖擺

ὀρχεῖσθαι （orcheisthai） 晃動

ὄπωπε （opope） 看

ὁρῶσα τὰ ἄνω （horosa ta ano） 往上看

ὁ σείων （ho seon） 顫抖者

ὅτι τοῦτ᾽ ἔστιν ὄν, οὗ τυγχάνει ζήτημα

（hoti tout estin on, hou tugchanei zetema） 這是某個有，尋求時會遇見

οὐδε πᾶσι τα ἀυτὰ（oyde pasi ta auta） 對一切不同

οὐκ ἰόν （ouk ion） 不行走

οὐκ ὄν （ouk on） 不是

Οὐρανός （ouranos） 烏拉諾斯

οὐσία （ousia） 本質，武夕亞

οὔτε ψευδὸς οὔτε ἀληθὲς

（oute pseydos oute alethes） 名詞既不真且不假

οὕτω （houto） 如此

ὀφέλλειν （ophellein） 有用

Π

παθήματα（pathemata） 感受、所感覺者

παιδικῶς （paidikos） 遊戲的

Παλλάδα （Pallada） 帕喇大，搖動，雅典娜的父親，也是雅典娜的
別名

πάλλεσθαι （pallesthai） 動搖

Πᾶν （Pan） 潘，牧羊神，一切

πάντα χωρεῖ καὶ οὐδὲν μένει

（panta chorei kai oyden menei） 一切變動，無一停留

πάντων χρημάτων μέτρον εἶναι ἄνθρωπον

（panton chreaton metron einai anthropon） 人是萬有的權衡

παράδειγμα （paradeigma） 模型

παρὰ φύσιν （para physin） 反乎本性

πέλας （pelas） 近

Πέλοψ （Pelopus） 佩羅普斯

πιστὸν （piston） 信念

Πλούτων （Plouton） 普魯東，財神

πόθος （pothos） 希求

ποικίλλει （poikillei） 光彩

Πολέμαρχος （Polemarchos） 戰將

πολιτικῶν （politikon） 城邦（政治）學的

πόλους （polous） 行

πολὺ （poly） 多

Ποσειδῶν （Poseidon） 波色伊東，海神

ποσίδεσμος （posidesmos） 束住腳者

πράγματα （pragmata） 事物

πράσσειν（πράττειν） （prassein, prattein） 動詞to practice

πρᾶξις （praxis） 行爲，或譯爲實踐，關於真實的已決定之形式

Πρόδικος （Prodikos） 普羅迪寇斯

Προσπαλτίος （Prospaltios） 普羅斯帕耳提歐斯

Πρωταγόρας （Protagoras） 普羅塔勾拉斯

πρός ἀντιστρέφοντα （pros antistrephonta） 互爲關係

πτῶσις ὄνοματος（ptosis onomatos） 名詞的格

πῦρ （pur） 火

P

Ῥέα （Rhea） 瑞亞

ῥεῖν （rhein） 流動（動詞不定式）

ῥέον （rheon） 流動（分詞）

ῥῆμα （rhema） 動詞

ῥήματα （rhemata） 動詞

ῥήτορες （rhetores） 雄辯的演說家

ῥητορικῇ （rhetorike） 演說術

ῥοῇ （rhoe） 流

ῥοῆς （rhoes） 河流

ῥοῦν （rhoun） 流變

ῥυμβεῖν （rhymbein） 轉

Σ

σείειν （seiein） 顫抖

σείεσθαι （seiesthai） 搖

Σειρῆνας （Seirenas） 色瑞那斯

Σελαενονεοάεια （Selaenoneoaeia） 新的和舊的光合起來

Σελαναίαν （Selanaian） 新及舊的光

σέλας （selas） 月亮

σῆμα （sema） 由此知

σημαίνειν （semainein） 構成意義

σήμαιον τι καὶ （semaion ti kai） 某指意及

σιδηροῦν γένος （sideroyn genos） 鐵種

σκίας （skias） 暗影

Σκάμανδρον （Skamandron） 斯卡曼德龍

σκέψις （skepsis） 觀察

σκληρότης （sklerotes） 硬

σκοπεῖν （skopein） 觀察

Σμικρίωνος （Smikrionos） 斯密克里昂

σοφία　（sophia）　智慧，意爲：附著於變動

σοφισταί　（sophistai）　哲人

σοφοὶ　（sophi）　智者

σπουδαίως　（spoudaios）　認真的

ὅπωπε καὶ ἀναθρεῖ καὶ λογίζεται τοῦτο ὃ ὅπωπεν　（opope kai anathrei kai logisetai touto ho opopen）　又仔細研究，又計算他所看見的

στάσεως　（staseos）　靜止

στάσις　（stasis）　靜止

στοιχεῖα　（stoicheia）　字母或原始的名詞，本源

συγγενῆ　（syggene）　同種

συλλαβαῖς　（syllabais）　音節

συλλογισμὸς　（syllogismos）　聯句

συμβεβηκός（symbebekos）　共行者，或譯爲：偶性

σύμβολον（symbolon）　符號

συμπεριφέρεσθαι　（symperipheresthai）　跟隨繞著而變動

συμπιέσεως τῆς γλώττης　（sympieseos tes glottes）　唇合併

συμπλοκή（symploke）　共置

συμφέροντά　（sympheronta）　有益

συμφορά　（symphora）　並動

συμφωνία　（symphonia）　和音

σύνεσις　（synesis）　理解，合心智

σύνθεσίς　（synthesis）　結合

συνθήκη　（syntheke）　共同設立

συνιέναι　（synienai）　心靈與事物共行

σχέσεως　（scheseos）　固持

Σώκρατης　（Sokrates）　蘇格拉底

σῶμα　（soma）　肉體

Σωσία （Sosia） 收希亞

σωφροσύνη （sophrosyne） 慎思

T

τ' αὐτὰ πᾶσι（t' auta pasi） 對一切相同

ταλάντατον （talantaton） 最高貴者

ταλαντεία （talanteia） 遊蕩

τὰ ὄντα ἰέναι τε πάντα καὶ μένειν οὐδέν

（ta onta ienai te panta kai menein oyden） 一切萬有流動而無一停留

Ταντάλος （Tantalos） 坦塔樓斯

τερπνὸν （terpnon） 足夠

τέρψις （terphis） 滿足

τέχνη （techne） 技藝

τεχνή τῆς ῥητορικῆς （techne tes rhetorikes） 演說術

τῆ διὰ τοῦ ἄγκους ἀπεικασθὲν πορεία

（te dia tou agkous apeikasthen poreia） 取象於通過窄路

Τηθύς （Tethys） 提惕斯，女海神

τινα βεβαιότητα τῆς οὐσίας

（tina bebaioteta tes ousias） 事物所有恆定的本質

τὸ ἁλίζειν （to halisein） 聚合

τὸ ἀρτεμὲς （to artemes） 不損毀

τὸ δ'αὖ ὁράτου （to d'au oratou） 可見的種類

τὸ κόσμιον （to kosmion） 合宜

τὸ λέγειν （to legein） 說話

τὸ μὲν νοητόν γένου （to men noeton genou） 知性的種類

τὸ μὴ τὰ ὄντα λέγειν （to me ta onta legein） 沒講到那些「是」

τὸ ὂν （to on） 是，有

τὸ ὀνομάζειν （to onomazein） 命名

τὸ ὀρεινὸν （to oreinon） 荒山

τὸ πρός τὶ （to pros ti） 關係

τὸ τὰ ἄνω ὁρᾶν （to ta ano oran） 看在上者

τοὺς λόγους （tous logous） 語句

τοῦτο εἶναι ὂν οὗ μάσμα ἐστίν

（touto einai on hou masma estin） 這是某個有，依它而探求

τὸ ὠθοῦν （to othoyn） 爭鬥

τρέχει （trechei） 生，不熟

Τροία （Troia） 特洛伊

τρόμῳ （tromo） 顫抖

τύπος （typos） 基型

τῷ μὴ ἐθέλοντι λόγον διδόναι

（to me ethelonti logon didonai） 對那些不願意仔細說明原始名詞的人

Υ

ὕδωρ （hydor） 水

ὑποκείμενον（hypokeimenon） 主詞

Φ

φάεος ἵστορα （phaeos histora） 聚光者、識光者

Φαῖστος （Phaistos） 聚光者

φαντάσματα （phantasmata） 現象

φερόμενα （pheromena） 動

φρονίμους（phronimous） 深思熟慮

Φερρέφαττα （Pherrephatta） 菲瑞法塔，智慧女神

φθοράν （phthoran） 毀滅

φρόνησίς （phronesis） 實踐之智、隨流智
Φρύγες （Phryges） 福呂給斯
φύσει （physei） 合於本性
φυσέχην （physechen） 本性擁有者
φωνάι（phonai） 語音
φώνη σημαντική （phone semantike） 有意義的聲音
φωνή σημαντική κατὰ συνθήκην
（phone semantike kata syntheken） 依據約定而成有意義的音
φῶς （phos） 光

X
χαλκίδα （chalcida） 夏勒其斯
χαρὰ （chara） 愉快
χρα（ῶ） （chra/chro） 造作
χρόνος （chronos） 時間
χρυσοῦν γένος （chrysoun genos） 金種
Χρυσίππου （Chrysippos） 夏里希波斯

Ψ
ψεῦδες （pseudes） 假
ψύχειν （psychein） 呼吸、冷卻、乾燥
ψυχὴ （psyche） 靈魂
ψυχρὸν （psychron） 冷

Ω
Ὠκεανός （Okeanos） 歐可安諾斯，海洋
Ὧραι （Horai） 季節

ὡς ὀργάνον δὲ（hos organon de）乃工具

ὠφέλιμον（ophelimon）有用

索引

專有名詞索引

人名、神名

地名

書名

河名

鳥名

哲學名詞索引

柏拉圖原典索引

聯經經典

柏拉圖《克拉梯樓斯篇》

2002年3月初版　　　　　　　　　　　　　　定價：新臺幣280元
有著作權・翻印必究
Printed in Taiwan.

原　　　著	柏　拉　圖
譯　　　注	彭　文　林
發　行　人	劉　國　瑞

出 版 者 聯 經 出 版 事 業 公 司　　責任編輯　張　怡　菁
臺 北 市 忠 孝 東 路 四 段 5 5 5 號　　校　　對　王　又　仕
台 北 發 行 所 地 址：台北縣汐止市大同路一段367號　　封面設計　王　振　宇
　　　　　電　話：(0 2) 2 6 4 1 8 6 6 1
台 北 忠 孝 門 市 地 址：台北市忠孝東路四段561號1-2樓
　　　　　電　話：(0 2) 2 7 6 8 3 7 0 8
台 北 新 生 門 市 地 址：台北市新生南路三段94號
　　　　　電　話：(0 2) 2 3 6 2 0 3 0 8
台 中 門 市 地 址：台中市健行路321號B1
台 中 分 公 司 電 話：(0 4) 2 2 3 1 2 0 2 3
高 雄 辦 事 處 地 址：高雄市成功一路363號B1
　　　　　電　話：(0 7) 2 4 1 2 8 0 2
郵 政 劃 撥 帳 戶 第 0 1 0 0 5 5 9 - 3 號
郵　　撥　　電　　話：2 6 4 1 8 6 6 2
印 刷 者 世 和 印 製 企 業 有 限 公 司

行政院新聞局出版事業登記證局版臺業字第0130號

國家圖書館出版品預行編目資料

柏拉圖《克拉梯樓斯篇》/ 柏拉圖原著.
彭文林譯注.--初版.
--臺北市：聯經，2002 年（民 91）
312 面；14.8×21 公分.
參考書目：　　面
譯自：Platos Kratylos
ISBN　957-08-2306-2(平裝)

1.柏拉圖（Plato, 427-347 B. C.）-學術思想-哲學

141.4　　　　　　　　　　　90017183

聯經經典

●本書目定價若有調整，以再版新書版權頁上之定價為準●

書名	譯者	定價
伊利亞圍城記	曹鴻昭譯	250
堂吉訶德(上、下)	楊絳譯	精500
		平400
憂鬱的熱帶	王志明譯	平380
追思錄—蘇格拉底的言行	鄺健行譯	精180
伊尼亞斯逃亡記	曹鴻昭譯	精380
		平280
追憶似水年華(7冊)	李恆基等譯	精2,800
大衛·考勃菲爾(上、下不分售)	思果譯	精700
聖誕歌聲	鄭永孝譯	150
奧德修斯返國記	曹鴻昭譯	200
追憶似水年華筆記本	聯經編輯部	180
柏拉圖理想國	侯健譯	280
通靈者之夢	李明輝譯	精230
		平150
道德底形上學之基礎	李明輝譯	精230
		平150
難解之緣	楊瑛美編譯	250
燈塔行	宋德明譯	250
哈姆雷特	孫大雨譯	380
奧賽羅	孫大雨譯	280
李爾王	孫大雨譯	380
馬克白	孫大雨譯	260
新伊索寓言	黃美惠譯	280
浪漫與沉思：俄國詩歌欣賞	歐茵西譯注	250
海鷗&萬尼亞舅舅	陳兆麟譯注	200
哈姆雷	彭鏡禧譯注	280
浮士德博士	張靜二譯注	300

臺灣研究叢刊

●本書目定價若有調價，以再版新書版權頁上之定價爲準●

企業名著

●本書目定價若有調整，以再版新書版權頁上之定價為準●

生活視窗系列

●本書目定價若有調整，以再版新書版權頁上之定價為準●